普通高等教育物流管理与工程类专业教材

现代物流与供应链管理

（双语）

胡　卉　赵　姣　主　编
李　博　杨京帅　副主编
　　　　胡大伟　主　审

人民交通出版社股份有限公司
北　京

内 容 提 要

本书是普通高等教育物流管理与工程类专业教材。全书分为九章:第一章主要介绍物流和供应链管理的相关概念;第二章至第六章分别介绍物流系统的构成、规划设计和优化,以及新兴物流和智慧物流;第七章至第九章介绍供应链系统组成及其协调、绩效评价与流程优化以及突发事件管理。

本书可作为高等院校物流管理与工程类、交通运输类及相关专业本科生与研究生的教材,也可作为物流和交通运输领域管理和技术人员组织和实施物流活动的参考用书。

图书在版编目(CIP)数据

现代物流与供应链管理:汉英对照/胡卉,赵姣主编.—北京:人民交通出版社股份有限公司,2021.9
ISBN 978-7-114-17557-2

Ⅰ.①现… Ⅱ.①胡…②赵… Ⅲ.①物流管理—高等学校—教材—汉、英②供应链管理—高等学校—教材—汉、英 Ⅳ.①F252

中国版本图书馆 CIP 数据核字(2021)第 159875 号

Xiandai Wuliu yu Gongyinglian Guanli(Shuangyu)

书　　名:	现代物流与供应链管理(双语)
著 作 者:	胡　卉　赵　姣
责任编辑:	钟　伟
责任校对:	席少楠
责任印制:	刘高彤
出版发行:	人民交通出版社股份有限公司
地　　址:	(100011)北京市朝阳区安定门外外馆斜街 3 号
网　　址:	http://www.ccpcl.com.cn
销售电话:	(010)59757973
总 经 销:	人民交通出版社股份有限公司发行部
经　　销:	各地新华书店
印　　刷:	北京虎彩文化传播有限公司
开　　本:	787×1092　1/16
印　　张:	13
字　　数:	304 千
版　　次:	2021 年 9 月　第 1 版
印　　次:	2024 年 1 月　第 2 次印刷
书　　号:	ISBN 978-7-114-17557-2
定　　价:	38.00 元

(有印刷、装订质量问题的图书,由本公司负责调换)

PREFACE 前　　言

随着社会生产力水平的不断提高和科学技术的巨大进步,近年来,我国物流行业发展十分迅速,尤其是全球物流进入供应链时代之后,物流已经被放大到供应链的范畴被研究和讨论。对物流和供应链相关理论知识和实际应用进行了解、掌握及优化管理,对于降低物流成本、提高效益和竞争力至关重要。

本教材从物流和供应链的相关概念着手,在此基础上,针对物流系统的构成、规划设计和优化,以及新兴物流和智慧物流进行了详细的介绍。结合供应链的发展现状与趋势,针对供应链优化中的主要问题,如供应链系统组成及其协调、绩效评价和流程优化以及供应链突发事件管理等进行了阐述。

根据所对应课程实践性强的特点,本教材在讲述基本概念和理论的同时,着重介绍了先进优化方法及其应用,力求为读者解决实际问题提供参考。

1. 关于本教材中文内容的编写说明

(1)教材突出基本知识和基本理论的系统性和实用性,使学生在打好理论基础的同时,掌握解决实际问题的能力。

(2)教材结合物流和供应链发展现状,注重知识的先进性,使学生逐渐适应物流和供应链行业的新要求。

2. 关于本教材英文内容的编写说明

(1)教材的案例部分采用英语编写,目的是通过英文案例的学习,使学生掌握物流和供应链基本专业词汇的英文表述,为学生在本专业领域内进行国际学习和交流奠定基础。

(2)英文案例尽量保持与章节内容的一致性,均附有分析提要与思考题,未采取严格的汉语翻译进行对照。

参加本教材各章编写的人员有:李博(第1、2章)、赵姣(第3、4、5章)、杨京帅(第6章)、胡卉(第7、8、9章),另外,付义涵、刘阳娟、刘梦媛、陆迪、冯芷郁以及徐明武等硕士研究生参与了本书的编写工作。本教材由胡大伟教授主审。

本教材在编写中参考了国内外物流和供应链领域相关的文献资料,引用了一些专家学者的研究成果,在此对这些文献的作者深表谢意。

由于水平和时间有限,书中难免存在一些疏漏和不足之处,特别是英文案例部分难免存在内容不够全面等问题,敬请各位专家、学者、读者批评指正,以利于我们水平的不断提高并共同促进现代物流和供应链管理研究的发展。

编 者

2021 年 6 月

CONTENTS 目　　录

第一章　概述 ··· 1
　第一节　物流与供应链管理的概念 ··· 1
　第二节　现代物流与供应链管理研究热点 ·· 5
第二章　物流系统的构成 ·· 9
　第一节　物流系统概述 ··· 9
　第二节　物流运作子系统 ·· 10
　第三节　物流信息子系统 ·· 31
　案例分析 ··· 33
第三章　物流设施规划与设计 ··· 37
　第一节　设施规划与设计的基本概念 ··· 37
　第二节　场址选择 ··· 40
　第三节　设施布置设计 ··· 47
　第四节　物料搬运系统设计 ··· 53
　案例分析 ··· 59
第四章　物流系统优化 ·· 62
　第一节　库存管理系统 ··· 62
　第二节　运输系统 ··· 70
　第三节　配送系统 ··· 76
　案例分析 ··· 81
第五章　新兴物流 ·· 86
　第一节　绿色物流 ··· 86
　第二节　应急物流 ··· 91
　第三节　冷链物流 ··· 97
　第四节　电子商务物流 ··· 99
　第五节　逆向物流 ··· 103
　案例分析 ··· 108
第六章　智慧物流 ·· 110
　第一节　智慧物流的产生与发展 ··· 110
　第二节　智慧物流的识别与感知技术 ··· 112
　第三节　智慧物流的定位跟踪技术 ·· 121
　第四节　智慧物流中的新技术 ·· 124
　案例分析 ··· 131

第七章 供应链系统组成及其协调 …… 134
第一节 供应链系统组成 …… 134
第二节 供应链协调方法 …… 137
第三节 需求驱动型供应链协同仿生方法 …… 148
案例分析 …… 152

第八章 供应链绩效评价与流程优化 …… 159
第一节 供应链绩效评价 …… 159
第二节 供应链业务流程重组 …… 164
案例分析 …… 175

第九章 供应链突发事件管理 …… 178
第一节 供应链突发事件的内涵 …… 178
第二节 供应链突发事件分类及演化 …… 180
第三节 供应链多突发事件耦合 …… 185
案例分析 …… 194

参考文献 …… 199

第一章 概 述

第一节 物流与供应链管理的概念

一、物流

(一)物流的概念

随着社会化生产水平的日益提高和科学技术的不断进步,物流活动在国民经济中的地位越来越重要,人们也越来越关注物流的相关研究。美国对于现代物流相对成熟的定义出现于2001年。美国物流管理协会将物流定义为:"物流是供应链流程的一部分,是为了满足客户需求而对商品、服务及相关信息从原产地到消费地的高效率、高效益的正向和反向流动及储存进行的计划、实施和控制过程。"

日本是亚洲国家中引入"物流"概念较早的国家,也是对我国物流理论研究影响较大的国家。1963年,物流的概念被引入日本,当时被理解为"在连接生产和消费间对物资履行保管、运输、装卸、包装、加工等功能,以及作为控制这类功能后援的信息功能,并在物资销售中起桥梁作用"。1981年,日本日通综合研究所定义物流为:"物质资料从供给者向需求者的物流性流动,是创造时间性、场所性价值的经济活动,从物流的范畴来看,包括包装、装卸、保管、库存管理、流通加工、运输、配送等各种活动。"2002年,日本标准学会以日本工业标准(JIS)的形式对物流进行了定义:"将物流活动的目标定位于充分满足最终需要,同时要解决保护环境等方面的社会问题,在此前提下追求高水平地、综合地完成包装、运输、保管、装卸搬运、流通加工及相关情报等各项工作,以谋求将供应、生产、销售、回收等各个领域实现一体化一元化的经营活动。"

物流的概念在20世纪70年代末引入我国。虽然物流理论在我国的研究历史较短,但随着认识的不断提高和对物流活动认识的不断深化,人们对物流的理解也发生了改变。《物流术语》(GB/T 18354—2016)对物流的定义为:"物流是物品从供应地向接收地的实体流动过程,根据实际需要,将运输、储存、装卸、搬运、包装、流通加工、配送、信息处理等基本功能有机结合。"该定义具有较强的规范性和指导性,也是我国目前广为使用的定义。

(二)物流体系的构成

物流体系主要包括运输、配送、仓储、包装、搬运装卸、流通加工,以及相关的物流信息等环节。物流体系的四个核心是:采购、仓储、运输和配送。

1. 采购

任何企业都离不开采购,商品采购是企业经营活动的起点。配送中心汇集各连锁分店提出的订货计划后,结合总部的要求和市场供应的情况,制订采购计划统一向市场采购商品和物料。采购往往是一个创造性环节,企业所经营的商品均需通过采购环节的引进来创造效益。因此,企业需要准确掌握本部及下属连锁分店的商品和采购信息,从而保证企业不会因库存不足而影响销售。

2. 仓储

如果各门店在缺货后才发出订货请求,那么在每次发出订货请求后,配送中心就需要到市场上采购,多次采购势必增加采购费用,也无法最大限度地享受到批量优惠。这就要求配送中心在保证产品储存品质的限度内大批量购进,在仓库或配送中心等地集中储存,在各个门店发出订货请求后,直接调运分送,从而在保证生产和供应的基础上,最大限度地降低成本。

3. 运输

运输是人和物的载运及输送。它是在不同地域范围(如两个城市、两个工厂,或一个大企业内相距较远的两个车间)之间,以改变对象的空间位置为目的的活动,对对象进行空间位移。由于各门店分布相对较散,且数量众多,限于交通条件或基于经济上的考虑,不可能配备足够多的交通工具,这就要求配送中心能够根据由计算机网络所获得的各分店的订货信息,合理安排调运力量,及时向各分店运送商品,充分满足各分店的销售要求。

4. 配送

作为末端运输,且是直接和客户相联系的一环,配送在物流中占有相当重要的地位。合理的物流配送使统一采购、统一配货、统一价格得以实现,能否建立高度专业化、社会化的物流配送中心关系到规模效益能否充分发挥。配送中心的建设是整个物流体系建设的核心,应根据企业的经营状况合理确定配送中心规模,建立安全可靠、高效率的配送体系。积极发展社会化的第三方物流配送,充分利用和整合现有物流资源,通过资产联合、重组和专业化改造等途径,打破行业界限和地区封锁,满足各连锁企业的经营需要。

(三)物流对国民经济的作用

物流在国民经济增长中起基础性支撑作用,能够成为国家或地区财政收入的主要来源和创造就业领域,并能成为现代科技的应用领域。其作用主要表现在宏观和微观两个方面,见表1-1。

物流对国民经济的作用　　　　　　　　　　　　　　　表1-1

层面	作　　用
宏观影响	(1)对国民经济持续、稳定、健康发展的保障作用; (2)对国民经济各行业资源配置的促进作用; (3)对推动经济增长方式转变的作用; (4)对区域经济发展的促进作用; (5)对物流业相关产业快速发展的推动作用
微观层面	(1)降低企业物流成本; (2)实现企业竞争战略; (3)满足消费者多样化需求和增加消费者剩余

二、供应链管理

(一)供应链的概念

供应链是围绕核心企业,通过对信息流、物流、资金流的控制,把供应商、制造商、分销商、零售商直到最终用户连成一个整体的功能网链结构模式。供应链网链结构如图1-1所示。

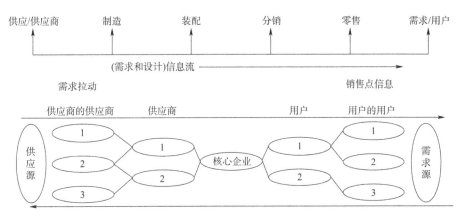

图1-1 供应链网链结构

供应链一般包括物流、商流、信息流、资金流四个流程。四个流程有各自不同的功能以及不同的流通方向。供应链"四流"如图1-2所示。

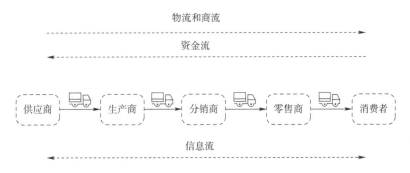

图1-2 供应链"四流"

1. 物流

物流主要是物资(商品)的流通过程,这是一个发送货物的程序。该流程的方向是由供货商经由厂家、批发与物流、零售商等指向消费者。由于长期以来企业理论都是围绕产品实物展开的,因此目前物资流程被人们广泛重视。许多物流理论都涉及如何在物资流通过程中以最短时间和最低成本将货物送出去。

2. 商流

商流主要是买卖的流通过程,这是接受订货、签订合同等的商业流程。该流程的方向是在供货商与消费者之间双向流动的。目前商业流通形式趋于多元化:既有传统的店铺销售、上门销售、邮购的方式,又有通过互联网等新兴媒体进行购物的电子商务形式。

3. 信息流

信息流是伴随供应链中的商流、物流、资金流而产生的信息的流动过程。该流程的方向也是在供货商与消费者之间双向流动的。过去人们往往把重点放在看得到的实物上,因而信息流通一直被忽视。随着人们对物流认识的不断深入以及物流行业的不断发展,信息流被越来越重视。

4.资金流

资金流是伴随供应链中商务活动而发生的资金往来的流动过程。该流程的方向是由消费者经由零售商、批发与物流、厂家等指向供货商。

(二)供应链管理的含义

供应链管理(Supply Chain Management,简称SCM)的概念最早出现于1982年。Keith Oliver和Michael D. Webber在《供应链管理:物流的更新战略》一文中,首次提出了"供应链管理"的概念。尽管经历了近30年的不断探索,人们对供应链管理的理解仍不尽相同。

供应链管理广义的定义包含整个价值链,描述从原材料开采到使用结束,整个过程中的采购与供应管理流程;主要集中在如何使企业利用供应商的工艺流程、技术和能力来提高其竞争力,在组织内实现产品设计、生产制造、物流和采购管理功能的协作。其狭义的定义是指在一个组织内集成不同功能领域的物流,加强从直接战略供应商通过生产制造商、分销商、零售商到最终消费者之间的联系,通过利用直接战略供应商的能力与技术,尤其是其在产品设计阶段的早期参与,供应链已经成为提高生产制造商效率和竞争力的有效手段。

美国全球供应链论坛(Global Supply Chain Forum,简称GSCF)将供应链管理定义成:"为消费者带来有价值的产品、服务以及信息的,从源头供应商到最终消费者的集成业务流程。"供应链管理是一种集成的管理思想和方法,它执行供应链中从供应商到最终用户的物流计划、组织、协调与控制等职能。

《物流术语》(GB/T 18354—2006)对供应链管理的定义是:"对供应链所涉及的全部活动进行计划、组织、协调与控制。"

供应链管理主要涉及四个主要领域:供应、生产计划、物流、需求。供应链管理是以同步化、集成化生产计划为指导,以各种技术为支持,尤其以Internet/Intranet为依托,围绕供应、生产作业、物流(主要指制造过程)、满足需求来实施的。供应链管理主要包括计划、合作、控制从供应商到用户的物料(零部件和成品等)和信息,目标在于提高用户服务水平和降低总的交易成本,并且寻求两个目标之间的平衡(这两个目标往往有冲突)。

(三)供应链管理的重要性

1.有利于提升企业的核心竞争能力

在供应链中,企业不能仅仅依靠自己的资源参与市场竞争,而要通过与供应链参与各方进行跨部门、跨职能和跨企业的合作,建立共同利益的合作伙伴关系,实现多赢。从现代物流与供应链管理的特点来看,供应链具有很强的融合性和拓展性,因而供应链管理的出现使企业的整体发展水平、管理能力以及创新能力得到显著提升。现代物流与供应链管理能够通过卓有成效的计划、控制、分析、预测,最大限度地促进企业有效发挥整体功能,而且也能够使企业的资源配置体系更加优化和完善,并且在发展的过程中也能够形成战略合作机制,这对于促进企业竞争力的显著提升具有十分重要的保障功能。

2.有利于强化企业物流一体化管理能力

供应链管理把从供应商开始到最终消费者的物流活动作为整体进行统一管理,始终从整体和全局上把握物流的各项活动,以实现供应链整体物流最优化。对于企业经营与发展来说,健全和完善的流通体系,能够使企业的成本大幅降低,同时也能够不断强化企业的整体运营能力。供应链管理具有很强的综合性、融合性与互动性,可以使各方面的资源、力量、智慧集聚起来,企业之间可以大力加强合作,如通过深入开展供应链管理,零售商、批发商、运输商、供应商、制造商可以紧密结合起来,这既有利于进一步优化和完善合作机制,又能够使物流管理工作更具有集成性;既能够降低成本,又能够使物流资源得到更有效的开发和利用。

3. 有利于达到供应链系统最优

供应链管理的目的在于追求整个供应链的整体效率和整个系统费用的有效性,总是力图使系统总成本降至最低。因此,供应链管理的重点不在于简单地使某个供应链成员的运输成本降至最低或减少库存,而在于通过采用系统方法来协调供应链成员,以使整个供应链总成本最低,使整个供应链系统处于最优运作中。

第二节 现代物流与供应链管理研究热点

现代物流与供应链经常被相提并论,但它们是两个不同的概念,无论是在定义、内涵上,还是在具体的运作上都存在很大的不同。首先,物流概念强调了其关键点是"实物流动过程",而供应链的概念强调其是由供应商、制造商、分销商、零售商,直到最终用户所形成的上、下游的供求关系,是生产、分销、零售等职能的分工与合作。其次,供应链是集物流链、信息链、资金链与增值链为一体的系统。从表面上观察,物流仅仅是供应链的组成部分,但是如果从运行特征上观察,供应链更关心的是商品所有权转移,即价值流、资金流和信息流的规律,而物流更专注的是物的空间位移。一般认为,供应链包括物流,物流是供应链的一部分。从源头的原材料生产、采购,到产品生产、分销、仓储、配送,直至到达最终客户,整个过程跨企业、囊括多种"流",这就是供应链。而物流更专注的是物的空间位移,一般不包括生产环节,多指运输、仓储、配送等环节。

目前,物流领域的发展与研究包括以下热点。

1. 新兴物流

近些年,出现了很多新兴物流相关的概念,如绿色物流、应急物流、冷链物流、精益物流、共享物流等。

(1)绿色物流。绿色物流贯穿供应链的所有环节,包括从供应商采购、生产到物流过程中的仓储、包装、运输、流通加工,再到零售商销售给最终客户,最终到废弃物回收逆向物流的全过程。因此,绿色物流相关研究也将包括有关绿色物流系统各组成部分的探索和分析,以及有关现有物流系统各环节改进措施的分析。比如,在原材料采购及生产环节,如何在考虑环境因素的情况下对绿色供应商选择问题进行研究;在仓储环节,如何优化订货机制以减少具有保质时限的原材料、半成品的变质和损失;在包装环节,如何在满足容纳、保护、便利、美观四大基础包装要求的基础上,选择环境友好的包装容器,标准化包装尺寸,对包装材料进行可再生循环利用;在运输环节,如何利用多式联运及甩挂运输来提升运输效率,减少油耗,降低成本;在废弃物回收环节,如何提升包装废弃物回收与利用效率,根据环境友好程度进行分类回收,构建标准化回收渠道等。以上问题均有可能成为未来绿色物流研究的热点方向。

(2)应急物流。我国是世界上自然灾害最严重的国家之一,灾害种类多、分布地域广、发生频率高、造成的损失重,并由此催生了巨大的应急物流需求。与国外相比,我国应急物流尚处于发展的起步阶段,尽管各级政府与业界已经开始制定相关政策及规定推动应急物流发展,但应急物流管理体系建设尚不完备,应急物流法律法规体系、管理机制、信息平台与相关流程尚未完善。由于应急物流对我国经济社会稳定发展具有非常重要的作用、存在非常迫切的研究需求,未来有关应急物流的研究肯定会进一步增加。

(3)冷链物流。冷链物流一般指冷藏冷冻类食品在生产、储藏、运输、销售,到消费前的各个环节中始终处于规定的低温环境下,以保证食品质量、减少食品损耗的一项系统工程。它是随着科学技术的进步、制冷技术的发展而建立起来的,是以冷冻工艺学为基础、以制冷技术为手段的低温物流过程。我国农产品冷链物流业发展快速,因此国家必须尽早制定和实施科学、有效的宏观政策。冷链物流的要求比较高,相应的管理和资金方面的投入也比普通的常温物流要大。

(4)精益物流。作为一种新型的生产组织方式,精益制造为物流及供应链管理提供了一种新的思维方式。精益物流起源于日本丰田汽车公司的一种物流管理思想,其核心是追求消灭包括库存在内的一切浪费,并围绕此目标发展的一系列具体方法。它是从精益生产的理念中蜕变而来的,是精益思想在物流管理中的应用。精益物流是指在提供满意的顾客服务的同时,把浪费降到最低。基本原则包括:从顾客而不是企业或职能部门的角度,研究什么可产生价值;根据整个价值流的需要来确定供应、生产和配送产品活动中所必要的步骤和活动;创造无中断、无绕道、无等待、无回流的增值活动流;及时创造仅由顾客拉动的价值;不断消除浪费,追求完善。

(5)共享物流。共享物流是指通过共享物流资源、统一标准实现物流资源优化配置,从而提高物流系统效率、减少重复建设、降低物流成本、推动物流系统变革的物流模式。对企业来说,物流资源共享就是把属于本企业的物流资源与其他企业共享,其共享方式可以是有偿的也可以是无偿的。物流资源共享一方面可以充分利用现有物流资源提高资源利用率,另一方面可以避免因重复建设、投资和维护造成的浪费,是实现优势互补和高效、低成本目标的重要措施。物流资源共享的内容既可以是有形的托盘、配送车辆等物流设备,也可以是无形的物流信息以及综合配套的物流系统共享,如仓储、分拣、配送等系统。

2. 运输与物流优化调度

运输与物流调度既是物流系统组织优化的核心问题,也是管理学和运筹学领域经典的优化问题。物流调度方案设计不善,将导致严重的订单延误、商品质损、订单反应速度过低等问题,直接影响着整个供应链系统的高效与通畅运行。在解决传统的物流调度优化问题时,通常会将之拆分为几个简单的组合优化问题,如旅行商问题、邮递员问题、最短路径问题等,进而通过启发式算法或精确算法得出物流调度问题的解。算法优化一直以来都是国内外学者热衷讨论的问题,如对表上作业法、单纯形法、图上求解法、启发式算法等传统算法的应用和改进。其中,启发式算法应用范围最广,主要包括遗传算法、模拟退火算法、禁忌搜索算法、蚁群算法等。不过,上述算法仍然存在适用范围小、假设条件强等缺陷,未来需要通过有关物流调度问题的进一步研究来加以补充和完善。另外,随着新兴技术的飞速发展与物流模式的不断创新,物流调度领域正不断涌现新的问题,如无人配送、新零售配送、生鲜物流、共享物流、后疫情运输优化等。

3. 物流系统规划设计

物流系统规划是为实现一定的目标而设计的,由各相互作用、相互依赖的物流要素(或子系统)所构成的有机整体。要建立一个物流系统,就需要首先在物流系统规划阶段进行物流系统的分析、建模和评价,然后就此作出决策。物流系统中的决策是在充分的资料基础上,根据物流系统的客观环境,借助经验、科学的理论和方法,在已提出的若干物流系统方案中,选择一个合理的、满意的方案的决断行为。准确的物流系统规划能够降低成本、提高竞争力、节约资源、提高工作效率。

供应链管理领域的研究包括以下热点。

1. 供应链协调优化

供应链的协调优化在供应链管理中具有十分重要的作用。供应链中的企业通常是独立运作的,各个企业一般总是寻求自身利益的最大化,因此决策目标有可能发生冲突,进而导致整个供应链的效率低下。此外,传统供应链中还会经常出现市场变化反应迟钝、各成员企业缺乏信赖、供应链失调等问题。考虑到传统供应链管理的种种弊端,为了防止供应链失调现象发生,加强供应链协同运作显得尤为必要。通过供应链协调优化,供应链中各节点企业能够为了提高供应链的整体竞争力而进行的彼此协调和相互支持,对供应链中各节点企业之间的合作进行管理,以便使各企业进行的彼此协调和相互支持更加高效有序,从而提高供应链整体的竞争力。与传统的供应链管理相比,供应链协调优化具有以下优势:能够满足共同的客户需求和提供供应链的整体绩效;有利于企业实现供应与需求的有机衔接,提高快速反应能力;可以避免信息失真、提高顾客信息反馈效率,使供求有机衔接、协调一致、反应迅速;有利于企业实现精确管理,降低成本,提高资源利用率。

2. 供应链突发事件管理

近年来,突发事件频繁发生使供应链突发事件管理成为供应链管理研究的一个热点。突发事件的发生造成需求市场巨大波动、原材料或零部件及产品供应中断或延迟、运输系统毁坏、信息通道堵塞等,这将导致供应链中各企业的运作失稳,甚至系统崩溃。因此,如何实现突发事件下的供应链协调,使之具有较强的弹性显得尤为重要。例如,在新冠肺炎疫情下,我国许多物流企业都遭遇重创。疫情暴发时,各地的隔离政策和交通管制等使员工复工受到影响,企业不得不临时雇佣人工,导致人力成本大大提高。交通管制、检查消毒卡口降低了物流速率,导致工作效率下降、运输成本提高。口罩、消毒剂等防疫物资成本增加。同时,由于许多企业生产停滞造成物流企业业务量下降。因此,如何增强供应链弹性,有效应对供应链突发事件成为亟待解决的问题。加强供应链的应急协调管理能力,健全完善的供应链安全体系刻不容缓。

3. 供应链绩效评价与流程优化

供应链绩效评价即运用数量统计和系统工程等相关方法,通过定量和定性分析,对整个供应链的整体运行绩效、供应链节点企业、供应链上的节点企业之间的合作关系等进行综合评判。通过供应链绩效评价,及时发现供应链运作过程中存在的问题,为系统持续改进提供决策依据。当发现供应链及其成员企业存在的问题后,某些情况下还需要优化供应链或企业的业务流程。因而,许多咨询公司应邀成为企业医生,为企业诊断问题,并提出改进方案。随着计算机与信息技术在企业中的广泛应用,流程再造或流程重组也因此受到众多供应链企业的重视,以达到消除浪费、提高效率、提升供应链竞争力的目的。

4. 智慧供应链

智慧供应链是一种将物联网技术应用于当前所存在供应链管理中关键的理论成果和研

究方法等的综合系统,目的是使供应链往更加智能化、网络化和自动化的道路上发展。随着现代新兴技术的迅速发展、供应链消费管理模式的转变和创新,以及"智慧城市"的到来,供应链也开启了新篇章,拉开了"智慧供应链"的帷幕。"智慧供应链"与传统供应链相比,具有以下特点:

(1)技术的渗透性更强。在智慧供应链的语境下,供应链管理和运营者会系统地主动吸收包括物联网、互联网、人工智能等在内的各种技术,主动将管理过程适应所引入新技术带来的变化。

(2)可视化、移动化特征更加明显。智慧供应链更倾向于使用可视化的手段来表现数据,采用移动化的手段来访问数据。

(3)更人性化。在主动吸收物联网、互联网、人工智能等技术的同时,智慧供应链更加系统地考虑问题,考虑人机系统的协调性,实现人性化的技术和管理系统。

第二章 物流系统的构成

第一节 物流系统概述

一、物流系统的概念

物流系统是物流设施、物料、物流设备、物料装载器具及物流信息等组成的具有特定功能的有机整体,由产品的包装、仓储、运输、检验、装卸、流通加工和其前后的整理、再包装、配送所组成的运作系统与物流信息等子系统组成。

物流系统具有输入、转换及输出三大功能,通过输入和输出使系统与社会环境进行交换,实现物资的空间和时间效益,在保证社会再生产顺利进行的前提条件下,实现各种物流环节的合理衔接,并取得最佳的经济效益。

二、物流系统的特征

物流系统是一个复杂的、庞大的系统,在这个大系统中有众多的子系统,系统间又具有广泛的横向和纵向联系。物流系统不但具有一般系统所共有的特性,即整体性、相关性、目的性、环境适应性,同时还具有规模庞大、结构复杂、目标众多等大系统所具有的特征。

(1)物流系统是一个"人机系统"。物流系统由人和形成劳动手段的设备、工具所组成。它表现为物流劳动者用运输设备、搬运装卸机械、仓库、港口、车站等设施,作用于物资的系列生产活动。在研究物流系统时,必须将人和物有机地结合起来加以考察和分析。

(2)物流系统是一个可分系统。作为物流系统,其规模无论多么庞大,都是由若干个相互联系的许多子系统组成的。这些子系统层次阶数的多少,是随着人们对物流的认识和研究的深入而不断扩充的。

(3)物流系统是一个动态系统。物流活动受到社会生产和社会需求的广泛制约。社会物资的生产状况、需求变化,社会能源的波动,企业间的合作关系,都随时随地影响着物流。如果变化较大,物流系统则需要重组或重新设计,以满足社会需求。

(4)物流系统的复杂性。物流系统构成要素的复杂性带来了物流系统的复杂性。物流系统的对象是物质产品,品种繁多,数量庞大,既包括生产资料、生活资料,又包括废旧废弃物品,涵盖了全社会的物质资料。物流系统要素之间的复杂关系也增加了物流系统本身的复杂性。

(5)物流系统是一个多目标函数系统。在物流系统中,任何物流活动都由储存保管、运输配送、装卸搬运、包装、流通加工、信息服务六个基本活动(基本要素)构成,它们承担不同的任务和使命。基本要素之间的冲突容易带来物流的局部最优、整体次优的问题,与现代物流的内涵相矛盾。

三、物流系统的优化目标

物流系统是社会经济系统的一部分,其目标是获得宏观和微观经济效益。

1. 服务性

物流系统采取送货上门的形式以及近年来出现的"准时供货方式""柔性供货方式"等,都是其服务性的表现。在为客户服务方面无缺货、无损伤和无丢失现象且费用便宜,是物流服务目标的具体体现。

2. 快速和及时性

快速和及时性是指按用户指定的时间和地点迅速送达。随着社会大生产的发展,人们对物流系统的这一要求更加强烈,随之产生了直达物流、联合一贯运输、时间表系统等管理以及技术等新应用。

3. 节约性

节约是经济领域的重要规律,利用节约来降低投入是提高相对产出的重要手段。如发展立体设施和有关的物流机械,以充分利用空间和面积,缓解城市土地紧缺的问题。

4. 规模化

规模化是指以物流规模作为物流系统的目标,并以此来追求"规模效益"。在物流领域以分散或集中等不同方式建立物流系统,研究物流集约化的程度,就是规模优化这一目标的体现,如物流网点的优化布局,合理的物流设施规模、自动化和机械化程度等。

5. 库存调节

库存过多则需要更多的保管场所,而且会产生库存资金积压,造成浪费。以库存调节为目标既是服务性的延伸,也是宏观调控的要求。在物流领域中正确确定库存方式、库存数量、库存结构、库存分布就是这一目标的体现,如制定合理的库存策略,合理控制库存量。

第二节　物流运作子系统

一、仓储

(一)仓储的概念

"仓"即仓库,是存放、保管、储存物品的建筑物和场地的总称,可以是房屋建筑、洞穴、大型容器或特定的场地等,具有存放和保护物品的功能。"储"即储存、储备,表示收存以备使用,具有收存、保管、交付使用的意思。仓储是集中反映物资活动状况的综合场所,是连接生产、供应、销售的中转站,对促进生产、提高效率有重要的辅助作用。

仓储是物质产品的生产持续过程,也能创造产品价值;仓储既有静态的物品存储,也包含动态的物品存取、保管、控制的过程;仓储活动发生在仓储等特定的场所;仓储的对象既可以是生产资料,也可以是生活资料,但必须是有形的物品。

(二)仓储的功能

仓储有三个基本功能:移动、存储和信息传递,如图2-1所示。

1. 移动

移动功能又可被细分成几种活动,包括接收、中转或入库、拣选、交叉收货、装运。

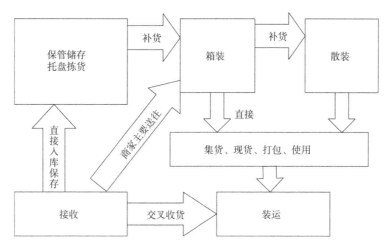

图 2-1 典型的仓储功能及流动

(1)接收。接收包括从运输工具上卸下产品、更新仓库存货记录、检查产品损坏情况、根据订单核对商品数和装运记录。

(2)中转或入库。中转或入库包括将产品移入仓库存储,先移动到专业服务区域进行合并,再移动到装运处进行装运。

(3)拣选。拣选是主要的移动活动,包括重新组合产品以满足客户需求。

(4)交叉收货。交叉收货是将产品直接从接收处转运至装运处,从而不需要存储。单纯的交叉收货作业可避免存储和拣选,其间信息传递将因为紧密协调装运而变得极为重要。

(5)装运。作为最后的移动活动,装运包括将产品集结并移动到运送设备上、调整库存记录、检查装运订单等。它也可能包括为特定客户进行理货包装,产品被放在盒子里、箱内或者其他容器内并做上必要的装运信息标记,如产地、目的地、托运人、收件人等内容。

2. 存储

存储是仓储的第二个功能,可被临时或半永久地执行。临时存储强调仓库的移动功能,只存储需要补货的产品。不管实际库存周转率是多少,都需要进行临时存储,临时存储的范围依赖于物流系统的设计、前置期及需求变动性。半永久性存储是对正常补货需求之外的存货进行存储,这些存货被当作缓冲器或者安全库存。导致半永久性存储最常见的情况有:①季节性需求;②不确定性需求;③水果和肉类的产品;④投机或提前购买;⑤数量折扣等特殊交易。

3. 信息传递

仓储的第三个主要功能是信息传递,与移动和存储同时发生,管理者总是需要及时和准确的信息,以有效管理仓储活动。库存水平、产量水平(通过仓库移动的产品数量)、库存位置、输入或输出运输、客户数据、仓库空间的利用等信息对仓库的成功管理至关重要。

(三)仓库的分类

仓库可按不同标准进行分类,企业或部门可以根据自身条件选择建设或租用不同类型的仓库。

1. 按仓库的适用范围分类

(1)自用仓库。自用仓库是指生产或流通企业为本企业经营需要而修建的附属仓库,完全用于储存本企业的原材料、燃料、产成品等货物。

(2) 营业仓库。营业仓库是指一些企业为了经营储运业务而专门修建的仓库。

(3) 公用仓库。公用仓库是指由国家或某个主管部门修建的为社会服务的仓库,如机场、港口、铁路的货场、货运站场和储备粮库等仓库。

(4) 出口监管仓库。出口监管仓库是指经海关批准,在海关监管下存放已按规定领取了出口货物许可证或批件、已对外买断结汇并向海关办完全部出口海关手续的货物的专用仓库。

(5) 保税仓库。保税仓库是指经海关批准,在海关监管下专供存放未办理关税手续而入境或过境的货物的场所。

2. 按仓库的保管条件分类

(1) 普通仓库。普通仓库是指用于存放无特殊保管要求物品的仓库。

(2) 保温、冷藏、恒湿仓库。保温、冷藏、恒湿仓库是指用于存放要求保温、冷藏或恒湿物品的仓库。冷藏仓库如图 2-2 所示。

(3) 特种仓库。特种仓库通常是指用于存放易燃、易爆、有毒、有腐蚀性或有辐射性物品的仓库,如图 2-3 所示。

图 2-2 冷藏仓库

图 2-3 特种仓库

(4) 气调仓库。气调仓库是指用于存放要求控制库内氧气和二氧化碳浓度的货物仓库。

3. 按仓库的建筑结构分类

(1) 封闭式仓库。封闭式仓库俗称"库房",该结构的仓库封闭性强,便于对货物进行维护,适宜存放保管条件要求比较高的物品。

(2) 半封闭式仓库。半封闭式仓库俗称"货棚",其保管条件不如库房,但出入库作业比较方便,且建造成本较低,适宜存放对温湿度要求不高且出入库频繁的物品。

(3) 露天式仓库。露天式仓库俗称"货场",其最大优点是装卸作业极其方便,适宜存放较大宗物资。

4. 按仓库的仓储功能进行分类

(1) 集货中心。将零星货物集中为成批货物称为"集货"。集货中心可设在生产点数量很多且单个生产点产量有限的地区,只要该地区某些产品总产量达到一定水平,就可设置这种有"集货"功能的物流据点。

(2) 分货中心。将大批量运到的货物分成批量较小的货物称为"分货"。分货中心是主要从事分货工作的物流据点。企业可以采用大规模包装、集装货散装的方式将货物运到分货中心,然后按企业生产或销售的需要进行分装。利用分货中心可以降低运输费用。

(3)转运中心。转运中心的主要工作是承担货物在不同运输方式间的转运。转运中心可以进行两种运输方式的转运,也可进行多种运输方式的转运,在名称上有的称为卡车转运中心,有的称为货车转运中心,还有的称为综合转运中心。

(4)加工中心。加工中心的主要工作是进行流通加工。设置在供应地的加工中心主要进行以物流为主要目的的加工,设置在消费地的加工中心主要实现以销售、强化服务为主要目的的加工。

(5)配送中心。配送中心是从事配送业务的物流场所或组织,基本符合下列要求:①主要为某些特定的用户服务;②配送功能健全;③有完善的信息网络;④辐射范围相对较小;⑤可实现多品种、小批量配送;⑥以配送为主,储存为辅。

二、装卸搬运

(一)装卸搬运的概念

装卸搬运是衔接运输、保管、包装、流通加工、配送等各物流环节所必不可少的活动。根据《物流术语》(GB/T 18354—2016),装卸是指物品在指定地点以人力或机械载入或卸出运输工具的作业过程;搬运是在同一场所内,对物品进行空间移动的作业过程。从原材料供应到商品送至消费者手中,再到废弃物回收、再生利用等整个循环过程,装卸搬运出现的频率最高,作业技巧最复杂,科技含量最高,时间和空间移动最短,费用比例最大。解决好装卸搬运环节的技术和管理问题,可以大幅降低物流成本、提高物流作业效率、加快商品流通速度,其作用不可低估。

(二)装卸搬运的分类

1. 按设施和设备对象分类

(1)仓库、配送中心的装卸搬运。仓库、配送中心的装卸搬运包括出入库、堆码、上架、取货、分类、分拣、传送、掏集装箱、装车、卸车等作业方式。

(2)铁路货物的装卸搬运。铁路货物的装卸搬运包括往车厢中装货、从车厢中卸货,直接将汽车、坦克开上或开下火车,用传送带直接将煤炭、粮食等散货装进车厢等作业方式。

(3)港口货物的装卸搬运。装卸船利用大型岸吊,可将货物直接吊上火车或货车,还包括利用管道直接将粮食、水泥等散货用气压方法吸进吸出,小船靠接大船"过驳",将货车直接开上或开下船作业。

(4)汽车货物的装卸搬运。汽车货物的装卸搬运包括叉车作业、吊车作业、传送带作业和人工作业等,灵活性强,汽车可以转向、掉头,并靠近货物装卸,也可只装卸,不搬运。

2. 按作业方式分类

(1)"吊上吊下"方式。"吊上吊下"方式是指采用各种起重机械从货物上部起吊,依靠起吊装置的垂直移动实现装卸,并在吊车运行的范围内或回转的范围内实现搬运或依靠搬运车辆实现搬运。

(2)"叉上叉下"方式。"叉上叉下"方式是指采用叉车从货物底部托起货物,并依靠叉车的运动进行货物位移,搬运完全靠叉车本身,货物可不经中途落地直接放置到目的处。

(3)"滚上滚下"方式。"滚上滚下"方式主要是指港口装卸的一种水平装卸方式,利用叉车或半挂车、汽车承载货物,连同车辆一起开上船,到达目的地后再从船上开下。利用叉车的"滚上滚下"方式,在船上卸货后,叉车必须离船;利用半挂车、平车或汽车,则拖车将半挂车、平车拖拉至船上后,拖车开下离船而载货车辆连同货物一起运到目的地,再原车开下或拖车上船拖拉半挂车、平车开下。"滚上滚下"方式需要有专门的船舶,对码头也有不同要求,这种专门的船舶称为"滚装船"。

(4)"移上移下"方式。"移上移下"方式是指在两车之间(如火车及汽车)进行靠接,然后利用各种方式,不使货物垂直运动,而靠水平移动从一台车辆上推移到另一台车辆上的方式。

(5)散装散卸方式。散装散卸方式是对散装物料进行装卸的方式。一般从装点直到卸点中间不再落地,这是集装卸与搬运于一体的装卸方式。

3.按装运特点分类

(1)连续装卸搬运。如配送中心的辊道式输送线、生产车间中的生产流水线、流水作业台以及皮带输送机等作业都属于此类方式。其特点是作业连续、中间不停顿,装卸搬运对象相对稳定、作业量大。

(2)间歇装卸搬运。如吊装机具、叉车、铲车、抓斗、吸盘(用磁铁吸集废钢、废铁)等作业属于此类方式。其特点是机动性强,作业范围大,装卸搬运货物的种类多。

4.按装运运动形式分类

(1)垂直装卸搬运。如垂直升降电梯、巷道起重机、电动传输装置以及吊车等作业属于此类方式。该类型的作业机具有通用性强、应用范围广、灵活性大等特点。

(2)水平装卸搬运方式。如辊道式输送机、链条式输送机、悬挂式输送机、皮带式输送机以及手推车、无人搬运车等作业属于此类方式。

(三)搬运设备

物料搬运设备是机械化生产的主要组成部分,它的技术水平是搬运作业现代化的重要标志之一。按搬运设备的作业特征,搬运设备包括以下几种。

1.输送机械

输送机在工作时连续不断地沿着同一方向输送散料或质量不大的单件物品,装卸过程中需停车。在流水作业生产线上,连续运输机已成为整个工艺过程中最重要的环节之一,其优点是:生产率高、设备简单、操作简便。输送机械可分为重力式和动力式两类,如图2-4所示。

重力式输送机又称为无动力输送机。重力式输送机在倾斜输送面上靠重力分力作用使物料沿输送面运动。动力式输送机一般以电动机为动力,根据其驱动介质的不同可分为皮带式输送机、辊子式输送机、链条式输送机、链板式输送机和悬挂链式输送机等。

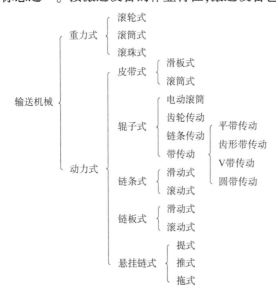

图2-4 输送机械的分类

输送机械搬运设备的主要特点是结构简单、动作单一、造价低、制造容易,并且能够实现连续进行较高效率的搬运作业,由多台设备可以组成搬运系统,实现自动化作业。其缺点是输送系统的占地面积较大,且不易变更货物的运输路线。

2. 搬运车辆

搬运车辆种类很多,通常包括无轨道运输车,如起重汽车、自卸汽车、拖车、工程专用汽车等;有轨道运输车,如蒸汽机车、内燃机车、电力机车、各种铁路车辆等。小型的车辆则有手推车、简易叉式搬运车、牵引车、电瓶搬运车、叉车、曳引小车、穿梭车、自动导引小车(Automated Guided Vehicle,简称 AGV)、卫星小车等。搬运车辆的作业具有一定的柔性,搬运作业的范围大。下面简单介绍常见的运输车辆。

(1) 载货汽车。载货汽车是主要的运输机械。在物料搬运中,载货汽车配合装卸机械在厂内外进行运输工作,其类型、型号很多,可根据需要在机电产品目录中选用。

(2) 拖车。拖车由牵引车牵引行驶,其运载能力强,适应尺寸大、质量大的货物运输,有全挂车和半挂车两种。拖车一般由汽车牵引,也可用蓄电池搬运车或其他车辆牵引。拖车如图 2-5 所示。

图 2-5 拖车

(3) 手推车。手推车是一种以人力为主,一般不带动力,在路面上搬运货物的小型搬运车辆的总称。其特点是轻巧灵便、易操作、转弯半径小。手推车的选择需考虑货物的形状和性质,当搬运多品种货物时,应采用通用性的手推车;当搬运单一品种货物时,则考虑专用性的手推车,以提高搬运效率。

(4) 叉车。叉车是在车站、码头、仓库、货场、车间之间,广泛用来承担装卸、搬运、堆码等作业的一种搬运工具,具有实用性强、机动灵活、效率高等优点,它不仅可以将货物进行水平运输,还可以叉取货物进行垂直堆码。叉车包括简易叉式搬运车、牵引车、电动搬运车、穿梭车、AGV 以及卫星小车等。几种新型的叉车如图 2-6 所示。

3. 垂直搬运机械

垂直搬运机械主要用于连接楼房仓库或高层建筑各层的楼层面之间的货物运输需要,以及在不同作业层面货物输送的需要。其主要设备有载货电梯、液压升降平台和板条式垂直提升机。常见的垂直搬运机械如图 2-7 所示。

4. 起重机械

起重机械是一种以间歇作业方式对物料进行起升、下降和水平移动的搬运机械。起重机械的作业通常带有重复循环的性质,一个完整的循环一般包括取物、起升、平移、下降和卸载等环节。经常起动、制动、正反方向运动是起重机械的基本特点,广泛应用于工业、交通运输业、建筑业、商业和农业等。

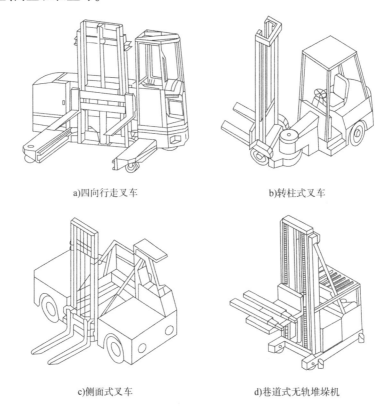

a)四向行走叉车　　b)转柱式叉车

c)侧面式叉车　　d)巷道式无轨堆垛机

图 2-6　几种新型的叉车

a)手动托盘搬运车　　b)电动托盘搬运车

图 2-7　常见的垂直搬运机械

常用的起重机有电动梁式起重机、通用桥式起重机、门式起重机、固定旋转起重机、轮胎式起重机等。

5. 堆垛起重机械

巷道堆垛机简称堆垛机,主要用途是在高层货架的巷道内来回运行,将位于巷道口入库站台上的货物自动随机存入货位;或者将货架货位上的货物取出,送到巷道口的出库站台上。两种常见的堆垛机如图 2-8 所示。

堆垛机的特点是整机的结构高而窄,结构的刚度和精度要求高,堆垛机的运行速度高,起动、制动快而平稳,运行平稳性好,停靠精度高,安全性保护措施完善。

a)立库堆垛机　　　　　　　　b)电动堆垛车

图 2-8　两种常见的堆垛机

6. 机器人

机器人是一种能自动定位控制,可重复编程、多功能的、多自由度的操作机,是一种智能性的高新技术搬运设备,能搬运材料、零件或操持某些工具,以完成各种作业,主要用在生产线上和自动化物流系统的码垛、拆垛上,用在集装化单元货物和货物体积、质量较大的场合,具有定位精度高、运行效率高、可靠性高等特点。

7. 物料搬运器具

物料搬运器具是人工与机械化之间的桥梁,包括垫板、托盘(图 2-9)、标准料箱料架、料斗、装运箱、集装箱(图 2-10)等。

a)平托盘　　　　b)网箱托盘　　　　c)箱式托盘

d)柱式托盘　　　　e)轮式托盘

图 2-9　几种常见的托盘

图 2-10　集装箱

三、流通加工

(一) 流通加工的概念

流通加工是指在物品从生产领域到消费领域流动的过程中,为促进销售、维护商品质量和提高物流效率,对其施加包装、切割、剪裁、分拣、计量、刷标志、贴标签、组装等简单作业的总称。流通加工通过改变或完善流通物品的原有形态来实现"桥梁和纽带"的作用,因此,流通加工是流通中的一种特殊形式。流通加工示意图如图 2-11 所示。

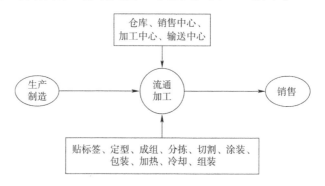

图 2-11　流通加工示意图

流通与加工的概念属于不同范畴。加工是改变物质的形状和性质而形成一定产品的活动;而流通则是改变物质的空间状态与时间状态。流通加工则是为了弥补生产过程加工的不足,更有效地满足用户或本企业的需要,使产需双方更好地衔接,将这些加工活动放在物流过程中完成,而成为物流的一个组成部分。

(二) 合理流通加工的途径

为了避免各种不合理情况,在流通加工环节,应对该环节设置的位置、采取的加工形式以及技术设备等方面进行合适的选择。现阶段,我国已经积累了一定的对流通加工环节进行合理化设置的经验,并且取得了一定的成效。

实现流通加工合理组织的方法主要包括以下几个方面。

1. 流通加工与合理配送进行结合

在配送点上建立流通加工,从一个角度看是根据配送的要求进行加工;从另一个角度看,加工属于配送业务流程中的一部分,分为货物的分拣和配货。加工过的产品直接投入运输环节,将流通加工与转运相结合。此外,配送前的加工可在很大程度上提高配送服务水平,如流通加工在煤炭、水泥等产品的配送中表现出较大的优势。

2. 流通加工和配套进行结合

"配套"是指对使用上有联系的用品集合成套地供应给用户使用,例如方便食品的配套。当然,配套的主体来自各个生产企业,如方便食品类的方便面就是由其生产企业配套生产的。

3. 流通加工和合理运输进行结合

流通加工处理可以有效地连接干线运输和支线运输,促进两种运输方式的合理化。它不能随意进行支路或干路转变,应通过合理的运输线路要求进行适当的处理,进而实现运输及运输转载水平的双重提高。

4. 流通加工和合理的商流进行结合

加工和配送相结合,通过流通加工,提高了配送水平,促进了销售,使加工与商流合理结合。此外,通过简单地改变包装使顾客方便购买,通过组装加工解除用户使用前进行组装、调试的难处,都是有效促进商流的很好例证。

5. 流通加工和节约进行结合

节约能源、节约设施、节约人工、节约费用,是促进流通加工合理化的重要因素,也是促使我国建立流通加工并考虑流通加工合理化的重要影响因素。

流通加工合理化的最终判断是其能否实现企业和社会的双重效益。流通加工企业需要以社会效益为第一观念,在流通加工过程中不断完善自己,才能具有生存价值。一味追求企业的微观利益,或者是与生产企业进行竞争,都不是进行流通加工的初衷。

四、包装

(一) 包装的概念

《物流术语》(GB/T 18354—2016)对包装的定义是:"为在流通过程中保护产品、方便储运、促进销售,按一定技术方法而采用的容器、材料及辅助物等的总体名称,也指为达到上述目的而在采用容器、材料和辅助物的过程中施加一定技术方法等的操作活动。"从该定义的表述中不难理解包装的目的和意义。包装可以分为两类:一类是销售包装,即直接接触商品并随商品进入零售店与消费者直接见面的包装;另一类是运输包装,即以满足运输、仓储要求为主要目的的包装。

(二) 包装的功能

包装是商品的重要组成部分,它不仅是商品不可缺少的外衣,起着保护商品、便于运输、促进销售的作用,而且也是商品制造企业形象的缩影。因此,包装的功能可以总结为如下两点。

1. 保护商品

包装的作用是保护商品,使商品无损流通,实现所有权转移。包装的保护作用主要体现在:

(1) 防止商品破损变形。包装能承受在装卸、运输、保管等作业环节中的各种外力冲击、震动、颠簸、压缩、摩擦等外力的作用;可以减少在搬运装卸中由于操作不慎导致跌落造成的冲击;可以减少仓库储存堆码时最底层货物承受的强大压力以及减少由于运输和其他物流环节的冲击震动。

(2)防止商品发生化学变化。如防止商品发生吸潮发霉、变质、生锈等化学变化。要求包装能在一定程度上阻隔水分、溶液、潮气、光线、空气中的酸性气体,防止环境、气象的影响。

(3)防止腐朽。良好的包装可以防止商品腐朽、霉变、鼠咬虫食。这就要求包装物要能阻隔霉菌、虫、鼠侵入,形成对商品的防护。

(4)防止异物混入、物资丢失。异物混入、物资丢失是包装不良带来的常见问题之一。物资的包装设计可以根据不同物资的特征,运输、储存、销售等环境的需要,用最适当的材料、最合理的包装容器和技术,赋予包装最佳的保护性能。

2.方便物流

(1)方便储运。从方便储存的角度来看,包装有利于保护物资在储存期间的使用价值;有利于提高物品在存取、验收、盘点、堆码、货架陈列、移动等仓储作业中的效率,减少包装物的空间占用;包装的规格、尺寸、形状、质量、标志应该充分地考虑运输工具的适用性,结合载货空间的利用率和装卸货的先后顺序,尽可能地做到方便运输,提高运输效率。

(2)方便装卸搬运。包装所用的容器、材料不同,包装在体积、质量、形态上的差异,对于各种装卸搬运的形式及其作业工具的适用性不尽相同。要针对包装规格尺寸发展集装化包装,实现装卸搬运机械化。

(3)方便处理。方便处理主要是指在包装材料的选用上,应当考虑包装在使用后的处理问题,包括包装物的重复利用、回收、再生和废弃处理等。日常生活中的纸质包装、木质包装、玻璃包装通过回收渠道都可被方便处理,有效地节约资源,保护环境。

(4)促进销售。精美的包装设计具有较高的辨识度,能够迅速地吸引消费者的眼球。包装的形态在一定意义上(如广告说明)发挥着宣传产品的作用,诱发消费者的购买欲望与购买动机,最终产生购买行为。

(三)包装分类

1.按照包装在流通中的作用分类

(1)工业包装,又称运输包装,是以方便运输、储存和保护产品为目的的包装。工业包装的显著特点是:①包装的材料、尺寸和结构有一定的抵御外界不良因素侵害的能力;②有明确的外部包装标识,如"小心轻放""请勿倒置"等储运标识、易燃易爆等危险品标识;③标明产品的品名、质量、体积、规格、件数、生产厂家、发运地、到达地等,以便于储运过程中对商品的识别和正确操作。

(2)商业包装,又称销售包装。商业包装的显著特点有:①包装单位和大小适合于顾客的购买量要求和销售现场的陈列要求;②外形美观、商标突出;③有必要的文字说明,如产品的成分、功能和使用方法等,以方便消费者购买和使用。

工业包装与商业包装如图2-12所示。

2.按照包装的层次和防护要求分类

(1)单个包装。单个包装也称为小包装,是物品送到使用者手中的最小单位。它是用袋或其他容器对物体的一部分或全部包裹起来的状态,并且印有作为商品的标记或说明等信息资料。单个包装一般属于商业包装,应注意美观,使它能起到促进销售的作用。单个包装如图 2-13 所示。

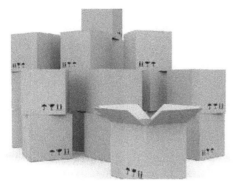
a)工业包装

b)商业包装

图 2-12 工业包装与商业包装

(2)内包装。内包装是将物品或单个包装，或一个至数个规整包装，或置于中间包装中，为了对物品及单个包装起保护作用。

(3)外包装。基于物品输送的目的，要起到保护作用并且考虑输送搬运作业方便，一般将物品置入箱、袋之中，根据需要对容器有缓冲防震、固定、防温、防水的技术措施要求，这种包装方式称为外包装。一般外包装还有密封功能，并且有相应的标识说明。

3. 按照包装的使用次数分类

图 2-13 单个包装

(1)一次用包装。一次用包装是仅使用一次、不再回收复用的包装。这种包装往往随同商品出售或在销售过程中被消耗掉。绝大多数销售包装属于一次用包装。

(2)多次用包装。多次用包装是指回收后经过一定的整理或加工，仍然可以重复使用的包装。大部分商品的运输包装可以多次使用。

(3)周转用包装。周转用包装是指生产企业和销售企业固定地用于周转、多次重复使用的包装，如装运啤酒的塑料包装箱。

4. 按照包装容器分类

(1)按照包装容器的结构不同，可将包装划分为固定式包装和可拆卸折叠式包装。固定式包装的形状、尺寸等固定不变。可拆卸折叠式包装在空置时可以拆卸、折叠缩小包装物本身的体积，从而便于对其进行返运和管理。

(2)按照包装容器的抗变形程度不同，可将包装划分为硬包装、软包装和半硬包装。硬包装也称刚性包装，这种包装的材质较为坚硬但缺乏弹性，因此包装容器不易变形。软包装又称柔性包装，这类包装的材质具有一定的韧性和弹性。半硬包装是介于硬包装和软包装之间的包装。

(3)根据产品的特性不同，可将包装划分为特种商品包装和普通商品包装。特种商品包装是指根据某些特殊商品的特殊性质或重要性有针对性地设计的包装。普通商品包装则是指除特殊商品以外的一般商品的包装。

(四)包装材料

包装材料的选择十分重要,因为它直接关系到包装质量和包装费用,有时也影响运输、装卸搬运和保管。常用的包装材料有以下6类。

1. 纸包装材料

利用纸进行包装的商品非常广泛、用量最多、品种最杂,这是由于纸包装材料的特点是耐摩擦、耐冲击、质地细腻、容易黏合、无味、无毒、价格相对较低。比如瓦楞纸纸箱之所以被广泛利用,是因为它质量轻、耐冲击、容易进行机械加工和回收,价格也便宜。

2. 木质包装材料

木质包装材料的特点是具有一定的弹性,能够承受冲击、震动和重压;加工较为方便,无须复杂的加工机械;可以加工成胶合板,在减轻包装本身质量的同时,扩大了木材应用的范围。但是,木材容易吸收水分、变形开裂、腐败,还容易受白蚁蛀蚀。这些缺点在一定程度上限制了木材在包装中的应用。常用的木质包装容器有木箱和木桶。

3. 金属包装材料

金属包装材料具有良好的延展性,易于加工成型;不易破,能够重复使用;密封性好,能有效地保护内装商品。但是,金属包装成本高、易生锈、运输中易变形,所以其使用受到一定的限制。

饮料、煤气、天然气等液体和气体一般用金属片和金属板作包装材料。其中,镀锡薄钢片(俗称马口铁)和金属箔两个品种用量较大。镀锡薄钢片坚固、耐腐蚀,容易进行加工,而且防水、防潮、防摔,利用十分广泛。金属箔,即金属压成的薄片,适合奶油、乳制品、糖果和肉类食品的包装。

4. 塑料包装材料

塑料包装材料具有以下优点:

①物理机械性能良好,具有一定的强度和弹性,耐折叠,抗震动。

②化学稳定性好,耐酸碱,耐化学试剂,耐油脂,防锈蚀。

③容易加工成型,实现多样化,制成的包装容器自身质量较轻。

④透明性较好且表面具有一定的光泽,易于印刷且具有装饰性,能够起到美化商品的作用。但是,塑料包装材料的强度不如钢铁,长期作用下容易老化;有的塑料有异味,废弃物难以处理,耐热性也不如玻璃。

5. 玻璃、陶瓷包装材料

玻璃和陶瓷的特点是不怕腐蚀、强度高,用玻璃或陶瓷材料制成瓶、罐、坛子,用来盛装食品、饮料、酒类、药品等十分适宜。而且玻璃和陶瓷能进行装潢和装饰,有利于促进销售。

6. 包装用辅助材料

包装用辅助材料主要有以下几种:

(1)黏合剂。黏合剂用于材料的制造、制袋、制箱及封口作业,有水型、溶液型、热融型和压敏型的区分。近年来由于普遍采用高速制箱及封口的自动包装机,所以大量使用短时间内能够黏结的热融结合剂。

(2)黏合带。黏合带有橡胶带、热敏带、黏结带三种。橡胶带遇水可直接溶解,结合力强,黏结后完全固化,封口很结实。热敏带一经加热活化便产生黏结力,一旦结合,不好揭开且不易老化。黏结带是在带的一面涂上压敏性结合剂,如纸带、布带、玻璃纸带、乙烯树脂带等,也有两面涂胶的双面胶带,这种带子用手压便可结合,十分方便。

(3) 捆扎材料。捆扎的作用是打捆、压缩、缠绕、保持形状、提高强度、封口防盗、便于处置和防止破损等。现代工业中已很少用天然捆扎材料,而多用聚乙烯绳、聚丙烯绳、纸带、聚丙烯带、钢带、尼龙布等。

(五) 包装技术

1. 缓冲包装技术

缓冲包装技术又称防震包装技术,是为了防止商品在储运过程中由于受到外部冲击、震动的影响而产生损害的包装技术。防震包装设计的重点是确定防震材料的种类和厚度。在设计上,还要考虑成本问题。防震包装主要有全面防震包装、部分防震包装和悬浮式防震包装三种。

2. 防潮包装技术

防潮包装是为了防止潮气侵入包装件、影响内装物的质量而采取的有一定防护措施的包装。为了提高包装的防潮性能,可采用涂布法、涂油法、涂蜡法、涂塑法等方法对包装进行防潮处理。

3. 防霉包装技术

防霉包装是为防止包装的内装物霉变而采取一定防护措施的包装。防霉包装技术的基本原理是通过控制某一不利的环境因素,从而抑制或杀死微生物,保护包装容器内的商品质量。这种包装技术主要适用于各种食品。

4. 防锈包装技术

防锈包装技术的基本原理是在包装前将各种防锈剂涂抹于商品表面,以隔离大气中的氧、水蒸气及其他有害气体,从而起到保护商品的作用。常用的防锈剂有防锈油和气化性防锈剂两大类。

5. 防虫包装技术

防虫包装常用的是驱虫剂,即在包装中放入有一定毒性和臭味的药物,利用药物在包装内挥发的气体杀灭和驱除各种害虫。常用的驱虫剂有樟脑精;常用的杀虫剂有安妥、狄氏剂、六六六粉等。也可采用真空包装、充气包装、脱氧包装等技术,使害虫无生存环境,从而防止虫害。

6. 危险品包装技术

危险品有上千种,按其危险性质不同可分为爆炸性物品、氧化剂、压缩气体和液化气体、自燃物品、遇水燃烧物品、易燃液体、易燃固体、毒害品、腐蚀性物品、放射性物品。对有毒商品的包装要在明显处标明有毒的标志;对腐蚀性的商品,要注意避免商品和包装容器的材质发生化学变化。

7. 特种包装技术

(1) 收缩包装。收缩包装是以收缩薄膜为包装材料,包裹在商品外面,通过适当加热,使薄膜受热自动收缩紧包商品的一种包装方法。收缩包装具有透明、紧凑、均匀、稳固、美观的特点,同时由于密封性好,还具有防潮、防尘、防污染、防盗窃等保护作用。收缩包装适用于食品、日用工业品和纺织品的包装,特别适用于形态不规则的商品的包装。

(2) 拉伸包装。拉伸包装是用具有弹性(可拉伸)的塑料薄膜,在常温和张力下,包裹单件或多件商品,在各个方向牵伸薄膜,使商品紧裹并密封。拉伸包装适合于那些怕加热的产品,如鲜肉、冷冻食品、蔬菜等。

(3)脱氧包装。脱氧包装又称除氧封存剂包装,即利用无机系、有机系、氢系三类脱氧剂,除去密封包装内游离态氧,降低氧气浓度,从而有效地阻止微生物的生长繁殖,起到防霉、防褐变、防虫蛀和保鲜的目的。脱氧包装适用于某些对氧气特别敏感的制品。

(4)充气包装和真空包装。充气包装是采用二氧化碳气体或氮气等不活泼气体置换包装容器中空气的包装技术方法。它是通过改变包装容器中的气体组成成分,降低氧气浓度,来达到防霉腐和保鲜的目的。充气包装适用于肉类食品、谷物加工食品及一些易氧化变质商品。

真空包装是将包装容器内的空气全部抽出密封,维持袋内处于高度减压状态,空气稀少相当于低氧效果,使微生物没有生存条件,以达到果品新鲜、无病腐发生的目的。真空包装适用于方便食品和熟食制品等。

常见的包装技术如图2-14所示。

a)抗菌包装

b)缓冲包装

c)防辐射包装

d)脱氧包装

图2-14 常见的包装技术

五、运输

(一)运输的概念

运输是指人或物借助运力在空间上产生的位置移动。所谓运力,是由运输设施、路线、设备、工具和人力组成的,具有从事运输活动能力的系统。《物流术语》(GB/T 18354—2016)对运输的定义是:"用设备和工具,将物品从一地点向另一地点运送的物流活动。"运输就是通过运输手段使货物在不同地点之间流动,包括集货、搬运、中转、装入、卸下、分散等一系列操作。运输是物流系统中最为重要的构成要素。

运输的作用在于克服产品的生产与需求之间存在的空间和时间上的差异。其功能是将产品从原产地运送到指定地点。其目的是以最短的时间和最小的费用完成产品运输。

物流运输系统的构成要素包括运输线路和运输节点等基础设施、运输工具以及运输参与者。

(二)基本运输方式及特点

1. 铁路运输

铁路运输是使用铁路列车运送货物的一种运输方式,主要承担长距离、大数量的货物运输任务,在干线运输中起主力运输作用。铁路货物运输分为整车运输、零担运输、集装箱运输三种。

铁路运输的优点是:

(1)承运能力大,适合大批量、低值物品及长距离运输,单位运输成本较低。

(2)不大受气候和自然条件影响,在运输的准时性方面有优势。

(3)可以方便地实现驮背运输、集装箱运输及多式联运。

铁路运输的缺点是:

(1)固定成本高,项目投资大,建设周期较长。

(2)运输时间较长,在运输过程中需要有列车编组、解体和中转改编等作业环节,占用时间较长,因而增加了货物的运输时间。

(3)铁路运输中的货损率比较高,由于装卸次数较多,货物毁损或丢失事故通常比其他运输方式多。

(4)不能实现"门到门"运输,如果托运人和收货人都有铁路专用线,可以提供"门到门"服务,但如果没有铁路专用线,则货物运送必须用其他方式来协助完成。

2. 公路运输

公路运输是一种以公路为运输线、以汽车为运输工具、做跨地区或跨国的移动,以完成货物位移的运输方式。它与铁路运输同属于陆上运输的两种基本运输方式。它是对外贸易运输和国内货物流通的主要方式之一,既是独立的运输体系,也是车站、港口和机场物资集散的重要手段。

公路运输的优点是:

(1)在中短途运输中,运送速度较快;可以实现"门到门"直达运输,中途不需要倒运、转换且可以直接将货物快速运达目的地。

(2)机动性高,可以选择不同的行车路线,灵活制定营运时间表,服务便利,市场覆盖率高。

(3)投资少,固定成本低,投资回收快。

(4)掌握车辆驾驶技术较易。与火车司机或飞机驾驶员的培训要求相比,汽车驾驶技术比较容易掌握,对驾驶员的各方面素质要求也相对较低。

公路运输的缺点是:

(1)运量较小,运输成本较高。由于汽车载质量小,行驶阻力比铁路大9～14倍,除航空运输外,公路运输成本最高。

(2)运输能力较小。在各种现代运输方式中,公路运输的平均运距是最短的,运行持续性较差。

(3)安全性较低,环境污染较大。据历史记载,自汽车诞生以来,已经"吞吃掉"3000多万人的生命,特别是20世纪90年代开始,死于汽车交通事故的人数急剧增加,平均每年达50多万人。公路运输带来的环境污染也比其他运输方式严重。

公路运输主要适用于以下作业:

(1)中短距离的独立运输作业。

(2)补充和衔接其他运输方式,当其他运输方式担负干线运输时,由汽车担负起点和终点处的短途集散运输。

3. 水路运输

水路运输通常表现为四种形式:沿海运输、近海运输、远洋运输与内河运输。

水路运输的优点是:

(1)运能大,能够运输数量巨大的货物。

(2)可越洋运输大宗货品,连接被海洋所隔开的大陆。远洋运输是发展国际贸易的强大支柱。

(3)运输成本低,能以最低的单位运输成本提供最大的货运量,尤其在运输大宗货物或散装货物时,采用专用船舶运输,可以取得更好的技术经济效果。

(4)平均运距长。

水路运输的缺点是:

(1)受自然气象条件因素影响大。

(2)航行风险大,安全性略差。

(3)运送速度慢,在途货物多时,会增加货主的流动资金占用,经营风险增加。

(4)搬运成本与装卸费用高。

水路运输主要适用于以下作业:

(1)大批量货物,特别是集装箱运输。

(2)原料、半成品等散货运输。

(3)国际运输。

4. 航空运输

航空运输是使用飞机及其他航空器运送人员、货物、邮件的一种运输方式,具有快速、机动的特点,是现代旅客运输,尤其是远程旅客运输的重要方式,也为国际贸易中的贵重物品、鲜活货物和精密仪器提供运输。

航空运输的优点是:

(1)速度快、高速直达。现代喷气式客机巡航速度为800~900km/h,比汽车、火车快5~10倍,比轮船快20~30倍。距离越长,航空运输所能节约的时间越多,速度优势越发明显。

(2)机动性好。航空运输受航线条件限制的程度比汽车、火车、轮船小得多,它可将地面上任何距离的两点连接起来,可以定期或不定期飞行。它是执行特殊运输必不可少的手段。

(3)基建周期短、投资少。航空运输只要添置飞机和修建机场,在相距1000km的两个城市间建立同样运力的交通线计算,铁路投资是航空的1.6倍,铁路修建周期为5~7年,而航空只需2年。

航空运输的缺点是:运载能力较小,运载成本高,对所运货物有限制、气象条件会限制飞行,短途运输中优势难以发挥。

航空运输主要适用于以下作业：

(1)国际运输。航空运输对于对外开放,促进国际间技术、经济合作与文化交流有重要作用。

(2)适用于附加值高、质量轻、体积小的物品运输。

(3)快速运输。

5. 管道运输

管道运输是用管道作为运输工具的一种长距离输送液体和气体物资的运输方式,是一种专门由生产地向市场输送石油、煤和化学产品的运输方式,是统一运输网中干线运输的特殊组成部分。管道运输石油产品比水路运输费用高,但仍然比铁路运输便宜。

管道运输的优点是：

(1)运量大,占地少。

(2)管道提供的是地下的、全封闭的服务,因此,货损、货差率低。

(3)管道运输建设周期短、费用低,大直径、全负荷管道运输效率很高。

(4)管道运输安全可靠、连续性强。管道运输基本上不受天气影响,很少有机械故障。虽然运输时间长,但能准确估计交货时间,减少了安全库存的需要。

(5)管道运输耗能少、成本低、效益好。

管道运输的缺点是：

(1)管道运输线路是相对固定的,因此有地域灵活性或可达性的限制。

(2)管道运输的产品有局限性,并且只能提供单向服务。

(3)灵活性差。管道运输不如其他运输方式(如汽车运输)灵活,除承运的货物比较单一外,它也不可随便扩展管线,实现"门到门"的运输服务。对一般用户来说,管道运输常常要与铁路运输或公路运输、水路运输配合才能完成全程输送。此外,在运输量明显不足时,运输成本会显著地增大。

6. 五种基本运输方式的比较

五种基本运输方式如图2-15所示。

a)铁路运输

b)公路运输

c)水路运输

d)航空运输

e)管道运输

图2-15　五种运输方式

通过了解五种基本运输方式,可以发现:铁路运输最适合承担中长距离,且运量大的货运任务;公路运输最适合承担短距离,且运量不大的货运任务;水路运输最适合承担运量大、距离长,对时间要求不太紧,运费负担能力相对较低的任务;航空运输最适合承担运量较少,距离大,对时间要求紧,运费负担能力较高的任务;管道运输作为一种专用的运输方式,较适合石油、天然气等特殊资源的空间调度。

六、配送

(一)配送的概念

《物流术语》(GB/T 18354—2016)中将配送定义为:"在经济合理区域范围内,根据客户的要求对物品进行分拣、加工、包装、分割、组配等作业,并按时送达指定地点的物流活动。"

(二)配送的特点

(1)配送是面向终端用户的服务。配送作为最终配置是指对客户完成最终交付的一种活动,是从最后一个物流节点到用户之间的物品的空间移动过程。物流过程中的最后一个物流节点一般是指配送中心或零售店铺。

(2)配送是末端物流。与长距离运输相比,配送承担的是直线的、末端的运输,是面对客户的一种短距离送达服务。从工厂仓库到配送中心的批量货物的空间位移称为运输,从配送中心到最终用户的多品种小批量货物的空间位移称为配送。运输与配送的主要区别见表2-1。

运输与配送的主要区别　　　　　　　　表2-1

内　容	配　送	运　输
运输特性	支线运输、区域内运输、末端运输	干线运输
货物特性	多品种、小批量	少品种、大批量
运输工具	小型货车	大型货车或火车、船舶
目标重点	服务优先	效率优先
其他功能	装卸、保管、包装、分拣、流通加工、订单处理等	装卸、捆包

(3)强调时效性和用户需求。配送不是简单地"配货"加"送货",更加强调在特定的时间、地点完成交付活动,充分体现时效性。在观念上必须明确"用户第一""质量第一",配送承运人处于服务地位而不是主导地位,在满足用户利益基础上取得本企业的利益。

(4)强调合理化。对于配送而言,应当从时间、速度、服务水平、成本、数量等多方面寻求最优。过分强调"按用户要求"是不妥的。

(三)配送中心的概念

配送中心在《物流术语》(GB/T 18354—2016)中被定义为:"从事配送业务的物流场所或组织,应基本符合下列要求:主要为特定的用户服务;配送功能健全;完善的信息网络;辐射范围小;多品种、小批量、多批次、短周期;以配送为主,以储存为辅。"

配送中心是根据用户的订单和销售预测,进行规模化采购、进货、保管,按客户订单所需商品及其数量,在规定的时间内准时送达客户的物流场所。这里的"客户"是广义的,可以是分销中心、零售店、连锁店、专卖店、超市等,也可以是最终用户,如图2-16所示。

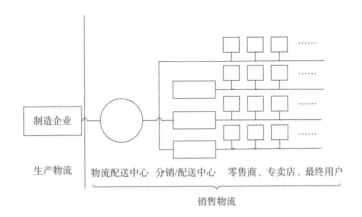

图 2-16　配送中心

由此可见,由配送中心集中向各客户进行多频次的配送业务,众多客户原则上可以不设或少设仓库,不设或少设运输部门,从而减少流通设施的投资和日常流通运行费用。由配送中心集中进行规模化的入库、保管和出库等活动,会降低运输费用、保管费用和运营费用。有的配送中心还可进行一定的流通加工业务,以提高商品的附加值。

(四)配送中心的作业流程

1. 接收订单

配送中心发挥配送功能开始于客户的询价和业务部门的报价,当双方就相关问题达成一致后,业务部门即可接受客户的订单。

2. 订单处理

接单后,业务部门要查询出货日的库存状况、装卸货能力、流通加工负荷、包装能力、配送负荷等情况,设计出满足客户需求的配送操作。

3. 采购订货

接收订单后,配送中心须向供货厂商订购或向制造厂商直接要货。采购部门先统计出商品需求数量并查询供货厂商交易条件,然后,根据所需数量及供货厂商提供的经济订购批量,提出采购单或出厂提货单。

4. 入库进货

开出采购单或出厂提货单后,入库进货管理员根据采购单上预定入库日期进行入库作业调度和入库月台调度。在商品入库当日,入库管理员进行入库资料核查和入库质量检验,当质量或数量不符时,立即进行适当修正或处理,并输入入库资料,同时,制作入库商品统计表,以稽核供货厂商催款。

5. 库存管理

库存管理包括仓库区管理及库存控制。

仓库区管理包括商品在仓库区域内摆放方式、区域大小、区域分布等规划和仓储区货位的调整及变动;商品进出仓库的控制;进出货方式的制定;商品所需搬运工具、搬运方式的确定;包装容器使用与包装容器保管维修等。

库存控制包括按照商品出库数量、入库所需时间等来制定采购数量及采购时间,并建立采购时间预警系统;制定库存盘点方法,定期负责打印盘点清单,并根据盘点清单内容清查库存数、修正库存账目并制作盘盈、盘亏报表。

6. 分拣配货

根据客户的订货要求,将其所需要的商品尽可能迅速、准确地从其储位或其他区域拣取出来。需要简单加工的商品,拣出来后还必须集中加工,然后按一定方式进行分类集中,形成满足客户要求的订单包装,等待配送。

出货拣取不只包括拣取作业,还需补充拣货架上商品,使拣货不至于缺货,这包括补货量及补货时间的制定、补货作业调度、补货作业人员调派。分拣及配货是决定整个配送中心水平的关键因素。

7. 流通加工

流通加工是最直接提高商品附加值的一项作业,不过它并不是所有配送中心普遍具有的功能,流通加工作业包括商品的分类、称重、拆箱重包装、贴标签及商品组合包装。

8. 订单包间缓存

完成商品拣取及流通加工作业后,就可以进行商品出货作业。出货作业包括根据客户订单为客户打印出货单据,制定出货调度,打印出货批次报表、出货商品上所需地址标签及出货核对表。由调度人员决定集货方式、选用集货工具、调派集货作业人员,并决定运输车辆大小与数量。由仓库管理人员或出货管理人员决定出货区域的规划布置及出货商品的摆放方式。

9. 配送装车

在单个用户配送数量不能达到车辆的有效载运负荷时,就存在如何集中不同用户的配送货物,进行搭配装载以充分利用运能、运力的问题,这就需要配送装车。配送装车作业需要事先规划配送区域,安排配送路线,按配送路线选用的先后次序来决定商品装车顺序,一般按"先送后装""后送先装"的原则进行,并在商品配送途中进行商品跟踪、控制及配送途中意外状况的处理。

10. 配送运输

配送运输属于运输中的末端运输、支线运输,它将根据客户订单要求分拣配货、加工、包装好的订单包间,经过科学的配装,首先要从运输方式、运输路线和运输工具三个方面来全面计划,科学选择经济、合理、安全的方式将商品及时送达客户手中。

11. 送达服务

配好的订单包间送达用户还不算配送工作的完结,这是因为送达货和用户接货往往还会出现不协调。送达服务是配送中心提供服务的集中体现,是影响客户满意度的关键因素。要圆满地实现货物之间的移交,有效地、方便地处理相关手续,并完成结算,需注意交货地点和卸货方式等。送达服务也是配送独具的特殊性。

由于货物品种繁多,为保证客户生产的连续性,配送具有以下主要特点:有较大的储存、分拣、配货场所,装备、理货、分类、配货的功能较强,但流通加工功能相对较弱。配送中心的一般作业流程如图2-17所示。

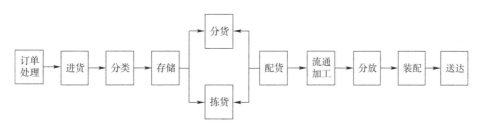

图 2-17 配送中心的一般作业流程

第三节 物流信息子系统

一、物流信息子系统的概念

信息是能反映事物内在本质的外在表现,如图像、声音、文件、语言等,是事物内容、形式和发展变化的反映。它表示品种、数量、时间、空间等各种需求信息在同一个物流系统内、在不同的物流环节中所处的具体位置。信息的特点是内容量大、种类多、分布广、动态性强。

物流信息子系统,是由人员、计算机硬件和软件、网络通信设备及其他办公设备组成的人机交互系统。其中,硬件部分包括计算机、输入/输出设备、网络设备和储存媒体等;软件部分包括用于处理交易、管理控制、决策分析和制订战略计划的系统和应用程序。小到一个具体的物流管理软件,大到利用覆盖全球的互联网将所有相关的合作伙伴、供应链成员连接在一起提供物流信息服务的系统,都是物流信息子系统。对一家企业而言,物流信息子系统不是独立存在的,而是企业信息系统的一部分。例如,一家企业的企业资源计划(Enterprise Resource Planning,简称 ERP)系统,物流管理信息系统就是其中一个子系统。

二、物流信息子系统的功能与类型

(一)物流信息子系统的功能

物流信息子系统是物流系统的神经中枢,是整个物流系统的指挥和控制系统,具备以下一些主要功能。

1. 信息搜集与输入

通过运用条码技术、射频识别技术、地理信息系统(Geographic Information System,简称 GIS)技术、全球导航卫星系统(Global Navigation Satellite System,简称 GNSS)定位技术等现代物流技术将数据从系统内部或者外部搜集到预处理系统中,并整理成系统要求的格式和形式,然后再通过输入子系统输入到物流信息系统中。

2. 信息存储

物流信息进入系统中后,必须先在系统中存储下来。处理后的物流信息如果没有完全丧失信息价值,往往也要将结果保存下来。物流信息系统的存储功能就是保证已得到的信息能够不丢失、不走样、不外泄、整理得当、随时可用。无论哪一种物流信息系统,在涉及信息的存储问题时,都要考虑存储量、信息格式、存储方式、使用方式、存储时间、安全保密等问题。数据的存储必须要考虑数据的组织形式,目的是数据的处理和检索。

3. 信息传输

信息传输需要具备相应的传输设备和传输技术,包括信息传输的安全、及时、完整,特别是物流过程的很多动态信息,应保证对动态信息的实时传输,以利于物流过程的有效控制。在实际运行前,物流信息系统必须充分考虑所要传递的信息种类、数量、频率、可靠性要求等因素。只有这些因素符合物流系统的实际需要,物流信息系统才是有实际使用价值的。

4. 信息处理

物流信息系统通过对信息的加工处理,发现规律和联系,从而可以对物流活动进行预测和决策。物流信息系统处理信息的方式既可以是简单的查询、排序,也可以是复杂的模型求解和预测,如数据仓库、数据挖掘、联机分析、专家系统等。

5. 信息的输出功能

信息系统对加工处理后所得到的信息,可以根据不同的需要,以不同的方式输出。有的直接供管理者使用,以报表、图形等形式输出;有的则是供计算机做进一步处理、分析,将中间结果输出到有关介质上。当前物流信息系统正在向数据采集的在线化、数据存储的大型化、信息传输的网络化、信息处理的智能化以及信息输出的多媒体化方向发展。信息系统的基本功能如图2-18所示。

图2-18 信息系统的基本功能

(二)物流信息子系统的类型

1. 按管理决策的层次分类

企业组织管理信息系统一般分为三层,即面向作业管理的物流信息系统、面向管理控制的物流信息系统和面向战略管理的物流信息系统。系统层次由上到下数据处理量增大、信息的结构化程度增高。

(1)面向作业管理的物流信息系统。面向作业管理的物流信息系统主要实现各物流业务环节的基本数据输入、处理和输出,解决将手工作业电子化的问题。例如,客户向物流企业发出委托信息,物流企业将委托信息输入系统,并通过作业管理系统发出相应的业务指令(如搬运、装货、存储、交货、签发运输单证、打印和传送付款发票),记录作业情况和结果。

(2)面向管理控制的物流信息系统。面向管理控制的物流信息系统主要为企业的中间管理层提供信息服务,完成仓储资源调度、线路选择、动态配载和生产率衡量等功能。例如,收到客户货物入库的操作指令后,系统可根据货主的指令内容、货物属性、仓储要求、货位情况以及当时的设备状态、作业能力、人员忙闲等情况,按照一定的优化模型进行货位指定和作业调度,指导整个验收入库业务进行。

(3)面向战略管理的物流信息系统。面向战略管理的物流信息系统主要为企业的高层管理人员提供信息服务,它通过对业务数据提炼综合内外部信息,运用多种决策模型进行分析,设计和评价各种物流方案,有效地支持决策者作出决策。

2. 按系统的应用对象分类

供应链上不同的环节、部门所实现的物流功能都不尽相同。根据应用实体在供应链上发挥的作用和所处的地位,物流信息系统可以分为面向制造企业的物流信息管理系统,面向零售商、中间商、供应商的物流信息管理系统,以及面向第三方物流企业的物流信息系统。

(1)面向制造企业的物流管理信息系统。制造企业的物流管理信息系统主要对企业内外部的物流活动进行管理。其中包括:一方面是制造企业顺利进行生产,对原材料、物料、日常耗用品等的采购时间、路线、存储和对产成品的销售时间、存储以及送至用户的路线等进行计划、管理、控制的外部物流活动;另一方面是对制造企业采购来的物资在生产过程中的存储搬运、包装等进行设计、计划、管理等的内部物流活动。

(2)面向零售商、中间商、供应商的物流管理信息系统。商业企业本身不生产商品,但它为用户提供商品、为制造商提供销售渠道,是用户和制造商的中介。专业零售商为客户提供同一类型的商品,综合性的零售商(如超市、百货商店)为客户提供不同种类的商品,这类商业企业的经营特点是商品种类多、生产地点分散、消费者群体分散等。

(3)面向第三方物流企业的物流管理信息系统。面向第三方物流企业的物流管理信息系统是一个综合的系统,对第三方物流企业的仓储、运输、配送等所有物流活动进行管理。利用物流管理信息系统,第三方物流企业可以准确、及时、高效地捕捉各种信息并进行处理,从而科学地指导物流活动的高效运转。

3. 按采用的技术分类

(1)单机系统。在这种模式中,计算机没有联网,处于单机运行状态,物流信息系统,企业的财务、人事等其他系统各自独立运行。这时,物流信息系统的作用比较有限,内部数据往往难以实现共享,存在大量的重复劳动和信息孤岛。

(2)内部网络系统。随着计算机技术的发展和应用,物流信息系统常常采用大型数据库技术及网络技术。基于计算机网络(广域网或局域网),将分布在不同地理区域的物流管理部门以及分支机构有机地连接在一起,形成物流管理的企业内部网络系统,内部数据可以比较好地实现共享。

(3)与合作伙伴和客户互联的系统。在这种模式中,企业内部网络系统与外部的其他合作伙伴及客户的信息管理系统(如 ERP)实现互联,通过专门的通道进行数据互换为公司的管理层、协作伙伴及客户提供各种可交换的信息,实现供应链整体竞争能力的提升。

案例分析

Amazon's smart logistics system

Amazon is not only an e-commerce platform, but also a technology company. The photo of Amazon is shown in Figure 2-19. It is the first industry to use big data, use artificial intelligence and cloud technology to manage warehousing and logistics, and innovatively launch services such as predictive allocation, cross-regional distribution, and cross-border distribution. And thus established a global cross-border cloud warehouse. It can be said that big data application technology is the key for Amazon to improve logistics efficiency and respond to supply chain challenges.

The strength of the FBA operating system is that it has built the warehouse center of the most flexible commodity transportation network of the world. Through powerful intelligent systems and cloud technology, it connects all warehouses around the world to achieve rapid response. It can also ensure refined operations.

Figure 2-19　the photo of Amazon

1. Smart storage

The intelligent appointment system can make an appointment of delivery by the supplier, know the items delivered by the supplier in advance and allocate the arrival time. The receiving area will perform orderly operations in accordance with the appointment window, and the goods will also be stored in different areas according to the category according to the principle of first in, first out.

Receiving goods in storage is the first step in Amazon's big data collection, which provides data support for each subsequent operation such as storage management, inventory allocation, picking, packaging, and delivery. These data can be shared among the country. Based on these data, the system will provide guidance of product shelves, storage area planning, packaging recommendations.

2. Random storage

Amazon pioneered the use of "random storage" to break the boundaries between categories. According to certain rules and product sizes, products of different categories are randomly stored in the same location, which not only improves the efficiency of goods on the shelves.

In addition, the design of the shelf will vary according to the product category. The design of all storage locations is based on the collection and analysis of the back-end data system. For example, the system will store popular products closer to the shipping area based on big data information, thereby reducing the weight-bearing walking distance of employees.

3. Intelligent picking and order processing

In Amazon's operation center, the employee picking path is optimized through background big data analysis, and the system will recommend where the next item to be picked is for them, ensuring that employees never go back and take the least path.

In addition, big data-driven warehousing order operations are very efficient. The entire order processing can be completed within 30 minutes at the China Amazon operation center. Everything from order processing, fast picking, fast packaging, and sorting is driven by big data. Because of the Amazon's back-end system computing and analysis capabilities are very powerful, it can quickly decompose and process orders.

4. Predictive allocation

The advanced nature of Amazon's intelligent logistics system is also reflected in the fact that it can record customer browsing history according to the purchase behavior of consumers, and optimize the inventory configuration in advance, and transfer the products that customers are interested in to the nearest operation to the consumer in advance. The center, that is, "the customer has not placed an order, the goods are already on the way", this is the charm of Amazon's smart warehousing.

5. Precise inventory

At the same time, Amazon's high-efficiency logistics system will also improve the speed and accuracy through automatic and continuous calibration, and allow corporate customers to understand the inventory status in real time by achieving continuous dynamic inventory.

6. Full visibility

Those who have worked in logistics must know that the essence of achieving refined logistics management is visibility in the operation and management process. The difficulty of full visibility is to ensure that the product is visible at any time and in any state, including on the way. The refined management of FBA is to ensure this.

To discuss the strength of e-commerce logistics capabilities, we have to talk about its strategy to cope with peaks. Amazon, the pioneer of e-commerce logistics, has been the main force in the "Black Friday" shopping festival in the United States for many years. It has not only made achievements in the layout of the global logistics system, but also has taken a step ahead in the preparation of the logistics supply chain.

1. The magical calculation of "super powerful brain"

Amazon's intelligent system is like a super-powerful brain, which can perceive the changes in order volume of each category and each item every hour. Subdivide the single-quantity forecast data onto various operation centers, transportation routes and distribution sites across the country. In this way, reasonable manpower, vehicle and capacity arrangements can be made in advance.

At the same time, the system forecast can be updated at any time, and the stocking plan can be adjusted in real time. At the stage when most domestic e-commerce companies have just begun to use big data to stock up, Amazon has already achieved a high degree of automation and intelligence in supply chain procurement and inventory allocation. To a certain extent, stocking at the front end of the supply chain is the basis for ensuring efficient and stable back-end logistics during peak periods.

2. From warehousing to end delivery, every step is carefully planned

In terms of logistics planning and preparation, the Amazon supply chain system performs calculations and analysis based on historical sales data, and rigorously analyzes every link of warehousing logistics from the aspects of management and systems, so that the single-quantity forecast data is subdivided into various operation centers across the country. For each transportation route and each distribution site, Amazon makes reasonable arrangements for manpower, vehicles, and production capacity in advance.

In the Amazon operation center, the system will also optimize the storage area in the warehouse in time based on the information of big data, combined with recent promotions, customer browsing and order placement, and store hot-selling products near the delivery area to speed up the collection. The efficiency of goods delivery can be directly packaged and shipped out of the warehouse when the customer places an order, which shortens the operation time in the warehouse. These are essential to the operational efficiency during peak periods.

Aiming at the difficulties of the "last mile" end delivery, Amazon analyzed the distribution of orders during peak periods, optimized the delivery route based on this, and arranged the dispatch work of each delivery person in a more scientific and reasonable manner. With the assistance of the intelligent system, the delivery efficiency of the courier has been improved, and the delivery time has been shortened compared with before.

3. Accuracy is the core productivity

Amazon's intelligent system has the ability to continuously and automatically count 24 hours a day, 365 days a year. This means that from shelving, picking, sorting, packaging to delivery, the system can detect errors in time at every step of the operation and correct them in time. This is a core capability that most domestic warehousing operations cannot yet have.

It can be said that Amazon's standardized operating system will provide picking, packaging, and sorting guidelines based on big data calculations. Even operators who have just started to work can operate according to the system guidelines with simple training, so that employees do not need to spend too much effort. Quickly learn and get started, the system's error correction and learning ability reduce the possibility of manual mistakes, thereby greatly improve productivity.

It is through these methods that Amazon has become the global online retailer with the largest variety of products and the world's second largest Internet company.

案例分析提要

本案例介绍了亚马逊的智能物流系统。亚马逊利用人工智能和云技术进行仓储物流的管理，创新性地推出了智能入库、智能存储、智能拣货与订单处理、预测式调拨、精准库存、全程可视等物流系统智能技术。这些技术不仅使电商物流的开创者亚马逊成为多年美国"黑色星期五"购物节中的主力，更让它在全球物流体系布局上早有建树。

案例思考题

1. 亚马逊的智能存储系统有何创新之处？
2. 亚马逊通过什么方法实现实时备货与配送？

第三章 物流设施规划与设计

第一节 设施规划与设计的基本概念

一、设施规划与设计的定义和范围

(一)设施规划与设计的定义

设施是指工厂、配送中心、服务中心及其相关设备。设施规划与设计是从"工厂设计"发展而来的,定义为是对新建、扩建或改建的制造系统或服务系统进行综合分析、设计、规划、论证、修改和评价,使资源得到合理配置,使系统能够有效、经济、安全地运行,实现各个组织制定的预期目标的一门工程学科。

(二)设施规划与设计的范围

设施规划与设计的范围主要有以下 6 个方面,如图 3-1 所示。

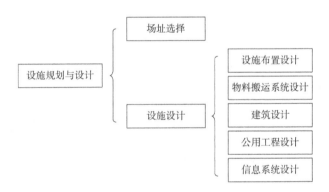

图 3-1 设施规划与设计的范围

1. 场址选择

场址选择是指运用科学的方法,在一个具有若干供应点及需求点的经济区域内,选择一个或几个地址建立物流设施的规划过程,即确定在何处建立物流设施的问题。有时对"场址"与"厂址"的细微差异不加区分。

2. 设施布置设计

设施布置设计就是通过对系统物流、人流、信息流进行分析,对建筑物、机器、设备、运输通道和场地作出有机的组合与合理配置,达到系统内部布置最优化。

3. 物料搬运系统设计

据资料统计分析,产品制造费用的 20% ~ 50% 都是用于物料搬运的,因此,物料搬运系统的设计优化对节约制造成本十分重要。物料搬运系统设计就是对物料搬运路线、运量、搬运方法和设备、储存场地等作出合理优化安排。

4. 建筑设计

建筑设计是指根据建筑物和构筑物的功能和空间的需要,进行建筑和结构设计,达到安全、经济、实用、美观的目的。

5. 公用工程设计

公用工程设计是指对热力、煤气、电力照明、给水、排水、采暖、通风、空调等公用设施进行系统的设计,以提高系统的运营效率、改善劳动环境。

6. 信息系统设计

信息系统设计是对物料管理信息软件系统、计算机硬件系统以及通信传输系统进行的全面设计。对于工矿企业来说,各生产环节生产状况的信息反馈直接影响生产调度、管理,反映出企业管理的现代化水平。因此,信息系统设计逐渐成为设施设计中的一个重要组成部分。

本书主要介绍物流优化领域的设施规划与设计,即前三个方面内容,其中场址选择在本章第二节中介绍,设施布置设计在本章第三节中介绍,物料搬运系统设计在本章第四节中介绍。

二、设施规划与设计的图例符号

设施规划与设计采用多年来发展形成,并在实际工作中广泛应用的图例符号。这套图例符号用于记录、表示和评定,既可作为节省时间的简写工具,又可作为同他人交流的手段;既可给规划人员提供统一的语言,又便于相关人员理解问题。这套图例符号包括以下两个部分。

(一)流程类型图例符号

流程类型的图例符号采用美国机械工程学会所定标准中的图例符号,颜色和阴影类型采用国际物流管理协会的标准,见表3-1。

流程类型图例符号　　　　　　表3-1

流程和作业	含　义	颜色	阴影样式
操作	初级工序:配料、成型、处理、加工	绿	
	次级工序:装配、灌瓶、包装	红	
运输	与运输有关的作业或作业区	橘黄	
搬运	搬运区	橘黄	
储存	存储作业或作业区	浅黄	
停滞	卸货或停放区	浅黄	
检验	检验、试验、校核区	蓝	
	服务、辅助作业或作业区	蓝	
	办公室、实验室及办公区	棕(灰)	

对于室外场地和面积的颜色和阴影样式,要与室内的有一定区别,以免混淆。如在绘制场地布置图时,所有生产面积和室内区域都用紫色,其他室外场地和面积尽量采用自然色彩,见表3-2。

室外场地和面积类型图例符号　　　　　　　　　　　　　　　　表3-2

室内的功能、作业和作业区	颜　　色	阴影样式
室内区域(或生产面积)	紫	
绿化区、草地、美化区、空地	绿	
水、水池、水流、服务型建筑物或公用管线	蓝	
室外或露天库	橘黄	
办公楼、实验室、行政楼和人员服务楼	棕(灰)	
界和地段权范围	红	
建筑物轮廓	黑	
人行道和停车场	无色或灰	
铁路、公路、货车停车场	黄或灰	

(二)评级和评价类型图例符号

这类图形用于等级评定和优劣评价,用元音字母、数值、线条、颜色表示,见表3-3。

评级和评价类型图例符号　　　　　　　　　　　　　　　　　表3-3

评定等级和评价尺度	字母	数值	线条数量和样式	颜色
绝对必要,接近于完美无缺,特优	A	4	////	红
特别必要,特别好,优	E	3	///	橘黄
重要,获得重要效果,良	I	2	//	绿
一般,获得一般效果,中	O	1	/	蓝
不重要,获得不重要效果,劣	U	0	—	无色
不能接受,不能令人满意	X	−1	∿∿	棕(灰)
	XX	−2,−3,−4	∿∿∿	黑

第二节 场 址 选 择

一、场址选择的意义

物流设施场址选择问题,既是物流企业建立和管理的第一步,也是物流企业的长期战略决策问题。随着经济的发展、城市规模的扩大以及地区之间的发展出现差异,很多物流企业都会面临迁址选址的问题,其重要性愈发明显。科学、合理的设施选址,可有效节约资源和降低物流成本,优化物流网络结构和空间布局,能使商品通过物流设施的汇集、中转、分发和加工,并输送到需求点的全过程效益最好,提高物流经济效益和社会效益。相反,一旦选址决策不当,将会付出严重的代价。

场址选择是一个非常复杂的问题,它的好坏常常随时间和空间的变化而发生改变。一方面,选择时应注意进行充分的调查研究与勘察,科学分析,不能过于仓促,要考虑自身设施、产品的特点,注意自然条件、市场条件、运输条件,做长远考虑;另一方面,经济、竞争和技术都处于动态变化的环境中,目前定位的设施和即将制定的场址选择决策将会在物流、营销、制造和财务等领域对未来的成本产生巨大的影响。因此,场址选择时也必须慎重考虑预计的商业环境、重视灵活性和不断满足顾客需求的适应性。

二、场址选择考虑的因素

表3-4所列为一系列在区域和具体地址选择方面的主要决定因素。按重要性给相关因素排序,每个因素的相对权重取决于所考虑选址决策的详细情况。

场址选择的主要决定因素　　　　　　　　　　表3-4

成 本 因 素	非成本因素
劳动力条件	社区情况
运输的可行性与便利性	气候和地理环境
地理位置	当地政府政策
群众生活水平	环境保护
税收等经济发展激励措施	文化习俗
与供应商和资源的接近程度	机会
土地成本和配套设施	当地竞争者

1. 成本因素

(1)劳动力条件。劳动力条件指劳动力的可得性、成本和劳动力的联合程度、技能水平和工作方面的道德规范,以及生产力和当地政府的支持情况及失业率等。

(2)运输的可行性与便利性。出于对高质量、可靠性运输的需要,应对运输设施的运输能力范围进行选取与评价,如 FedEx、4UPS、THL 等,这些企业提供了时效性非常强的服务。

(3)地理位置。地理位置靠近市场可节约成本,增强物流设施的及时性。高质量运输服务和有效信息技术的可得性都会引起地理区域的扩张。

(4)群众生活水平。群众生活水平的质量高低会在一定程度上影响人们的购买力,也影响员工的精神状态和工作质量。

(5)税收等经济发展激励措施。国家和地方政府的税收政策等经济发展措施是决定企业发展的重要因素,也有利于促进一国或地区的经济发展。因此,企业在选址时必然要考虑税收等经济发展环境的影响。

(6)与供应商和资源的接近程度。研究原材料和部件的可得性和成本,以及将这些材料运到计划中的工厂所在地的运输成本对制造商而言有非常重要的意义。供应商的进货运送成本和服务敏感性都需要考虑供应商网络的基本情况。

(7)土地成本和配套设施。考虑设施的类型不同,土地成本和需要的配套设施具有不同的意义。对于一个制造工厂或配送中心而言,它需要一个最小面积的土地规模以备当时使用和未来扩张。考虑的重要因素就是地方建筑法规和建筑成本,其次是电力、排污和工业废物处理等设施的可用性和费用。

2. 非成本因素

(1)社区情况。社区情况包括服务行业、商店加油站和娱乐设施的状况等。

(2)气候和地理环境。气候和地理环境包括风力、风沙、温度、湿度、降雨量等。天气过冷或过热都将增加气温调节的费用,潮湿多雨的地区不适合棉纺、木器、纸张的加工。

对于地理环境,一般制造厂要求土地表面平坦,易于平整施工,如选择稍有坡度的地方,则可利用斜面,便于搬运和建造排水系统;在地震断裂层地带、下沉性地带、地下有稀泥或流沙、泥石流易发地带,以及在可开采的矿床或已开采过的矿坑上有地下施工的区域,应慎重选址。

(3)当地政府政策。有些地区为了鼓励在当地投资建厂,划出工业区及各种经济开发区,低价出租或出售土地、厂房、仓库,并在税收、资金等方面提供优惠政策,同时拥有良好的基础设施。

(4)环境保护。为了防止制造系统的污染(包括空气污染、水污染、噪声污染、恶臭污染、放射污染以及固体废料污染等),各国和各地区都制定了保护当地居民及生态环境的各种环保法规。

除上述四项影响因素外,文化习俗、机会和当地竞争者也是在选址过程中需要考虑的非成本因素,企业所生产的产品应符合该地区的文化习俗,而较多的机会更有利于企业的发展,同时还需要结合企业自身情况,对当地的竞争者现状进行调研,分析企业的核心竞争力。表3-4中所列主要选址决定因素因行业和处在具体行业的各个企业而异。劳动密集型行业,如纺织、家具和家用电器行业等,将重点放在区域和地方市场上劳动力的可得性和成本上;而高技术行业,如计算机和外设、半导体及科学设备的制造商,则将大部分重心放在确保具有专业技能的高素质劳动力以及靠近顾客市场上;对于像药品、饮料和印刷品及出版这样的行业,竞争和物流成本巨大,最关注物流成本因素。

三、场址选择的步骤和内容

场址选择主要是两个层次的问题:一个是选位,即选定若干个区域,对这些区域进行分析和评价;另一个是定址,即决定待建立设施的具体位置。设施场址选择分为4个阶段,即准备阶段、地区选择阶段、地点选择阶段以及编制报告阶段。

1. 准备阶段

准备阶段的主要任务是：确定选址总体目标，并制定建厂规划；再根据企业的产品方案及生产规模以及企业的职工人数、生产部门和车间构成等因素来确定厂区的建筑面积和总面积；根据生产工艺和对外协作方案，计算进货和出货运输量，以此为根据设计出厂区的运输线路；提出对厂区地址和水文条件的具体要求；分析"三废"的性质，确定排放标准，并制订处理方案等。

2. 地区选择阶段

地区选择阶段的主要任务是为调查研究收集资料，由设计单位和企业单位组成选址勘查小组，对所选厂址进行现场勘查和调查，在可供选择的地区内调查社会、经济、资源、气象、运输设施、运输费用、环境等条件，搜集所需的各种资料，并将调查结果整理成初步方案，报当地城建和环保部门审查，并听取他们的意见。最后，将所有勘查的厂址方案整理成厂址方案汇总比较表，以便进行评选。

3. 地点选择阶段

组成场（厂）址选择小组到初步确定地区内的若干地点进行调查研究和勘测，包括：①从当地城市建设部门取得备选地点的地形图和城市规划图，征询地点选择的意见；②从当地气象、地质、地震等部门取得有关气温、气压、湿度、降雨及降雪量、日照、风向、风力、地质、地形、洪水、地震等历史统计资料；③进行地质水文的初步勘察和测量，取得有关勘测资料；④收集当地有关交通运输、供水、供电、通信、供热、排水设施的资料，并交涉有关交通运输线路、公用管线的连接问题；⑤收集当地有关运输费用、施工费用、建筑造价、税费等经济资料；⑥对各种资料和实际情况进行核对、分析及各种资料的测算，经过比较，选定一个合适的场址方案。

4. 编制报告阶段

编制报告阶段的主要任务是对调查和收集的资料进行整理，绘制出所选地点的设施布置图和初步总平面布置，编写场址选择报告，供决策部门审批。编制场址选择报告内容，包括场址选择的依据、建设地区的概况及自然条件、设施规模及技术经济指标、方案比较、综合分析和结论。最后，询问当地有关部门的意见、添加附件，包括各项协议文件的抄件；区域位置、备用地、交通线路、各类管线走向；设施初步总平面布置图等。场址选择的基本步骤如图3-2所示。

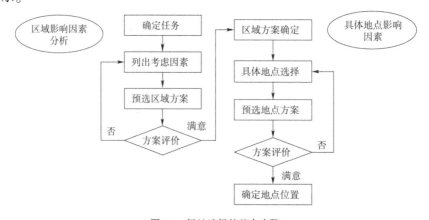

图3-2 场址选择的基本步骤

四、场址选择的方法

(一)单一设施选址

1. 定性法

(1)优缺点比较法。优缺点比较法是一种最简单的场址选择方法,尤其适用于非经济因素的比较。场址方案中常见的非经济因素有区域位置、面积及地形、地势与坡度、风向、日照、地质条件(如土壤、地下水、耐压力)、土石方工程量、场址现在所有者、拆迁、赔偿情况、铁路、公路交通情况、与城市的距离、供电、供水、排水、地震、防洪措施、经营条件、协作条件、建设速度等。制订方案时根据这些因素的相对重要性程度确定其各自的权重,再对各备选场址的各决策因素比较打分,最后给出综合比较结果。

(2)德尔菲法。德尔菲法是由企业组成一个专门的预测机构,流程是在对所要预测的问题征得专家的意见之后,进行整理、归纳、统计,再匿名反馈给各专家,再次征求意见,再集中,再反馈,直至得到一致的意见,最后得出符合市场未来发展趋势的预测结论。该方法在决策过程中考虑了各种影响因素。使用德尔菲法的步骤如下:

①成立三个小组,即协调小组、预测小组和战略小组。协调小组充当协调者,负责设计问卷和指导德尔菲调查;预测小组负责预测社会的发展趋势和影响企业的外部环境;战略小组则确定企业的战略目标及优先顺序。

②识别存在的威胁和机遇。

③确定企业的战略方向和战略目标。

④提出备选方案。

⑤优化备选方案。

德尔菲法能充分发挥各位专家的作用,集思广益,准确性高;能把各位专家意见的分歧点表达出来,取各家之长,避各家之短。其主要缺点是:缺少思想沟通交流,可能存在一定的主观片面性;易忽视少数人的意见,可能导致预测的结果偏离实际。

2. 定量法

重心法是物流设施选址的一种常用定量方法。它把物流系统中的需求点和资源点看作是在同一平面范围内的物流系统,把各点的需求量、资源量看成是某一物体的质量,然后求出整个物体的重心,将求得的物体重心位置作为物流设施的最佳设置点。其思想是在确定的坐标系中,各个原材料供应点坐标位置与其相应供应量、运输费率之积的总和等于场址位置坐标与各供应点供应量、运输费率之积的总和。

重心法主要适用于单个服务设施选址问题和连续选址问题。其缺点是仅考虑了运输方面的费用,而没有考虑物流设施建设的固定费用(如基本建设费用)及因经营管理产生的可变费用、地形地貌等实际情况,具有一定的局限性。

假设$P_0(x_0,y_0)$表示所求设施的位置,$P_i(x_i,y_i)$表示现有设施(或各供应点)的位置($i=1,2,\cdots,n$),w_i表示第i个供应点的运量。若用c_i表示各供应点的运输费率,则根据重心法有:

$$\sum_{i=1}^{n} x_i w_i c_i = x_0 \sum_{i=1}^{n} w_i c_i \tag{3-1}$$

$$\sum_{i=1}^{n} y_i w_i c_i = y_0 \sum_{i=1}^{n} w_i c_i \tag{3-2}$$

重心坐标为:

$$\begin{cases} x_0 = \dfrac{\sum_{i=1}^{n} x_i w_i}{\sum_{i=1}^{n} w_i} \\ y_0 = \dfrac{\sum_{i=1}^{n} y_i w_i}{\sum_{i=1}^{n} w_i} \end{cases} \quad (3-3)$$

(二)多设施选址

多设施选址与单设施选址相比更具有现实意义,因为多设施选址时需要同时考虑新设施与现有设施之间的相互影响。该问题的求解方法大致可分为三类。第一类为精确算法,常见的有动态规划法、割平面法、网络流算法等,也有一些商业软件,如 LINGO、CPLEX 等,将这些方法嵌入软件中,当应用上述软件求解问题时,将自动调用合适的算法。这类算法虽能精确地得到最优解,但其耗费巨大,计算量也会随变量的增加呈指数增长。第二类为启发式算法,该类算法缺点极为突出,即求解速度慢,且很难得出最优解,所以启发式算法与精确算法相似,只适用于小规模车辆路径问题的求解。第三类为现代启发式算法,也是现在被广为研究应用的算法,该类算法能在开销较小的情况下得到近似最优解或最优解。如今,较为常用的现代启发式算法有蚁群算法(ACO)、禁忌搜索算法(TS)、模拟退火算法(SA)以及遗传算法(GA)。本节以【例3-1】为例,介绍 LINGO 软件对多设施选址问题进行求解的步骤。

【例3-1】 邯郸交通运输集团有限公司的物流网络主要集中在河北省内,其中物资供应地主要有石家庄、沧州、邯郸、唐山、天津、衡水、北京 7 处,且要负责向邯郸、唐山、石家庄、邢台、张家口、沧州、保定、秦皇岛、廊坊、衡水、承德 11 个分销商供货,在整个物流网络中有条件建立配送中心的地区有石家庄、北京、沧州、天津 4 处。上述问题可简化为,有 7 个工厂 ($F_1, F_2, \cdots, F_7$) 对 11 个分销商或客户 ($R_1, R_2, \cdots, R_{11}$) 进行供货,其间有 4 个地区 (W_1, W_2, W_3, W_4) 可设配送中心。详细数据见表3-5~表3-9。

工厂到备选物流中心运距表(单位:km)　　表3-5

工 厂							备选配送中心
石家庄	沧州	邯郸	唐山	天津	衡水	北京	
0	228	203	434	334	120	280	石家庄
228	0	361	244	102	151	210	沧州
280	210	483	162	123	330	0	北京
334	102	472	133	0	281	123	天津

备选配送中心到客户运距表(单位:km)　　表3-6

备选配送中心	客 户										
	邯郸	唐山	石家庄	邢台	张家口	沧州	保定	秦皇岛	廊坊	衡水	承德
石家庄	20	43	0	14	491	22	14	577	31	12	52
沧州	36	24	228	29	389	0	19	387	16	15	40
北京	48	16	280	42	199	21	13	271	49	28	23
天津	47	13	334	42	322	10	19	288	74	28	42

备选配送中心固定成本、单位管理成本及仓储容量　　　　　　　　　表 3-7

备选配送中心(W)	W_1	W_2	W_3	W_4
固定成本(W_f)(元)	4000	3000	2000	1000
单位管理成本(W_v)(元)	3	2	4	5
仓储容量(W_c)(kg)	30000	2000	15000	10000

客户的总需求能力(单位:kg)　　　　　　　　　　　　　　　　　　表 3-8

客户	邯郸	唐山	石家庄	邢台	张家口	沧州	保定	秦皇岛	廊坊	衡水	承德
总需求能力	96.42	353.2	174.19	102.6	51.67	282.9	230.5	53.4	198.1	77.00	85.7

工厂的总生产能力(单位:kg)　　　　　　　　　　　　　　　　　　表 3-9

工厂	石家庄	沧州	邯郸	唐山	天津	衡水	北京
总生产能力	130	24	82	60	1130	50	330

这是一个单目标的优化问题,首先针对该问题建立数学模型,进而运用 LINGO 软件求解。

针对该问题进行分析,需从所有备选配送中心中选出若干个配送中心,被选中的各配送中心从对应的工厂进货,并共同完成 K 个客户的配送服务,从而使物流设施的建设费用、进货费用、配送费用以及仓储费用组成的总费用最小。该问题的模型示意图如图 3-3 所示。

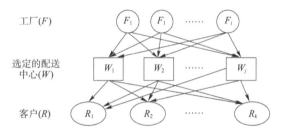

图 3-3　模型示意图

(1)已知参数。
I:工厂的总数目;
J:备选区域配送中心的总数目;
K:客户的总数目;
P_{ij}:备选区域配送中心 j 向工厂 i 的单位进货费用;
M_{ij}:备选区域配送中心 j 到工厂 i 的距离;
Q_{jk}:备选区域配送中心 j 到客户 k 的单位配送费用;
V_{jk}:备选区域配送中心 j 到客户 k 的距离;
H_j:备选区域配送中心 j 的单位库存成本;
S_j:新建配送中心 j 需要投资的固定费用;
A_i:工厂 i 的供应总量;
B_j:配送中心 j 的仓储容量;
C_k:客户区 k 的需求量。

(2)决策变量。
Z_j:0-1 变量,当建立配送中心 j 时为 1,否则为 0;

X_{ij}：整数，备选区域配送中心 j 向工厂 i 进货数量；

Y_{jk}：整数，备选区域配送中心 j 到客户 k 送货数量。

（3）数学模型。

$$\min = \sum_{i=1}^{I}\sum_{j=1}^{J}P_{ij}X_{ij}M_{ij}Z_j + \sum_{j=1}^{J}\sum_{k=1}^{K}Q_{jk}Y_{jk}V_{jk}Z_j + \sum_{i=1}^{I}\sum_{j=1}^{J}H_jX_{ij}Z_j + \sum_{j=1}^{J}S_jZ_j \tag{3-4}$$

$$\sum_{j=1}^{J}X_{ij} \leq A_i \quad (i=1,2,3,\cdots,I) \tag{3-5}$$

$$\sum_{k=1}^{K}Y_{jk} \leq B_j \quad (j=1,2,3,\cdots,J) \tag{3-6}$$

$$\sum_{j=1}^{J}Y_{jk} \geq C_k \quad (k=1,2,3,\cdots,K) \tag{3-7}$$

$$\sum_{i=1}^{I}X_{ij} = \sum_{k=1}^{K}Y_{jk} \quad (j=1,2,3,\cdots,J) \tag{3-8}$$

$$\sum_{i=1}^{I}X_{ij} \leq Z_jM \quad (j=1,2,3,\cdots,J) \tag{3-9}$$

$$X_{ij},Y_{jk},Z_j = 0,1 \quad (i=1,2,3,\cdots,I;j=1,2,3,\cdots,J;k=1,2,3,\cdots,K) \tag{3-10}$$

目标函数式(3-4)表示进货费用、配送费用及仓储费用的总和最小；约束条件式(3-5)表示各工厂调出的物资总量不应大于其生产、供应能力；式(3-6)表示各配送中心，其进货量不应大于其仓储能力；式(3-7)表示每个客户调运进来的物资总量不应小于其需求总量；式(3-8)表示对于每一区域配送中心调出的物资总量等于调入的物资总量；式(3-9)表示当某一配送中心未被选中时，所有工厂为其调入的物资总量为零。式(3-10)为变量取值范围约束。

（4）LINGO 求解。

LINGO 软件是美国 LINDO 系统公司开发的一套专门用于求解最优化问题的软件包，主要用于求解线性规划问题、二次规划问题、非线性问题和一些线性和非线性方程。LINGO 软件的最大特色在于可以允许优化模型中决策变量为整数（支持整数规划），而且求解快捷、准确。同时 LINGO 还是最优化问题的一种建模语言，其程序使用自己的专用语言编写，普通人难以看懂，为此 LINGO 又提供其他文件（如文本文档、Excel 电子表格、数据库文件等）的接口，易于方便地输入、求解和分析大规模的优化问题。

模型对应的 LINGO 程序如图 3-4 所示。

```
MODEL:sets:factory/1..7/:a;
warhouse/1..4/:v,f,z,b;
customer/1..11/:c;link1(factory,warhouse):m,x;
link2(warhouse,customer):n,y;
endsetsdata:a=130 24 82 60 1130 50 330;
c=96.42 353.21 174.19 102.67 51.67 282.97 230.55 53.415 198.14 77.00 85.74;
v=3 2 4 5;
f=4000 3000 2000 1000;
b=1000 1000 1000 1000;
m=0 228 203 434 334 120 280 228 0 361 244 102 151 210 280 210 483
 162 123 330 0 334 102 472 133 0 281 123;
n=203 361 472 483 434 244 133 162 0 228 334 280 141 299 421 421
491 389 322 199 228 0 102 210 142 199 192
138 577 387 288 271 316 169 74 49 120 151 281 281 522 403 422 238;
enddatamin=@sum (warhouse (j):@sum (factory (i):m (i,j)*x (i,j)*z (j)))+
@sum (customer (k):@sum (warhouse (j):n (j,k)*y (j,k)*z (j)))+@sum(warhouse(j):
@sum(factory(i):v(j)*x(i,j)*z(j)))+@sum(warhouse(j):f(j)*z(j));
@for(factory(i):@sum(warhouse(j):x(i,j))<=a(i));
@for(warhouse(j):@sum(link2(j,k):y(j,k))= @sum(link1(i,j):x(i,j)));
@for(customer(k):@sum(warhouse(j):y(j,k))>=c(k));
@for(warhouse:@bin(z));
@for(warhouse(j):@sum(factory(i):x(i,j))<=99999999*z(j));
@for(warhouse(j):@sum(factory(i):x(i,j))<=b(j));
```

图 3-4　LINGO 程序

图 3-5 为 LINGO 求解图,从优化结果中可以看出 W_1、W_2 和 W_3(石家庄、沧州和北京)被选为配送中心,物资在工厂和配送中心之间的运输关系为:配送中心 W_1 从工厂 F_1、F_3、F_4、F_6 和 F_7 进货,配送中心 W_2 从工厂 F_2、F_5 和 F_7 进货,配送中心 W_3 从工厂 F_5 进货。物资在配送中心和客户之间的配送关系为:配送中心 W_1 向客户 R_7、R_8 和 R_9 送货,配送中心 W_2 向客户 R_2、R_{10} 和 R_{11} 送货,配送中心 W_3 向客户 R_1、R_3、R_4、R_5 和 R_6 送货。

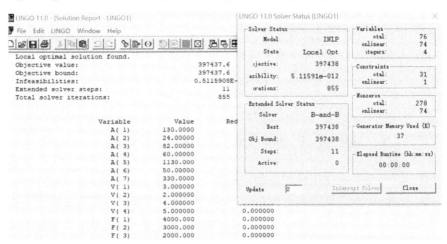

图 3-5　LINGO 求解图

第三节　设施布置设计

一、设施布置的内容

设施布置设计是设施规划与设计的又一个重要研究领域。在各种有形与无形的产品的生产和服务(如百货公司、宾馆、饭店)中都存在设施布置问题。设施布置的好坏直接影响整个系统的物流、信息流、生产经营能力、工艺过程、灵活性、效率、成本和安全等方面,并反映一个组织的工作质量、顾客印象和企业形象等内涵。

设施布置设计包括工厂总平面设施布置设计和车间布置设计。工厂总平面设施布置设计最早起源于工厂设计。一个工厂的设施布置包括工厂总体布置和车间布置。工厂总平面布置设计解决工厂各个组成部分,包括生产车间、辅助生产车间、仓库、动力站、办公室、露天作业场地等各种作业单位和运输线路、管线、绿化和美化设施的相互位置,同时应解决物料的流向和流程、厂内外运输的连接及运输方式。车间布置设计解决各生产工段(工作站)、辅助服务部门、储存设施等作业单位及工作地、设备、通道、管线之间和相互位置,同时,应解决物料搬运的流程及运输方式。设施布置要考虑以下四个问题:

(1)应包括哪些经济活动单元?
(2)每个单元需要多大空间?
(3)每个单元空间的形状如何?
(4)每个单元在设施范围内的位置如何?

合理的平面布置,能够充分发挥制造系统的生产能力。若一个不合理的平面布局投入使用,就需要经常改建或调整,会给生产造成混乱,阻碍效率的提高并增加生产成本。

二、设施布置设计的基本要素

设施布置设计要考虑众多因素。1961年,理查德·缪瑟提出系统布置设计方法(System Layout Planning,简称SLP)。SLP是一种条理性很强、物流分析和作业单位关系密切程度分析相结合、寻求合理布置的技术,不仅适合各种规模或种类的工厂的新建、扩建或改建中对设施或设备的布置或调整,也适合制造业中对办公室、实验室、仓库等的布置设计和医院、商店对服务业的布置设计。按照理查德·缪瑟的观点,系统布置设计最基本的要素是产品、产量、生产路线、辅助服务部门和时间,一般形象地简称为P、Q、R、S、T。

1. P(产品)分析

产品或材料指系统所生产的商品、原材料、加工的零件、成品或提供服务的项目。它与生产系统的组成、生产设备的类型、物料搬运方式等因素有关。

2. Q(产量)分析

数量指所生产、供应或使用的产品量或服务的工作量。其资料由生产统计和产品设计提供,用件数、质量、体积或销售的价值表示。它与设施规模大小、设备数量运输数量、建筑物面积大小有关。

3. R(生产路线)分析

生产路线或工艺过程是工艺过程设计的成果,表示方法有设备表、工艺路线卡、工艺过程图等。它与各作业单位之间的关系、物料搬运路线、仓库及堆放地的位置等因素有关。

4. S(辅助服务部门)分析

辅助服务部门是指为了保证企业生产活动正常运行所必需的工具、维修、动力、管理部门、收货、发运、停车场、绿化带以及后勤保障部门等。辅助服务部门的总面积有时大于生产部门所占的面积,因此比较重要。

5. T(时间)分析

时间或时间安排分析包括各工序的操作时间、更换批量的次数。在工艺过程设计中,根据时间因素可以求出设备的数量、需要的面积和人员,平衡各工序的生产能力。时间分析主要解决在什么时候、用多长时间能生产出产品的问题。

此外,必须在掌握五项基本要素的基础上,收集和分析其他有关因素,如城市规划、外部协作条件、交通运输条件、地质水文条件、自然条件,以及关于职业安全和卫生、消防、环境保护、建筑、道路、通道等方面的技术规范、规程和标准等,以此完善设计。

三、设施布置的原则和形式

(一)设施布置的原则

设施布置必须从整体出发、统筹兼顾、全面规划、合理布置、讲求整体最优的效果。其布置原则为:

(1)整体综合原则。设计时应将对设施布置有影响的所有因素都考虑进去,达到整体综合最优化。

(2)移动距离最小原则。产品搬运距离的大小,不仅反映搬运费用的高低,也反映物料流动的通畅程度。因此,应按搬运距离最小原则规划设施。

(3)流动性原则。良好的设施布置应使在制品在生产过程中流动顺畅,消除不必要的停滞,力求生产流程连续化。

(4)空间利用原则。无论是生产区域或储存区域的空间安排,都应力求充分、有效地利用空间。

(5)柔性原则。在进行企业设施规划布置前,应考虑各种因素变化可能带来的布置变更,以便于今后的扩张和调整。

(二)设施布置的形式

1. 工艺原则布置

基于工艺原则的布置也称为集群式布置,这种布置方式的特点就是把同种类型的设备和人员集中布置在一个地方,根据预先设定好的流程顺序,把物品从一个地方转移到另一个地方,每项操作都由适宜的机器来完成。这种布置方式便于调整设备和人员,容易适应产品的变化,生产系统的柔性大大增加。但是当工件需要多种设备进行加工时就不得不往返于各工序之间,增加了产品的搬运次数与搬运距离,常常带来物料交叉搬运与逆向流动的问题,故通常适用于多品种小批量的生产方式。基于工艺原则布置的形式如图3-6所示,其优缺点见表3-10。

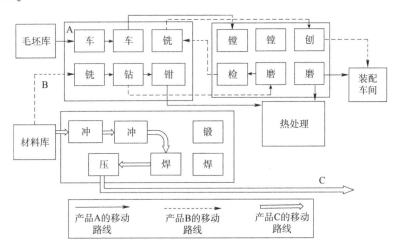

图3-6 基于工艺原则布置的形式

工艺原则布置的优缺点 表3-10

优 点	缺 点
具有较高的柔性,更改产品和数量不受影响	机器及工人的利用率低、在制品的数量较高
机器利用率高,可减少设备数量	运输效率低,单位运输费用高,生产时间长
操作人员作业多样化,有利于提高工作兴趣和职业满足感	对操作人员的技术水平要求较高,组织和管理工作也较困难

工艺原则的布置方法有作业相关图法和从至表法两种。

(1)作业相关图法。作业相关图法的基本思路是根据各部门之间的活动关系密切程度布置及其相互关系,将关系密切程度分为六个等级:A——绝对必要;E——特别重要;I——重要;O——一般重要;U——不重要;X——不能接近。关系密切的原因有:使用共同的原始记录;共用人员;共用场地;人员接触频繁;文件交流频繁;工作流程连续;做类似的工作;共

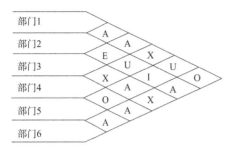

图3-7 6个部门间的关系密切程度

用设备;其他。

【例3-2】 一个快餐店欲布置其生产与服务设施。该快餐店分成6个部门,计划布置在一个2×3的区域内。已知这6个部门间的作业关系密切程度如图3-7所示,请作出合理布置。

a. 给出关系密切程度。接近程度为A的两个部门有:1-2、1-3、2-6、3-5、4-6、5-6;接近程度为X的两个部门有:1-4、3-6、3-4。

b. 从A列中出现最多的部门开始,画出主联系簇,如图3-8a)所示。

c. 选取A列中的剩余部门,加到主联系簇上,如图3-8b)所示。

d. 画出X的关系联系图,如图3-8c)所示。

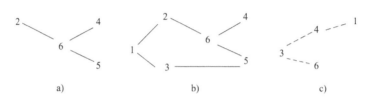

图3-8 联系图

e. 根据联系簇图和可供使用的区域,采用试验法安置所有部门,布置图如图3-9所示。

(2)从至表法。从至表法的思路是寻求生产单元物料总运量最小的布置方案。

【例3-3】 某金属加工车间有6台设备,已知其生产的零部件品种及加工路线,并据此给出零部件在设备之间的每月移动次数(表3-11)和单位距离运输成本(表3-12)。请确定车间的最佳布置方案。

1	2	6
3	4	5

图3-9 布置图

设备间每月平均移动次数矩阵(单位:次) 表3-11

设备	锯床	磨床	冲床	钻床	车床	插床
锯床	—	217	418	61	42	180
磨床	216	—	52	190	61	10
冲床	400	114	—	95	16	20
钻床	16	421	62	—	41	68
车床	126	71	100	315	—	50
插床	42	95	83	114	390	—

单位距离运输成本矩阵(单位:元) 表3-12

设备	锯床	磨床	冲床	钻床	车床	插床
锯床	—	0.15	0.15	0.16	0.15	0.16
磨床	0.18	—	0.16	0.15	0.15	0.15
冲床	0.15	0.15	—	0.15	0.15	0.16

续上表

设备	锯床	磨床	冲床	钻床	车床	插床
钻床	0.18	0.15	0.15	—	0.15	0.16
车床	0.15	0.17	0.16	0.20	—	0.15
插床	0.15	0.15	0.16	0.15	0.15	—

a. 将运输次数矩阵与单位运输成本矩阵相同位置的数据相乘,得到从一台机器到另一台机器的每月运输成本(表3-13)。

单位距离每月总运输成本(单位:元)　　　　表3-13

设备	锯床	磨床	冲床	钻床	车床	插床
锯床	—	32.6	62.7	9.8	6.3	28.8
磨床	38.9	—	8.3	28.5	9.2	1.5
冲床	60.0	17.1	—	14.3	2.4	3.2
钻床	2.9	63.3	9.3	—	6.2	10.9
车床	18.9	12.1	16.0	63.0	—	7.5
插床	6.3	14.3	13.3	17.1	58.5	—

b. 将步骤a中的表按对角线对称元素相加,得到两台机器间的每月总运输成本(表3-14)。

单位距离每月总运输成本(单位:元)　　　　表3-14

设备	锯床	磨床	冲床	钻床	车床	插床
锯床	—	71.5③	122.7①	12.7	25.2	35.1
磨床		—	25.4	91.7②	21.3	15.8
冲床			—	23.6	18.4	16.5
钻床				—	69.2④	28.0
车床					—	66.0⑤
插床						—

注:表中上角标①~⑤用于与图3-10中的①~⑤相呼应,而非作表注用。

c. 确定紧密相邻系数。按运输成本的大小,从高到低降序排列为:锯床-冲床、磨床-钻床、锯床-磨床、钻床-车床、车床-插床。

d. 做出图3-10所示布置图。

2. 产品原则布置

基于产品原则布置也称装配线布置,是一种按加工产品(零件、部件)制造的步骤来安排设备、工作过程的方式。固定制造某种部件或某种产品的封闭车间,其设备、人员按加工或装

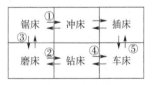

图3-10　布置图

配的工艺过程顺序布置,形成一条从原料投入到成品完工为止的连续线,适用于少品种、大批量的生产方式,如饮料生产线、自助餐厅服务线及汽车的自动清洗服务等。基于产品原则布置的形式如图3-11所示,其优缺点见表3-15。

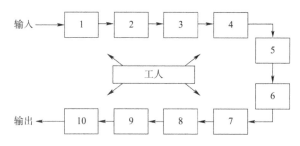

图 3-11 基于产品原则布置的形式

产品原则布置的优缺点　　　　　　　　　　表 3-15

优　　点	缺　　点
工艺流程衔接好,生产周期短	生产线有的机器负荷不满,相对投资较大
在制品少,物料搬运工作量小	一台设备发生故障将导致整个生产线中断
生产计划简单,批量大	产品设计变化将引起布置的重大调整
可使用专用设备和机械化、自动化搬运方法	生产线速度取决于最慢的机器

3. 成组原则布置

　　成组布置又称为混合原则布置,介于工艺原则布置和产品原则布置之间,是将不同的机器组成加工中心(工作单元)来对形状和工艺相似的零件进行加工。成组布置中,一系列相似工艺要求的零件组成零件族。针对一个零件族的设备要求所形成的一系列机器,称作机器组,这些机器组即制造单元。成组布置适用于多品种、中小批量的生产类型。基于成组原则布置的形式如图 3-12 所示,其优缺点见表 3-16。

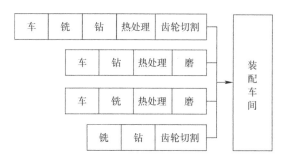

图 3-12 基于成组原则布置的形式

成组原则布置的优缺点　　　　　　　　　　表 3-16

优　　点	缺　　点
产品成组,设备利用率高	需要较高的生产控制水平以平衡各单元之间的生产流程
作业流程通畅,运输距离较短,搬运量少	若单元间流程不平衡,需增加中间储存
生产准备时间缩短,有利于培养班组合作精神	减少了使用专用设备的机会
兼有工艺原则布置和产品原则布置的优点	兼有工艺原则布置和产品原则布置的缺点

4. 固定原则布置

　　固定原则布置指产品固定在一个位置上,设备、人员、材料都围绕产品而转的一种布置方式。其特点是具有相对较少的产品数量。它根据先后工序决定生产阶段,按照物料的技术优先性安排物料。飞机制造厂、造船厂、建筑工地等都是这种布置方式的实例。基于固定原则布置的形式如图 3-13 所示,其优缺点见表 3-17。

图 3-13　基于固定原则布置的形式

固定原则布置的优缺点　表 3-17

优　　点	缺　　点
物料移动少	人员和设备的移动增加
班组方式可提高作业连续性,质量提高	需要重复配备,工人需要较高技能
高度柔性,可适应产品和产量的变化	所需面积和工序间储存增加

上述几种基本布置形式是理想的模型,实际布置设计通常为以上几种形式的组合。例如一些机械工厂从大面上看是工艺原则布置,但不排除部分车间采用产品原则布置。医院总体来说也是工艺原则布置,但手术室等则为固定原则布置。工艺原则布置和产品原则布置代表了小批量生产到连续大模型生产的两个极端。制造商在工艺原则布置的基础之上,向产品原则布置靠拢。这样,系统既灵活又有效,单位生产成本低。单元制造、成组技术和柔性制造单元就代表了这种方向。

第四节　物料搬运系统设计

搬运是指搬运人员借助搬运设备或工具进行货物搬运的生产活动。管理人员必须根据货物搬运作业的特点,对人员和设备进行科学有效地组织,以较少的消耗,在规定的时间内保质保量地完成预期的搬运任务。

一、配置方法

在配置装卸搬运机械时需要遵循一定的方法,主要方法有以下两种。

1. 按照装卸搬运作业量和被装卸搬运物品的种类进行机械配置

在确定各种机械生产能力的基础上,按每年装卸搬运 1 万 t 货物需要的机械台数、每台机械所担任装卸搬运物品的种类及每年完成装卸搬运货物的吨数进行配置,由式(3-11)算出需要配置的机械台数:

$$Z^* = (Q_{1\eta} - Q_2)Z_1 \quad (3-11)$$

式中:Z^*——配置机械台数;

$Q_{1\eta}$——年装卸搬运总作业量,其中 η 表示该种货物占 Q_1 的百分比;

Q_2——货主或地方单位担任的装卸量;

Z_1——每年装卸搬运 1 万 t 该货物需要的机械台数。

2. 运用综合费用比较法来确定装卸搬运机械的配置方案

运用综合费用比较法的原则是先比较各项初步方案的作业费用,再比较各项初步方案的利润情况,最后选出最佳方案,如式(3-12):

$$\max_{1 \leq i \leq n}(E_i - C_i) \quad (3-12)$$

式中:E_i——各项初步方案的效益;

C_i——各项初步方案的作业费用,通过比较利润大小得出最佳方案。

二、物料搬运系统分析方法

物料搬运系统是指将一系列的相关设备和装置,用于一个过程或逻辑动作系统中,协调、合理地对物料进行移动、储存或控制。物料搬运系统中设备、容器性质取决于物料的特性和流动的种类。当前物料搬运系统的设计要求合理、高效、柔性和能够快速装换,以适应现代制造业生产周期短、产品变化快这一新特点。

物料搬运系统分析方法(System Handling Analysis,简称SHA)适用于一切物料搬运项目,是一种条理性化的分析方法。它包括3个基本内容:一种解决问题的方法;一系列依次进行的步骤;一整套关于记录、详定等级和图表化的图例符号。

(一)SHA 的阶段过程

SHA 方法分析过程分为4个阶段,即外部衔接、总体搬运方案、详细搬运方案,以及施工安装和生产运行。每个阶段的工作内容如下。

1. 外部衔接

明确对象系统(工厂)物料的输入、输出方式及频率等,使内外衔接能够互相协调,以利于确定设施的具体布置地点。这里设施可以是设备作业单位、活动区域等。例如,对区域的各道路入口、铁路设施要进行必要的修改以与外部条件协调一致,使工厂或仓库内部的物料搬运同外界的大运输系统结合成为一个整体。

2. 总体搬运方案

制订布置区域的基本物流模式、作业单位、部门或区域的相互关系及外形,制订区域间物料搬运方案,确定移动系统、设备型号、运输单元或容器。

3. 详细搬运方案

确定每台机器、设备、通道、仓库或服务设计的位置;确定每个工作地点之间的移动系统、设备和容器,以及对设想移动的分析,完成详细的搬运物料系统设计。

4. 施工安装和生产运行

这个阶段要进行必要的准备工作,订购设备,完成人员培训,制订并实现具体搬运设施的安装计划。然后,对所规划的搬运方法进行调试,验证操作规程,并对安装完毕的设施进行验收,确定它们能正常运转。

其中,SHA 主要完成2、3 两个阶段的工作。

(二)物料搬运系统分析程序

物料搬运的基本内容是物料、移动和方法。因此,物料搬运分析就是分析所要搬运的物料,分析需要进行的移动和确定经济实用的物料搬运方法。搬运系统分析的程序就是建立在这三项基本内容的基础上的。搬运系统分析程序如图3-14 所示。

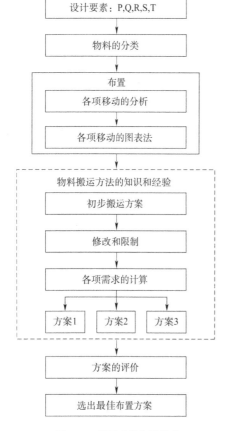

图 3-14 搬运系统分析程序

(三)物流搬运系统设计程序

在进行分析前,对搬运系统资料的调研和数据的搜集,可从以下 5 个搬运系统设计要素进行。进行物料搬运系统分析时需输入的主要数据,包括产品(Product)、数量(Quantity)、路线(Routing)、辅助服务(Support)、时间(Timing),见表 3-18。

物料搬运系统设计的 5 个要素　　　　　表 3-18

设 计 要 素	影 响 特 征
产品 P(物料、零件、物品)	产品和物料的可运行性取决于物品的特性和所用容器的特性,而且每个工厂都有其经常搬运的某些物品
数量 Q(产量、用量)	数量有两种意义:①单位时间的数量(物流量);②单独一次的数量(最大负荷量)。不管按哪种意义,搬运的数量越大,搬运所需的单位费用就越低
路线 R(起点至终点)	每次搬运都包括一项固定的终端(即取、收点)费用和一项可变的行程费用。注意路线的具体条件,并注意条件变化(室内或室外搬运)及方向变化所引起的费用变化
辅助服务 S(周围环境)	传送过程、维修人员、发货、文书等均属服务性质;搬运系统和搬运设备都有赖于这些服务。工厂布置、建筑物特性,以及储存设施,都属于周围环境;搬运系统及设备都必须在此环境中运行
时间 T(时间性、规律性、紧迫性、持续性)	一项重要的时间因素(即时间性)是物料搬运必须按其执行的规律;另一重要因素是时间的持续长度,指这项工作需要持续多长时间;紧迫性和步调的一致性也会影响搬运费用

搬运系统分析设计的程序如下。

1. 物料的分类

在制订搬运方案的过程中,首要的工作就是分析物料(产品或零件)。对所有的物品进行分类,归并为几种物料类别,一方面可简化分析工作,另一方面也有助于把整个问题划分成若干部分逐个解决。

2. 布置

对物料鉴别并分类后,根据 SHA 的模式,下一步就是分析物料的移动。在对移动进行分析之前,首先应该对系统布置进行分析。布置决定了起点与终点之间的距离,这个移动的距离是选择任何一个搬运方法的主要因素。

对物料搬运分析来说,需要从布置中了解的信息,基本上有 4 点:

(1)每项移动的起点和终点(提取和放下的地点)具体位置在哪里;

(2)哪些路线及这些路线上有哪些物料搬运方法是在规划之前已经确定了的,或大体上作出了规定的;

(3)物料运进运出和穿过的每个作业区所涉及的建筑特点是什么样的(包括地面负荷、厂房高度柱子间距、屋架支撑强度、室内还是室外、有无采暖有无灰尘等);

(4)物料运进运出的每个作业区内进行什么工作,作业区内部分已有的(或者大体规划的)安排或大概是什么样的布置。

当进行某个区域的搬运分析时,应该先取得或先准备好这个区域的布置草图、蓝图或规划图,这是极其重要的。如果是分析一个厂区内若干建筑物之间的搬运活动,那就应该取得厂区布置图。如果分析一个加工车间或装配车间内两台机器之间的搬运活动,那就应该取得这两台机器所在区域的布置详图。

总之,最后确定搬运方法时,选择的方案必须是建立在物料搬运作业与具体布置相结合的基础上的。

3. 移动分析

(1)收集各项移动分析的资料。

在分析各项移动时,需要掌握的资料包括:物料的分类、路线的起讫点搬运路径和具体情况,以及物流量和物流条件。下面对物流量和物流条件作出说明。

物料搬运系统中,每项移动都有其物流量,同时又存在某些影响该物流量的因素。

①物流量。物流量是指在一定时间内在一条具体路线上移动(或被移动)的物料数量。

②物流条件。一般物流条件包括:

a. 数量条件。数量条件指物料的组成;每次搬运的件数批量大小,少量多批还是大量少批;搬运的频繁性(连续的,间歇的,还是不经常的);每个时期的数量(季节性)以及以上这些情况的规律性。

b. 管理条件。管理条件指控制各项搬运活动的规章制度或方针政策,以及它们的稳定性。例如,为了控制质量,要求把不同炉次的金属分开等。

c. 时间条件。时间条件包括对搬运快慢或缓急程度的要求;搬运活动是否与有关人员、有关事项及有关的其他物料协调一致;是否稳定并有规律。

(2)移动的图表化。

在作出各项移动的分析,并取得了具体的区域布置图后,就要把这两部分综合起来,用图表来表示实际作业的情况。物流图表化包括物流流程简图、平面布置图上绘制的物流图和坐标指示图。

①物流流程简图。物流流程简图用简单的图表描述物流流程。但是它没有联系到布置,因此不能表达出每个工作区域的正确位置;它没有标明距离,所以不可能选择搬运方法。这种类型的图只能在分析和解释中作为一个中间步骤。

②在布置图上绘制的物流图。

如图3-15所示,在布置图上绘制的物流图是画在实际的布置图上的,图上标出了准确的位置,所以能够表明每条路线的距离、物流量和物流方向。

③坐标指示图。

坐标指示图就是距离与物流量指示图。图上的横坐标表示距离,纵坐标表示物流量。每一项搬运活动按其距离和物流量用一个具体的点标明在坐标图上。

制图时,可以绘制单独的搬运活动(即每条路线上的每类物料),也可将所有路线上的活动绘制于同一张图表上。图3-16所示为距离与物流量指示图。

在布置图上绘制的物流图和距离与物流量指示图往往要同时使用。但是对比较简单的问题,采用物流图就够了。当设计项目的面积较大,各种问题的费用较高时,就需要使用距离与物流量指示图。

4. 物料搬运方法

搬运方法是物料搬运路线、设备和容器的总和。

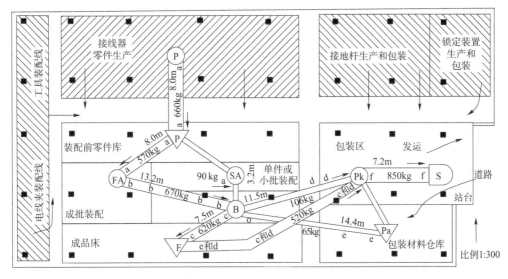

图 3-15 在布置图上绘制的物流图

（1）物料搬运路线的选择。

物料搬运路线一般分为以下几种类别：直达型（D）、渠道型（K）和节点型（C）。

对于直达型物料搬运路线来说，各种物料从起点到终点经过的路线最短。当物流量大、距离短或距离中等时，一般采用这种形式是最经济的。尤其当物料有一定的特殊性而时间又较紧迫时更为有利。

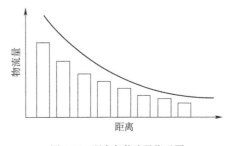

图 3-16 距离与物流量指示图

对于渠道型物料搬运路线系统来说，一些物料在预定路线上移动，同来自不同地点的其他物料一起运到同一个终点。当物流量为中等或少量，而距离为中等或较长时，采用这种形式是经济的。尤其当布置是不规则的分散时更为有利。

对于节点型物料搬运路线系统来说，各种物料从起点移动到一个节点分拣处或分发地区，然后再运往终点。当物流量小而距离中等或较远时，这种形式是非常经济的。尤其当厂区外形基本上是方整的且管理水平较高时更为有利。

根据物料搬运的观点，若物流量大而距离又长，则说明这样的布置不合理。如果有许多点标在这样的区域里，那么主要问题是改善布置而不是搬运问题。当然，工序和搬动是有联系的。如物料需要接近空气（铸件冷却）时，那么，冷却作业和搬动是结合在一起的，这时若出现一个长距离移动的大流量物料也是合理的。

（2）选择物料搬运设备。

SHA 对物料搬运设备的分类采用了如下方法。

① 简单的搬运设备：距离短，物流量小。

② 简单的运输设备：距离长，物流量小。

③ 复杂的物流设备：距离短，物流量大。

④ 复杂的运输设备：距离长，物流量大。

（3）选择运输单元。

运输单元这个词是指物料搬运时的状态,就是搬运物料的单位。搬运的物料一般有以下可供选择的情况,即散装的、单件的或装在某种容器中的。

一般说来,散装搬运是最简单和最便宜的移动物料的方法,当然,物料在散装搬运中必须不被破坏,不受损失,或不对周围环境引起任何危险,散装搬运通常要求物料数量很大。

单件搬运常用于尺寸大、外形复杂、容易损坏和易于抓取或用架子支起的物品。相当多的物料搬运设备是为这种情况设计的。由于使用各种容器要增加装、捆、扎、垛等作业,会增加投资;把用过的容器回收到发运地点,也要增加额外的搬运工作。而单件的搬运就比较容易。许多工厂选用了便于单件搬运的设备,因为物料能够以其原样来搬运。当有一种"接近散装搬运"的物料流或采用流水线生产时,大量的小件搬运也常采取单件移动的方式。

除上面所说的散装和单件搬运外,大部分的搬运活动要使用容器或托架。单件物品可以合并、聚集或分批地用桶、纸盒、箱子、板条箱等组成运输单元。这些新的单元(容器或托架)当然变得更大更重,常常要使用一些能力大的搬运方法;但是单元化运件可以保护物品并往往可以减少搬运费用。用容器或运输单元的最大好处是减少装卸费。用托盘和托架、袋、包裹、箱子或板条箱、堆垛和捆扎的物品、叠装和用带绑扎的物品、盘、篮、网兜都是单元化搬运的形式。

标准化的集装单元,其尺寸、外形和设计都彼此一致,这就能节省在每个搬运终端(即起点和终点)的费用。而且标准化还能简化物料分类,从而减少搬运设备的数量及种类。

综合各种作业所制订的各种搬运方法的组合,就形成物料搬运方案。要使初步设计的搬运方案符合实际,必须根据实际的限制条件进行修改。

5. 初步的搬运方案

在对物料进行分类,对布置方案中的各项搬运活动进行了分析和图表化,并对 SHA 中所用的各种搬运方法具备了一定的知识和理解之后,就可以确定几种初步的搬运方案。然后,对这些初步方案进行修改并计算各项需求量,在此基础上,确定出各初步方案对应的若干个具体的搬运方案。任何一个方法都是使某种物料在某一路线上移动。几条路线或几种物料可以采用同一种搬运方法,也可以采用不同的方法。不管是哪种情况,一个搬运方案都是几种搬运方法的组合。

在 SHA 中,把制订物料搬运方法叫作"系统化方案汇总",即:确定系统(指搬运的路线系统)、确定设备(装卸或运输设备)及确定运输单元(单件、单元运输件、容器、托架以及附件等)。

6. 修改和限制

对于初步的方案,按照严谨的物料搬运观点检验是否切实可行。因此必须考虑实际的限制条件并进行修改。除了考虑路线、设备和运输单元外,还要考虑正确有效地操作设备问题、协调和辅助搬运物料正常进行的问题等。各物料搬运方案中经常涉及的一些修改和限制的内容有:

(1)在前面各阶段中已确定的同外部衔接的搬运方法;

(2)既满足目前生产需要,又能适应远期的发展和(或)变化;

(3)和生产流程或流程设备保持一致;

(4)可以利用现有公用设施和辅助设施保证搬运计划的实现;

(5)布置或建议的初步布置方案,以及它们的面积、空间的限制条件(数量、种类和外廓形状);

(6)建筑物及其结构的特征;
(7)库存制度以及存放物料的方法和设备;
(8)投资的限制;
(9)设计进度和允许的期限;
(10)原有搬运设备和容器的数量、使用程度及其价值;
(11)影响工人安全的搬运方法。

7. 各项需求的计算

对几个初步搬运方案进行修改以后,就开始逐一说明和计算那些被认为是最有现实意义的方案。一般要提出 2~5 个方案进行比较。对每一个方案需作如下说明:

(1)说明每条路线上每种物料的搬运方法;
(2)说明搬运方法以外的其他必要的变动,如更改布置、作业计划、生产流程、建筑物、公用设施、道路等;
(3)计算搬运设备和人员的需要量;
(4)计算投资数和预期的经营费用。

8. 方案评价

方案的分析评价常采用成本费用或财务比较法、优缺点比较法、因素加权分析法等。

9. 搬运方案的详细设计

总体搬运方案设计确定了整个工厂的总的搬运路线系统搬运设备运输单元,搬运方案详细设计,是在此基础上制订一个车间内部从工作地到工作地,或从具体取货点到具体卸货点之间的搬运方法。搬运方案的详细设计是在总体搬运方案的基础之上,制订从工作地到工作地,或从具体取货点到具体取货点之间的搬运方法。详细搬运方案必须与总体搬运方案协调一致。

实际上,SHA 在方案初步设计阶段和方案详细设计阶段用的是同样模式,只是在实际运用中,两个阶段的设计区域范围不同,详细程度不同。详细设计阶段需要大量的资料、更具体的指标和更多的实际条件。

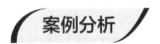

Carrefour site selection

After Carrefour entered the Chinese market in 1995, it opened large stores in Beijing, Shanghai, and Shenzhen, which are far away from each other. This is because the general managers of the three regions have independently developed their own supplier networks. According to Carrefour's own statistics, the amount of goods purchased from China accounts for 95% of all goods in shopping malls. In 2000 alone, the purchase amount reached 1.5 billion US dollars. In addition to the existing purchasing networks in Shanghai, Guangdong, Zhejiang, Fujian, and Jiaodong Peninsula, Carrefour has also set up regional purchasing networks in Beijing, Tianjin, Dalian, Qingdao, Wuhan, Ningbo, Xiamen, Guangzhou, and Shenzhen. The photo of Carrefour is shown in Figure 3-17.

Figure 3-17   the photo of Carrefour

Because Carrefour means crossroads in French, and Carrefour's site selection fully reflects this standard-all stores are open at crossroads, and you can see the huge signboards 500 meters away. A store with an investment of tens of millions of yuan, of course, will not be the one that comes up with the idea. The precise and complicated calculation behind it often surprises people outside the industry. According to the classical retail theory, the location of a hypermarket needs to be calculated in detail in the following aspects.

First, the consumption capacity of the population in the business circle. At present, there is no existing data (GIS population geographic system) available in China, so the store owners have to rely on the strength of market research companies to collect this kind of data. One way is to start from a certain starting point and calculate where the 5-minute walking distance will lead to, then the 10-minute walking distance will lead to, and finally, the 15-minute walking distance will lead to. According to the local characteristics of China, it is also necessary to calculate the radius of small films, medium films, and large films starting from bicycles. Finally, it is necessary to calculate the areas covered by small films, medium films, and large films according to the speed of vehicles. If there is a natural separation line, such as a railway line, or a competitor in another block, the coverage of the business district needs to be adjusted according to this boundary. Then, we need to further refine these areas, calculate the detailed population size and characteristics of each residential area in this area, calculate the number and density of population in different areas, age distribution, education level, occupation distribution, per capita disposable income, and other indicators. Carrefour's approach will be more detailed. According to the distance of these communities and the disposable income of residents, important sales areas and ordinary sales areas will be demarcated.

Second, we need to study the competition between the urban traffic in this area and the surrounding business districts. If there are many buses around a future store, or the roads are spacious and convenient, then the radius of sales radiation can be greatly enlarged Shanghai's hypermarkets are very smart. For example, Carrefour has few bus lines around the Gubei store. Carrefour simply rents its own buses to travel through some fixed residential areas, so as to make it convenient for the residents who are far away from the residential areas to purchase the daily necessities for one week at a time.

Of course, potential sales areas will be squeezed by many competitors in the future, so Carrefour will also count all competitors in the future. In the traditional business circle analysis, we need to calculate the sales situation, product line composition, and sales per unit area of all competitors, and then subtract these estimated figures from the total regional potential, and the future sales potential will be generated. However, this does not take into account the competitive strength of different competitors. Therefore, some stores try to find out the shortcomings of other stores before opening, such as whether the environment is clean, what kind of products are more expensive, and how fresh the fresh products are, And then according to the research results of this kind of precision guidance, the attack with lethality is carried out.

The investigation of a business district will not end with the opening of a store. A Carrefour internal data points out that 60% of customers are under 34 years old, 70% are women, 28% walk and 45% come by bus. So it's obvious that hypermarkets can fine-tune their product lines based on the information of these target customers. What can reflect Carrefour's intention is that every Carrefour store in Shanghai has a small difference. In Hongqiao store, because there are more high-income groups and foreign nationals around, of which foreign nationals account for 40% of Carrefour's consumer group, there are a lot of foreign goods in Hongqiao store, such as all kinds of wine, sausage, cheese and olive oil, which Carrefour especially imports from abroad for these special consumer groups. Carrefour in the Southern Shopping Mall has opened a mini shopping mall, a cinema, and McDonald's in the mall because of the scattered residential areas around it, so as to increase its efforts to attract more distant people. Carrefour stores in Qingdao have done a better job because 15% of the customers are Korean, so they have made many Korean signboards.

This business, which started with only one soldier, has now become 27 shopping malls in 15 cities. In a twinkling of an eye, Carrefour's flag has been put on the commanding heights of various consumer center cities in China. Wal-Mart's classic philosophy of "seizing the market with speed" was preempted by Carrefour.

案例分析提要

该案例介绍了家乐福从1995年进入我国市场后,在短时间内就发展出自己的供应网络。家乐福选址时考虑了商圈内的人口消费能力、城市交通、与周边商圈的竞争状况等因素。家乐福的成功也归因于关注消费者群体、面向顾客需求等。

案例思考题

1. 家乐福在选址中有哪些独特的考虑?
2. 家乐福的成功包含哪几方面的因素?

第四章 物流系统优化

第一节 库存管理系统

一、经典的库存控制方法

(一) ABC 分类法

ABC 分类法,全名为 ABC 分类库存控制法(图 4-1),其基本原理是根据库存物资中存在着少数物资占用大部分资金,而相反,大多数材料却占用少量资金,利用库存与资金占用之间规律,按照库存的数量和价值消耗情况,进行分类区分。数量少、价值大的类别称为 A 类;数量大、价值小的类别称为 C 类;将 A 类与 C 类之间的类别分类称为 B 类。然后对这些分类后的物资使用不同的管理方法进行库存控制,即 ABC 分类法。对于 A 类材料,应列为关键管理对象,对库存检查、进货材料期限、进货等有严格规定。对于 C 类材料,它是材料管理通用对象,可以采用相互广泛的管理方法适当增加储备量。对于 B 类物资,企业可根据材料管理的能力和水平选择全面、连续和定期的控制模式。

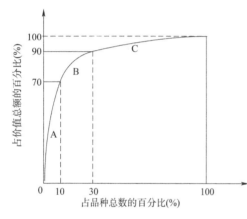

图 4-1 ABC 分类法示意图

ABC 分类法的运用步骤如下:
(1)采集数据。根据分析的对象和内容不同,收集有用的数据。
(2)处理数据。对采集的数据进行归纳总结,按照相关要求计算并汇总。
(3)制作 ABC 分析表。依据相关计算方法对收集的数据进行计算,填入相应的表格。
(4)依据 ABC 分析表确定分类。依据 ABC 分析表的汇总分析,将物品分为 ABC 三类材料。

ABC 分类没有固定的划分标准,三种划分的界线也得具体情况决定,每个企业都可以根据具体情况来确定。

(二) 定量订货法

所谓的定量订货法,就是预先确定订货点和订货数量,随时查验库存,当库存下降至订货点 R 时下订单,然后再进行经济批量订货至库存量 Q。预订定量订货方法的控制方法主要在于再订购点和订购量,检验时间是持续的,需求量是变化的。

定量订货模型如图4-2所示。

实施定量订购法的关键在于两个参数：一是订货点，即订货点库存量；二是订货批量。在实际生活中，需求量是动态变化的，这时必须设置安全库存，订货点的确定通常受需要量、订货提前期和安全库存三个因素的影响，计算公式应用下式确定：

$$R = \frac{L \times D}{365} + SS \quad (4-1)$$

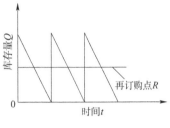

图4-2 定量订货模型

式中：R——订货量；

L——订货提前期；

D——年需求量；

SS——安全库存。

订货批量依据经济批量（EOQ）来确定，即总库存成本最小时的每次订货数量。年总库存成本（TC）为产品购置成本、订货成本以及库存持有成本之和，即：

$$TC = P \times D + \frac{C \times D}{Q} + \frac{Q \times H}{2} \quad (4-2)$$

式中：P——单位商品购置成本；

C——每次订货成本；

Q——订购批量；

H——单位商品年保管成本。

经济订货批量就是使库存总成本达到最低的订货数量，通过平衡订货成本和保管成本两方面得到，其计算公式为：

$$Q^* = \sqrt{\frac{2CD}{H}} \quad (4-3)$$

式中：Q^*——经济订货批量。

其主要优点是库存控制的手段和方法相对简单明了，可以准确地对高价值商品库存成本进行控制。其主要缺点是必须不间断地检查仓库的库存容量。由于一种货物的订货随时都可能发生，这种情况使得很难将多个货物合并成一个由同一到供应商供应的同一订单，从而产生一定的成本节约。

（三）定期订货法

定期订货法又称订货间隔期法，它是一种依据计划的订单时间间隔来补充订单从而补充库存的方法。定期订货法的决策思想是在每一个固定的时间段检查库存项目的库存量。

定期订货法根据计算结果和预定目标库存水平之间的差异来确定订单数量。假定需求是随机变化的，则每个库存的储备量也各不相同，要补充的数量也将随时变化，以达到目标库存应有的水平。

定期订货法示意图如图4-3所示。

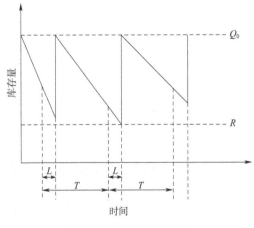

图4-3 定期订货法示意图

图 4-3 中，Q_0 代表目标库存；T 代表检查周期；R 代表安全库存；L 代表固定提前期。

订货周期一般根据经验确定，主要考虑制订生产计划的周期时间，也可以借用经济订货批量的计算公式确定使库存成本最低的订货周期：

$$T = \frac{1}{订货次数} = \frac{Q}{D} \tag{4-4}$$

目标库存水平是满足订货期加上提前期的时间内的需求量，包括订货周期加提前期的平均需求量，以及根据服务水平保证供货概率的保险储备量：

$$Q_0 = (T+L) \times \frac{D}{365} + Z \times s_2 \tag{4-5}$$

式中：Q_0——目标库存水平；

Z——服务水平保证的供货概率在正态分布表对应的 t 值；

s_2——订货期加提前期内的需求变动的标准差。

若给出需求的日变动标准差 s_0，则有：

$$s_2 = s_0 \times \sqrt{L+T} \tag{4-6}$$

依据目标库存水平可得到每次检查库存后提出的订购批量：

$$Q = Q_0 - Q_t \tag{4-7}$$

式中：Q_t——第 t 期检查时实有库存量。

这种控制方式的优点在于可省去许多库存检查工作，简化了工作内容。其缺点在于无法应对某时期突然增大的需求量。因此，该方式主要运用于重要性较低的物资。

定量订货法与定期订货法的比较见表 4-1。正是由于存在这些区别，不同材料适合选用不同的订货方法进行采购，这对厂区后期的原材料分类非常关键。

定量订货法与定期订货法的比较　　　　表 4-1

订货方法名称	定量订货模型	定期订货模型
订货数量	事先确定的经济批量	根据库存实际情况计算后确定
订货时间	取决于订货点	取决于订货周期
库存数据	随时记录、检查	到达订货时间，清点库存
库存量	小于定期订货模型	大于定量订货模型
适用对象	关键性	一般性
订货成本	较高	较低
订货种类	每个货物品种单独进行订货	多品种统一进行订货

二、供应链下的库存管理

(一) 供应商管理库存(VMI)

在传统的库存管理理论中，为了降低缺货风险，各企业不得不持有一定量的库存，这就会造成整个供应链的库存成本增加、市场需求扭曲、上下游关系恶化、不利于合作与沟通等问题。供应商管理库存突破了传统的条块分割的库存管理模式，以系统的、集成的管理思想进行库存管理，使供应链系统能够获得同步化的运作。

1. 定义

根据《物流术语》(GB/T 18354—2016),供应商管理库存(Vendor Managed Inventory,简称 VMI)的定义为:"按照双方达成的协议,由供应链的上游企业根据下游企业的物料需求计划、销售信息和库存量,主动对下游企业的库存进行管理和控制的库存管理方式。"

2. VMI 的实施条件

要实现 VMI,关键是对供应商保持库存状态的透明性。供应商必须对其下游企业的库存状况实时跟踪和检查,务必做到了如指掌,从而加快供应链上的信息传递和实时处理速度,并对自身的供应(生产)状态作出相应的调整。因此,供应商要想对其用户实施 VMI,必须参照如下几个关键条件进行一些有关 VMI 的硬件和软件支持建设。

(1)建立用户情报信息系统。通过建立用户信息库,供应商能够实时掌握需求变化的情况,快速了解市场需求动态和商品的需求信息,以便有针对性地及时进行商品补给,从而有效地管理用户的库存。

(2)建立销售网络管理系统。供应商通过构建完善的销售网络管理系统,能够保证自己产品的需求信息和物流畅通。只有实现了供应商的产品信息标准化,以及商品储存和运输过程中的有效识别,才能既加快用户需求的响应速度,又降低用户的库存水平。

(3)建立供应商与用户的合作框架协议。建立供应商与用户之间的合作框架协议使双方订单处理的业务流程标准化。供应商应当和用户通过协商来确定库存检查周期、库存水平、订货点等库存控制的关键参数,以及合作双方之间如何进行信息的交流和传递的方式等问题。

(4)建立适应 VMI 运作模式的组织机构。因为 VMI 策略改变了供应商的组织运作模式,尤其是与订单处理相关的流程。所以,需要专人负责处理供应商与用户之间的订货业务、控制用户的库存和服务水平及协调处理其他的相关业务活动。

3. 供应商管理库存的优点

实施 VMI 的好处主要体现在两个方面,一是成本的缩减,二是服务水平的改善。具体地,对于供应商而言,通过信息共享,能够更准确地了解需求市场信息,简化配送预测工作,可以实现及时补货以避免缺货,同时结合需求信息进行有效的预测,从而使生产商更好地安排生产计划。对于需求方而言,VMI 提高了供货速度,减少了缺货;将计划和订货工作转移给供应方,降低了运营费用;在恰当的时间适量补货,提升了总体物流绩效。除此之外,VMI 还为双方带来了共同利益,如通过计算机互联通信,减少数据差错,并提高供应链整体处理速度;从各自角度,各方更专注于提供更优质的用户服务,使所有供应链成员受益;真正意义上的供应链合作伙伴关系得以确立等。

(二)联合管理库存(JMI)

联合管理库存,是一种在 VMI 基础上发展起来的,使供应链上游企业与下游企业共同参与和决策,将 VMI 中供应商的权责转化为供应链各节点企业之间的责任分摊,实现风险共担、利润共享,从而提高供应链的同步化程度和运作效率的库存管理模式。

1. 联合管理库存的定义

根据《物流术语》(GB/T 18354—2016),联合管理库存(Joint Managed Inventory,简称 JMI)的定义为:"供应链成员企业共同制订库存计划,并实施库存控制的供应链库存管理方式。"

2. JMI 的实施

(1)建立供需协调管理机制。为了发挥 JMI 的作用,供需双方应当秉承合作的态度,建立供需协调管理的机制,明确各自的目标和责任,建立合作沟通的渠道,为 JMI 的实施提供有效的机制。建立供需协调管理机制,要从以下几个方面着手:

①建立共同的合作目标。要建立 JMI 模式,供需双方首先要坚持互惠互利的原则,建立共同的合作目标。通过协商形成共同的目标,如提高服务质量、实现利润共同增长和降低风险等,要在理解双方共同之处和冲突点的基础上,建立联合库存的协调控制方法。而联合库存管理中心担负着协调供需双方利益的角色,起协调控制的作用,其中需要对库存优化的方法进行明确。主要控制点包括:库存如何在多个需求方之间调节和分配、库存的最大量、最低库存水平、安全库存的确定、需求预测等。

②建立一种信息沟通的渠道或系统。为了提高供应链需求信息的一致性和稳定性,减少由于多重预测导致的需求信息扭曲,供应链各方应增加对需求信息获得的及时性和透明性。为此应建立一种信息沟通的渠道或系统,以保证需求信息在供应链中的畅通和准确性。要将条码技术、扫描技术、销售时点信息(Point of Sales,简称 POS)系统和电子数据交换(Electronic Data Interchange,简称 EDI)集成起来,同时充分利用互联网的优势,在供需双方之间建立一个畅通的信息沟通桥梁和联系纽带。

③建立利益的分配、激励机制。要有效运行基于协调中心的库存管理,必须建立一种公平的利益分配制度,并对参与协调库存管理中心的各个企业进行有效的激励,以增加协作性和协调性。

(2)发挥两种资源计划系统的作用。为了发挥联合库存管理模式的作用,在供应链库存管理中应充分利用目前比较成熟的两种资源管理系统:制造资源计划系统(Manufacturing Resource Planning,简称 MRPII)和配送需求计划(Distribution Requirements Planning,简称 DRP)。原材料库存协调管理中心应采用 MRPII,产品联合库存协调管理中心则应采用 DRP。这样,在供应链系统中把两种资源计划很好地结合起来。

(3)发挥第三方物流的作用。第三方物流是供应链集成的一种技术手段。通过把库存管理的部分功能代理给第三方,可以使企业更加集中精力于自己的核心业务。第三方物流起到了连接供应商和用户的作用,这样可以降低企业成本,使企业集中于核心业务,获得更多的市场信息和一流的物流咨询,改进服务质量,快速进入国际市场。

3. JMI 的优点

JMI 的优点主要有:为实现供应链的同步化运作提供了条件和保证;减少了供应链中的需求扭曲现象,降低了库存的不确定性,提高了供应链的稳定性;库存作为供需双方信息交流和协调的纽带,可以暴露供应链管理中的缺陷,为改进供应链管理水平提供依据;为实现零库存管理、准时采购以及精细供应链管理创造了条件;进一步体现了供应链管理的资源共享和风险分担的原则。

三、库存优化

库存优化是在库存控制的基础上进行的,只有通过合理的库存控制策略才能达到库存优化的目的。

1. 优化目标

常见的优化目标主要为:成本、时间和流程。

(1)成本最优。面向成本控制达到最优,首先要协调供应链节点在库库存以及订购批量,然后对双渠道供应链整体进行优化,达到成本最小。传统库存成本一般包括缺货成本、库存持有成本、销售成本以及运输成本。

(2)时间最优。时间最优是供应链管理的主要目标之一,是指供应链各成员在进行生产活动时,通过组织协调等操作,减少时间浪费,从而缩短周转时间。所以,在进行库存优化考虑库存成本的基础上还需要考虑时间的影响,基于时间优化生产活动,达到库存优化的目的,提高顾客对供应链服务的满意度。

(3)流程最优。供应链流程管理将供应链的上游与下游连接为一个整体,基于流程最优的库存管理,通过共享供应链信息系统,提高物流系统的反应速度;通过双渠道供应链各成员协同合作,保证物料顺畅流动。以生产企业为例,考虑流程优化的供应链可以高效完成各个生产环节,且使各个环节的流程达到最优,流程与流程之间的衔接也十分自然。由于流程优化,供应链各个环节的完成质量也得到了保障,同时流程优化也是一个不断改进的过程,企业需要根据不同的市场需求对流程作出实时的改进,使库存控制流程最优。

2. 求解方法

库存优化问题与选址问题类似,常见求解算法主要包括:精确求解算法、启发式算法以及仿真优化等。这里介绍基于 Flexsim 系统仿真软件对库存进行优化的方法。

(1)Flexsim 系统仿真软件。

Flexsim 是由美国的一家公司开发的,是一款商业化的三维物流仿真软件。Flexsim 软件已经成功地在自动化立体仓库仿真、生产物流系统仿真、医药物流系统仿真等物流领域进行了多种系统的建模与仿真分析。Flexsim 的研究对象大多是复杂的多目标系统,输出不同参数组合的结果,以供用户分析比较。运用 Flexsim 对物流系统进行仿真,不仅能够通过仿真系统显示运行过程、输出完整的系统运行报告;而且可以通过分析优化,使物流系统达到缩短排队时间、合理分配资源、提高仓储效率等的效果。

(2)Flexsim 的功能。

①建模。建模作为 Flexsim 的核心功能之一,操作简便,只需要将模型库中的模型直接拖入模型视窗中即可。其参数几乎可以表示所有的对象模型,同时也可以直观地表达数据信息。而 Flexsim 所具有的层次结构性则极高地提升了用户的建模速度。

②仿真。Flexsim 作为一款可以同时运行仿真与模型视窗的软件,具备其他仿真软件所不具备的三维显示优势。通过仿真结果报告,可以对仿真的结果进行详细的分析。

③三维显示。Flexsim 可以对模型进行录制、拷贝,可供实时查看。

(3)Flexsim 仿真建模步骤。

下面以【例4-1】为例介绍 Flexsim 仿真建模的步骤。

【例4-1】 以某配送中心实际的作业流程为研究对象,该配送中心从 4 个供应商进货,向 4 个生产商发货,研究该配送中心的即时库存成本和利润。

(1)系统数据。

供应商(4个):当 4 个供应商各自供应的产品在配送中心的库存小于 12 件时开始生产,库存大于 22 件时停止生产。供应商 1 和供应商 2 分别以 4.5h/件的效率向配送中心送产品,供应商 3 和供应商 4 提供一件产品的时间服从 3~5h 的均匀分布。

配送中心发货:当 4 个生产商各自的库存大于 12 件时停止发货。当生产商 1 的库存小于 3 件时,向该生产商发货;当生产商 2 的库存小于 4 件时,向该生产商发货;当生产商 3 的库存小于5件时,向该生产商发货;当生产商4的库存小于5件时,向该生产商发货。

配送中心成本和收入:进货成本4元/件;供货价格6元/件;每件产品在配送中心存货120h费用1元。

生产商(4个):4个生产商均连续生产。生产商1每生产一件产品需要5h;生产商2、生产商3每生产一件产品的时间服从2~8h的均匀分布;生产商4每生产一件产品的时间服从4~6h的均匀分布。

(2)模型实体设计。

根据系统数据,添加4个发生器(对应4个供应商)、8个处理器(对应4个供货商与4个生产商)、4个货架(即配送中心)、4个暂存区(为生产商仓库)、1个吸收器。在模型中生成实体并连线,如图4-4所示。

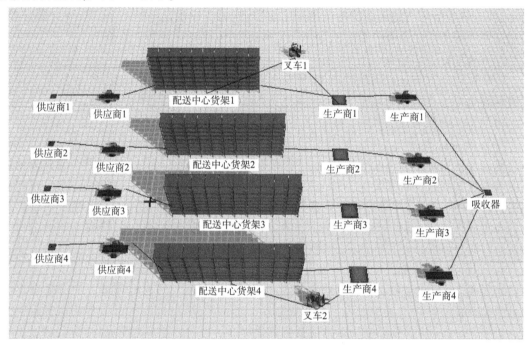

图4-4 模型实体设计

(3)模块参数设置。

修改全局设置,时间单位为h;修改发生器参数,到达时间间隔设为1;修改触发器条件,如图4-5所示,保障4个供应商各自供应的产品在配送中心的库存小于12件时开始生产,库存大于22件时停止生产。

修改触发器参数,保障当4个生产商各自的库存大于12件停止发货;生产商1的库存小于3件时,向生产商发货;生产商2的库存小于4件时,向生产商发货;生产商3和生产商4的库存小于5件时,向生产商发货。

修改处理器参数,如图4-6所示,保障供应商1和供应商2分别以4.5h/件的效率向配送中心送产品,供应商3和供应商4提供一件产品的时间服从3~5h的均匀分布。

修改处理器参数,保障生产商1每生产一件产品需要5h;生产商2和生产商3每生产一件产品的时间服从2~8h的均匀分布;生产商4每生产一件产品的时间服从4~6h的均匀分布。

a)库存大于22件时停止生产　　　　　b)库存小于12件时开始生产

图 4-5　触发器参数修改

a)以4.5 h/件的效率送产品　　　　　b)提供产品的时间服从3~5小时的均匀分布

图 4-6　处理器参数修改

(4) 模型运行。

设置完成后对模型进行重置,完成运行,如图 4-7 所示。

(5) 数据分析。

研究配送中心的即时库存成本和利润:配送中心的进货数量共计 1252 个;配送中心的供货数量共计 1185 个;货物在配送中心的总存储时间共计 48040.7h;故配送中心运行了 1440h 后,其总利润 1761.97 元。

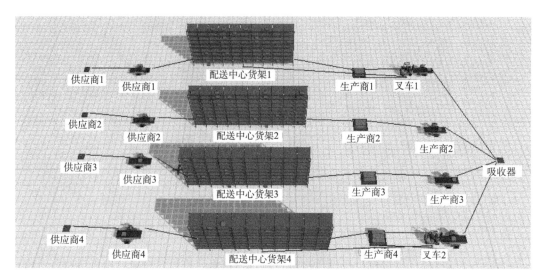

图 4-7 模型运行

(6)模型优化。

针对上述问题,研究分析,对模型进行优化,将 4 个仓库设置为:当 4 个供应商各自供应的产品在配送中心的库存小于 12 件时开始生产,库存大于 30 件时停止生产。

优化后运行结果为:配送中心的进货数量共计 1272 个;配送中心的供货数量共计 1186 个;货物在配送中心的总存储时间共计 57643.7h;故配送中心运行了 1440h 后,其总利润为 1627.6 元。

由此可以看到:考虑到配送中心的高效利用,建议应在此基础上增加一定数量的供应商及生产商,以充分利用配送中心的配送能力,同时为提高利润应降低库存。

Flexsim 软件作为物流工程专业的有力工具,其优越的仿真性使系统模拟能达到相当高的水准,从而省略相当多繁杂的步骤,节省资金与时间。

第二节 运 输 系 统

一、运输系统的要素和特点

(一)运输系统的要素

构成运输系统的要素主要有运输线路、运输节点、运输工具与运输参与者。

1. 运输线路

运输线路是供运输工具定向移动的通道,也是运输赖以运行的基础设施之一,是构成运输系统最重要的要素。在现代运输系统中,主要的运输线路有公路、铁路、航线和管道。其中,铁路和公路为陆上运输线路,除了引导运输工具定向行驶外,还需承受运输工具、货物或人的质量;航线有水运航线和空运航线,主要起引导运输工具定位定向行驶的作用,运输工具、货物或人的质量由水或空气的浮力支撑;管道是一种相对特殊的运输线路,由于其严密的封闭性,所以既充当了运输工具,又起到了引导货物流动的作用。

2. 运输节点

运输节点是指以连接不同运输方式为主要职能,处于运输线路上的承担货物集散、运输业务办理、运输工具保养和维修的基地与场所。运输节点是物流节点中的一种类型,属于转运型节点。公路运输线路上的停车场(库)、货运站,铁道运输线路上的中间站、编组站、区段站、货运站,水运线路上的港口、码头,空运线路上的空港,管道运输线路上的管道站等都属于运输节点范畴。一般而言,由于运输节点处于运输线路上,又以转运为主,所以货物在运输节点上停滞的时间较短。

3. 运输工具

运输工具是指在运输线路上用于载重货物并使其发生位移的各种设备和装置,它们是保障运输进行的基础设备,也是运输得以完成的主要手段。运输设备根据从事运送活动的独立程度可以分为三类。

(1)仅提供动力,不具有装载货物容器的运输工具:如铁路机车、牵引车、拖船等;

(2)不提供动力,但具有装载货物容器的从动运输工具:如车皮、挂车、驳船、集装箱等;

(3)既提供动力,又具有装载货物容器的独立运输工具:如轮船、汽车、飞机等。

管道运输是一种相对独特的运输方式,它的动力设备与载货容器的组合较为特殊,载货容器为干管,动力装置设备为泵(热)站,因此设备总是固定在特定的空间内,不像其他运输工具那样可以凭借自身的移动带动货物移动,故可将泵(热)站视为运输设备,甚至可以连同干管都视为运输设备。

4. 运输参与者

运输活动的主体是运输参与者,运输活动作用的对象是货物。货物的所有者是物主或货主。运输必须由物主和运输参与者共同参与才能进行。

(1)物主。物主包括托运人和收货人,有时托运人与收货人是同一主体,有时不是同一主体。不管托运人托运货物,还是收货人收到货物,他们均希望在规定的时间内,以最低的成本、最小的损耗和最方便的业务操作,将货物从起始地转移到指定的地点。

(2)承运人。承运人是指运输活动的承担者,他们可能是铁路货运公司、航运公司、民航货运公司、储运公司、物流公司或个体运输业者等。承运人是受托运人或收货人的委托,按委托人的意愿以最低的成本完成委托人委托的运输任务,同时获得运输收入。承运人根据委托人的要求或在不影响委托人要求的前提下合理地组织运输和配送,包括选择运输方式、确定运输线路、进行货物配载等。

(3)货运代理人。货运代理人是根据用户的指示,为获得代理费用而招揽货物、组织运输的人员,其本人不是承运人。他们负责把来自各用户的小批量货物合理地组织起来以大批量装载,然后交由承运人进行运输。待货物到达目的地后,货运代理人再把该大批量装载拆分成原先较小的装运量,送往收货人。货运代理人的主要优势在于大批量装载可以实现较低的费率,并从中获取利润。

(4)运输经纪人。运输经纪人是替托运人、收货人和承运人协调运输安排的中间商,其协调的内容包括装运装载、费率谈判、结账和货物跟踪管理等。经纪人也属于非作业中间商。

(二)运输系统的特点

物流运输系统不仅具有一般系统所共有的特征,即整体性、目的性、相关性、层次性、动态性和环境适应性,还同时具有其自身显著的特征。

1. 运输服务可以通过多种运输方式实现

各种运输方式对应各自的技术特性,有不同的运输单位、运输时间和运输成本,因而形成了各运输方式不同的服务质量。也就是说,运输服务的利用者,可以根据货物的性质、大小、所要求的运输时间、所能负担的运输成本等条件来选择相适应的运输方式,或者合理运用多种运输方式,实行联合运输。

2. 运输服务可分为自用型和营业型两种形态

自用型运输是指企业自己拥有运输工具,并且自己承担运输责任,从事货物运输的活动。自用型运输多限于货车运输,部分水路运输中也有这种情况,但数量很少。而对于航空、铁路这种需要巨大投资的运输方式,自用型运输难以开展。与自用型运输相对的是营业型运输,即以运输服务作为经营对象,为他人提供运输服务。营业型运输在公路、铁路、水路、航空等运输业中广泛开展。对于一般企业来讲,可以在自用型运输和营业型运输中进行选择,当前的趋势是企业逐渐从自用型向营业型运输方式进行转化。

3. 运输存在着实际运输和利用运输两种形式

实际运输是实际利用运输手段进行运输,完成商品在空间上的移动。利用运输是运输业者自己不直接从事商品运输,而是把运输服务再委托给实际运输商进行,也就是说,运输业者即使自己不拥有运输工具也能开展运输业务,通过协调、结合多种不同的运输机构来提供运输服务。这种利用运输的代表就是代理型运输业者。

4. 运输服务业竞争激烈

运输业者不仅在各自的行业内开展相互竞争,而且还与运输方式相异的其他运输企业开展竞争。虽然各运输方式都存在着一些与其特性相适应的不同的运输对象,但是,也存在着很多各种运输方式都适合承运的货物,这类货物的运输就形成了不同运输手段、不同运输业者之间的相互竞争关系。

5. 运输系统的现代化趋势

所谓运输系统的现代化,就是采用当代先进适用的科学技术和运输设备,运用现代管理科学,协调运输系统各构成要素之间的关系,达到充分发挥运输功能的目的。运输系统的现代化也促使运输系统结构发生根本性的改变,主要表现在:

(1)由单一的运输系统结构转向多种方式联合运输的系统结构,如汽车—船舶—汽车、汽车—火车—汽车、船舶—火车—汽车等不同的联合运输系统;

(2)建立了适用于矿石、石油、肥料、煤炭等大宗货物的专用运输系统;

(3)集包装、装卸、运输一体化,使运输系统向托盘化与集装箱化的方向发展;

(4)顺应全球经济发展的需要,一些发达国家陆续开发了一些新的运输系统,如铁路传送带运输机械、筒状容器管道系统、城市中无人操作收发货物系统等。

二、运输方案优化

运输问题一般可以看作线性规划模型。当所建的线性规划模型的数据规模较小时,我们能够直接采用一些已有的数学优化软件如 CPLEX、GUROBI 等进行求解。

CPLEX 是由美国 DBM 公司开发的一款通用代数建模系统(The General Algebraic Modeling System,简称 GAMS),通过高级建模功能求,CPLEX 可快速解线性规划、二次规划等问题。

下面以一个案例说明运输方案的设计过程。

【例 4-2】 某公司经销一种糖果,下设 3 个加工厂。每日的产量分别是:A_1 为 7t,A_2 为 4t,A_3 为 9t。该公司把这些产品分别运往 4 个销售地。各销售地每日销量为:B_1 为 3t,B_2 为 6t,B_3 为 5t,B_4 为 6t。除产、销地之外,中间还有 4 个转运站,分别是 T_1、T_2、T_3、T_4。每个工厂生产的产品不一定直接发运到销售地,可以将几个产地集中一起运输;运往各销地的产品可以先运给其中几个销地,再转给其他销地;产品也可以在产地、销地和转运站之间相互运输。已知各产地、销地和中间转运站及相互之间每吨产品的运价见表 4-2,试回答在考虑到产销地之间直接运输和非直接运输的各种可能方案的情况下,如何将 3 个厂每天生产的产品运往销售地,才能使总运费最小。

两地间运价(单位:元)　　　　　　　表 4-2

项目		产地			中间转运站				销地			
		A_1	A_2	A_3	T_1	T_2	T_3	T_4	B_1	B_2	B_3	B_4
产地	A_1	0	1	3	2	1	4	3	3	11	3	10
	A_2	1	0	—	3	5	—	2	1	9	2	8
	A_3	3	—	0	1	—	2	3	7	4	10	5
中间转运站	T_1	2	3	1	0	1	3	2	2	8	4	6
	T_2	1	5	—	1	0	1	1	4	5	2	7
	T_3	4	—	2	3	1	0	2	1	8	2	4
	T_4	3	2	3	2	1	2	0	1	—	2	6
销地	B_1	3	1	7	2	4	1	1	0	1	4	2
	B_2	11	9	4	8	5	8	—	1	0	2	1
	B_3	3	2	10	4	2	2	2	4	2	0	3
	B_4	10	8	5	6	7	4	6	2	1	3	0

首先从表 4-2 中可以看出,从 A_1 到 B_2 每吨的直接运费是 11 元,如从 A_1 经 A_3 运往 B_2,每吨运费为 3 + 4 = 7 元,从 A_1 经 T_2 运往 B_2 只需 1 + 5 = 6 元,而从 A_1 到 B_2 运费最少的路径是从 A_1 经 A_2、B_1 到 B_2,每吨的运费只需 1 + 1 + 1 = 3 元。可见这个问题中从每个产地到各个销地之间的运输方案很多。为了将这个问题转化成为一般的运输问题,可以做如下处理:

(1) 由于问题中所有产地、中间转运站、销地都可以看作产地,又可以看作销地,因此该问题可转化为有 11 个产地和 11 个销地的扩大运输问题。

(2) 对扩大的运输问题建立单位运价表,并将表 4-2 中不可能的运输方案的运价用任意一个很大的正数 M 代替。

(3) 所有中间转运站的产量等于销量。由于运费最少时不可能出现一批物资反复倒运的现象,所以每个转运站的转运量不超过 20t。可以设定 T_1、T_2、T_3、T_4 的产量和销量均为 20t。

(4) 在扩大的运输问题中,产地和销地也具有转运站的作用,所以同样在原来产量和销量的数字上加 20t,即 3 个厂每天这种产品的产量分别改成 27t、24t、29t,销量均为 20t;4 个销售点的每天销量分别改为 23t、26t、25t、26t,产量均为 20t。扩大的运输问题的产销平衡表与单位运价表见表 4-3。

扩大的运输问题的产销平衡表与单位运价（单位：元）　　　　表 4-3

产地	销地											产量(t)
	A_1	A_2	A_3	T_1	T_2	T_3	T_4	B_1	B_2	B_3	B_4	
A_1	0	1	3	2	1	4	3	3	11	3	10	27
A_2	1	0	M	3	5	M	2	1	9	2	8	24
A_3	3	M	1	0	M	2	3	7	4	10	5	29
T_1	2	3	1	1	1	3	2	2	8	4	6	20
T_2	1	5	M	M	0	1	1	4	5	2	7	20
T_3	4	M	2	2	1	0	2	1	8	2	4	20
T_4	3	2	3	3	1	2	0	M	2	6		20
B_1	3	1	7	7	4	1	1	0	1	4	2	20
B_2	11	9	4	4	5	8	M	1	0	2	1	20
B_3	3	2	10	10	2	2	2	4	2	0	3	20
B_4	10	8	5	5	7	4	6	2	1	3	0	20
销地	20	20	20	20	20	20	20	23	26	25	26	240

结合问题和已知数据，设置运输问题的参数、决策变量，并建立数学模型。

已知条件：有 m 个产地，n 个销地（此案例中 $m = n$），a_i 为第 i 个产地 A_i 的供应量，b_j 为第 j 个销地 B_j 的需求量，c_{ij} 表示从产地 A_i 到销地 B_j 的单位运费，x_{ij} 表示从产地 A_i 到销地 B_j 的物资调运量。则该问题的目标函数和约束条件为：

目标函数：

$$\min z = \sum_{i=1}^{m}\sum_{j=1}^{n} c_{ij} x_{ij} \tag{4-8}$$

约束条件：

$$\sum_{j=1}^{n} x_{ij} = a_i \quad (i = 1, 2, \cdots, m) \tag{4-9}$$

$$\sum_{i=1}^{m} x_{ij} = b_j \quad (j = 1, 2, \cdots, n) \tag{4-10}$$

$$x_{ij} \geq 0 \quad (i = 1, 2, \cdots, m; j = 1, 2, \cdots, n) \tag{4-11}$$

在运用 CPLEX 求解问题的过程中，由于 M 是一个非常大的数，所以可假设 $M = 10000$ 元。

由此问题编写的 CPLEX 模型代码如下：

```
{string} Cities = …;
{string} Products = …;

tuple route {
    string p;
    string o;
```

```
    string d;
}
{route} Routes = …;
tuple supply {
    string p;
    string o;
}
{supply} Supplies = { <p,o> | <p,o,d> in Routes };
float Supply[Supplies] = …;
tuple customer {
    string p;
    string d;
}
{customer} Customers = { <p,d> | <p,o,d> in Routes };
float Demand[Customers] = …;
float Cost[Routes] = …;

{string} Orig[p in Products] = { o | <p,o,d> in Routes };
{string} Dest[p in Products] = { d | <p,o,d> in Routes };
assert forall(p in Products)
    sum(o in Orig[p])
      Supply[<p,o>] == sum(d in Dest[p]) Demand[<p,d>];

dvar float+ Trans[Routes];
constraint ctSupply[Products][Cities];
constraint ctDemand[Products][Cities];

minimize    sum(l in Routes) Cost[l] * Trans[l];
subject to {
  forall( p in Products , o in Orig[p] )
    ctSupply[p][o]:
      sum( d in Dest[p] )
        Trans[ <p,o,d> ] == Supply[ <p,o> ];
  forall( p in Products , d in Dest[p] )
    ctDemand[p][d]:
      sum( o in Orig[p] )
        Trans[ <p,o,d> ] == Demand[ <p,d> ];
}
```

代入数据,得到的运行结果见表4-4。

CPLEX 运行结果(单位:t)　　　　　　　　　　　　　　　　　　　　　　　　　　表 4-4

产地	A_1	A_2	A_3	T_1	T_2	T_3	T_4	B_1	B_2	B_3	B_4	产量(t)
A_1	20	2								5		27
A_2		18						6				24
A_3			20	9								29
T_1					11			9				20
T_2						20						20
T_3							20					20
T_4								20				20
B_1								8	6		6	20
B_2									20			20
B_3										20		20
B_4											20	20
销地	20	20	20	20	20	20	20	23	26	25	26	240

由表 4-4 可以得出各个产地的产品输送径路为:

产地 A_1 生产的 7t 产品中有 2t 运往 A_2,然后由 A_2 转运至销地 B_1;另外 5t 产品直接运往销地 B_3;所产生的运费为 $2×1+2×1+5×3=19$ 元。

产地 A_2 生产的 4t 产品直接运往销地 B_1;所产生的运费为 $4×1=4$ 元。

产地 A_3 所生产的 9t 产品先运至转运站 T_1,然后再由 T_1 转运至 B_1;所产生的运费为 $9×1+9×2=27$ 元。

聚集在销地 B_1 的由各处运至的 15t 产品除 3t 用于在 B_1 销售外,其余 12t 分别转运至销地 B_2、B_3 各 6t;所产生的运费为 $6×1+6×2=18$ 元。最后,总的运费为 $19+4+27+18=68$ 元。

第三节　配送系统

一、配送中心选址优化

与第三章的场址选择问题类似,配送中心选择也分为单一配送中心选址和多配送中心选址两种类型。

(一)单一配送中心选址

单一配送中心选址是对众多配送点只设置一个配送中心。连续区域直线距离的单一配送中心选址问题,可以采用重心法解决。将物流系统的需求点看成是分布在某一平面范围内的物体系统,各点的需求量和资源分别看成是物体的质量,物体系统的重心将作为物流网点的最佳设置点,利用确定物体重心的方法来确定物流网点的位置,具体思路详见第二章。

(二)多配送中心选址

当货物的配送范围分布较广,建立一个配送中心往往无法满足需求时,就需要考虑设立两个或多个配送中心。在第二章中,我们介绍了多设施选址的 LINGO 求解法,本节介绍基于 Benders 算法对多配送中心进行选址的方法。

1. Benders 算法

在物流规划中,为了方便计算,实际问题往往被抽象成各种数学模型和约束条件,这些数学模型一般都是混合整数规划问题。对于这种类型的问题,当数学模型的规模越来越大时,采用一般优化求解器如 CPLEX 等求解会变得非常困难或者无法得出结果,再或者采用启发式算法,求解得到的结果是无法令人满意的。Benders 算法是处理混合整数规划的有效算法,它将原问题按列(变量)分解,即将模型中的(0-1)整数变量和连续变量进行分离,得到只包含(0-1)整数变量的 Benders 主问题和固定(0-1)整数变量后只包含连续变量的 Benders 子问题。

该算法主要建立在 UMAHLP 模型的基础上,将无容量限制的多分配枢纽选址问题分为两个小问题:主问题(MP)枢纽选址;子问题(SP)路径的连接方式。MP 是一个混合整数规划问题,而 SP 则是一个可以有效解决子问题。其中,子问题不断为主问题提供 Benders 解,即利用割平面的思想在主问题中不断添加约束,最后通过主问题与子问题之间的反复迭代得到原问题的最优解。

2. 案例描述

下面举例说明如何解决多配送中心选址问题。假设某个工厂需要开设一些配送中心,用来向它的客户提供配送服务。考虑 3 个候选配送中心和 5 个客户。

新建一个配送中心有开仓成本,服务一个客户有配送成本。设配送中心 i 到客户 j 的配送费为 c_{ij},配送中心 i 的开设成本为 f_i,配送中心 i 配送能力为 q_i,客户 j 的需求为 d_j。问题的目标是最小化开仓成本与所有客户的连接成本之和。问题中各参数分别见表 4-5 ~ 表 4-7。

配送中心 i 到客户 j 的配送费用　　　　　　　　　表 4-5

配送中心	客　户				
	1	2	3	4	5
1	2	3	4	5	7
2	4	3	1	2	6
3	5	4	2	1	3

配送中心 i 参数　　　　　　　　　表 4-6

客户	1	2	3
开设成本	10	10	10
配送能力	30	20	25

客户 j 的需求 d_j　　　　　　　　　表 4-7

客户	1	2	3	4	5
客户需求	10	15	12	10	8

决策变量:

$$y_i = \begin{cases} 1 & (\text{配送中心 } i \text{ 开设}) \\ 0 & (\text{其他}) \end{cases} \quad (4-12)$$

假设工厂通过配送中心 i 向客户 j 配送的比例为 x_{ij},我们得到如下关于决策变量 x_{ij} 和 y_j

的规划问题 $P(x,y)$：

$$\min(\sum_{i,j} c_{ij} x_{ij} + \sum_i f_i y_i) \tag{4-13}$$

$$\sum_i x_{ij} = 1 \tag{4-14}$$

$$\sum_j d_j x_{ij} \leq q_i y_i \tag{4-15}$$

$$y_i \in \{0,1\} \tag{4-16}$$

$$x_{ij} \geq 0 \tag{4-17}$$

3. Benders 分解

上述问题中，当 y_i 值固定时，原问题就变成了普通的线性规划问题。将固定值后的 y_i 记为 $\vec{y}_i$，于是，上述问题记作 $P(x|y)$。基于此，我们可以把问题分解为：

主问题（MP）：

$$\min[\sum_i f_i y_i + g(y)] \tag{4-18}$$

$$y_i \in \{0,1\} \tag{4-19}$$

$g(y)$ 为给定 $\vec{y}_i$ 的子问题（SP）：

$$\min \sum_{i,j} c_{ij} x_{ij} \tag{4-20}$$

$$\sum_i x_{ij} = 1 \tag{4-21}$$

$$\sum_j d_j x_{ij} \leq q_i \vec{y}_i \tag{4-22}$$

$$x_{ij} \geq 0 \tag{4-23}$$

$g(y)$ 是子问题的最优目标函数值，对于给定的 $\vec{y}_i$，子问题是一个线性规划问题。可以得到，如果子问题无界（unbounded），那么主问题也必定无界，则原问题无最优解；在子问题有界（boundedness）的情况下，我们可以通过求解子问题的对偶问题来计算 $g(y)$。

我们对子问题引入对偶变量 (α_j, β_i)，那么子问题的对偶问题（DP）如下：

$$\max(\sum_j \alpha_j - \sum_{i,j} \vec{y}_i \beta_i) \tag{4-24}$$

$$\alpha_j - d_j \beta_i \leq c_{ij} \tag{4-25}$$

$$\beta_i \geq 0 \tag{4-26}$$

$$\alpha_j \in R \tag{4-27}$$

可以发现，对偶问题的可行域并不依赖于 $\vec{y}_i$，$\vec{y}_i$ 只影响目标函数值。因此，对于给定的 $\vec{y}_i$，如果对偶问题可行域为空，那么原问题无界或可行域为空。若 $\sum_j \alpha_j - \sum_{i,j} \vec{y}_i \beta_i \leq 0$，则 DP 存在有界解。添加 $\sum_j \alpha_j - \sum_i q_i y_i \beta_i \leq z$ 的约束到主问题，其中 z 为一个大于 0 的任意数；结合原问题 $P(x,y)$ 的目标，我们得到关于决策变量 y_i 和 z 的主问题 $M_0(y,z)$：

$$\min(\sum_i f_i y_i + z) \tag{4-28}$$

$$\sum_j \alpha_j - \sum_i q_i y_i \beta_i \leq z \tag{4-29}$$

$$z \geq 0 \tag{4-30}$$

$$y_i \in \{0,1\} \tag{4-31}$$

4. 得到最优解

分析过程通过 python 实现，最终得到最优选址方案及服务规则为：在第 1 处设立配送中心，负责满足客户 1、2、5 的需求；在第 2 处设立配送中心，负责满足客户 3、4 的需求。

二、配送方案优化

(一) 配送问题及其数学模型

配送作为末端运输,是直接和客户相联系的环节,对客户满意度的影响较大。同时,在配送运输问题中,一般决策车辆服务的客户和对应的访问顺序,即:车辆路径问题,一般指若干车辆从配送中心出发,为 n 个客户点进行配送服务,要求每个客户点均需被配送,且每个客户点仅被配送一次,使所有车辆的总行驶距离最短或费用最少。

设 $x_{ijk}(i \neq j)$ 为0-1决策变量,若 $x_{ijk}=1$,则表示弧 (i,j) 在车辆 k 的回路上,反之,则不在该回路上;d_{ij} 表示为从点 i 到 j 的距离,V 表示所有节点的集合,K 表示所有车辆的集合,则配送问题的数学模型可以表示为:

$$\min f(x) = \sum_{i=1}^{n}\sum_{j=1}^{n} d_{ij} x_{ijk} \quad (4\text{-}32)$$

$$\sum_{i=1}^{n} x_{ijk} = 1 \quad (i \in V, k \in K) \quad (4\text{-}33)$$

$$\sum_{j=1}^{n} x_{ijk} = 1 \quad (j \in V, k \in K) \quad (4\text{-}34)$$

$$x_{ijk} = \begin{cases} 1 & (\text{当车辆 } k \text{ 配送客户 } i \text{ 后立即配送客户点 } j) \\ 0 & (\text{其他}) \end{cases} \quad (4\text{-}35)$$

其中,式(4-35)表示车辆行驶的总路径最短,式(4-36)表示有且仅有一条"弧"从各节点出发,式(4-37)表示有且仅有一条"弧"到达各节点,即回路经过且只经过图中各节点一次,公式(4-38)为决策变量的取值范围约束。

(二) 遗传算法求解配送优化问题

遗传算法(Genetic Algorithms,简称GA)主要由美国 Michigan 大学的 John Holland 教授于20世纪60年代末期到20世纪70年代初期创立,该方法以遗传学原理为依据,模拟生物的自然进化。随后的几十年中,遗传算法迎来了发展的热潮,关于遗传算法的理论研究和应用研究都是非常热门的课题。

1. 案例

先从某配送中心出发去访问9个配送点,除配送中心外,所有城市仅被访问一次,各城市之间的距离 d_{ij} 见表4-8。

各城市之间的距离 d_{ij}　　　　表4-8

城市	0	1	2	3	4	5	6	7	8
0	0	1	4	6	8	1	3	7	2
1	1	0	7	5	3	8	3	4	2
2	4	7	0	3	8	3	7	9	1
3	6	5	3	0	3	1	5	2	9
4	8	3	8	3	0	2	3	1	4
5	1	8	3	1	2	0	3	3	9
6	3	3	7	5	3	3	0	7	5
7	7	4	9	2	1	3	7	0	1
8	2	2	1	9	4	9	5	1	0

2. 遗传算法具体求解车辆路径问题步骤

(1)染色体编码。

编码方式的选择,直接决定着遗传算子设定的难易程度,并将影响算法运行率。本例选取自然数编码方式对车辆路径问题进行编码。设定配送中心的编号为0,各配送点的编号直接使用系统地址库中配送点的 ID 号。每条染色体的首尾必须为0,如"03714086520"为一条染色体,表示9个配送点由两辆货车负责配送,单辆货车的配送路径分别为:0→3→7→1→4→0 和 0→8→6→5→2→0。

(2)初始化种群。

初始化种群是遗传算法的弱点所在,存在一定的随机性,但并不是不可避免的。本例在初始化种群时,便很好地避免了随机性,具体步骤如下。

第一步:随机打乱配送点集合中的配送点顺序,如"37148652"。

第二步:根据新的配送点顺序,逐个计算配送点间的距离并累加,直到超过配送货车的额定体积为止,便得到了该货车的配送路径,如 0→3→7→1→4→0。

第三步:重复步骤二,直到所有配送点的货物配送完毕,得到个体编码,如"03714086520"。

第四步:重复步骤一至步骤四,直到得到20个个体,并根据适应度从中选取最优的一个个体,插入种群。

第五步:重复步骤一至步骤五,直到满足种群大小。

(3)适应度函数。

对于本文所要解决的车辆路径问题,将车辆配送总路程取倒数作为个体适应度即可:

$$w(x) = \frac{1}{f(x)} \quad (4\text{-}36)$$

式中:$w(x)$——该个体的适应度大小,该值越大表示个体越优良;

$f(x)$——个体的目标函数,由式(4-25)计算而得,表示该个体的配送总路程。

(4)算子设计。

①选择算子。

选择算子主要为交叉算子服务,通过选择算子可得到一个用于交叉的父代个体。本例采取锦标赛选择方式作为选择算子。主要步骤如下。

第一步:创建一个锦标赛大小的群体 A。

第二步:随机打乱原群体 B 中的个体,按顺序将 B 中的锦标赛大小个个体插入 A 中。

第三步:按照适应度从 A 中选取最优的个体,即为用于交叉的父代个体。

②交叉算子。

交叉操作之前,需要得到两个父代个体,一个通过锦标赛选择的方式获得,另一个则直接按照适应度从种群中获取最优的个体即可。本例采用顺序交叉的方式进行交叉操作,随机选取父代个体中的部分连续基因映射到子代个体,再顺序遍历另一个父代个体的基因进行交叉,如图4-8所示。以子代1为例,父代1中灰色部分的基因映射到子代1中,再顺序遍历父代2中的基因(遇到基因"0"时,直接映射到子代1中,若映射的位置与灰色部分重合,则直接跳过基因"0"),找出灰色部分基因之外的其他基因,并依次插入子代1中。

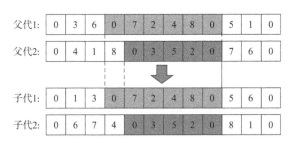

图 4-8 交叉操作

对得到的子代个体进行检查,判断每条配送路径是否满足约束条件,若不满足则舍弃该子代个体。

③变异算子。

根据变异率和精英主义数量在种群中选取个体 A,再任意选取 A 中的两个不同的基因进行位置交换(不包含配送中心),变异产生新的个体 B。最后遍历 B 中的基因,判断是否符合配送货车额定体积的条件限定。如果符合,则用个体 B 替换种群中的个体 A;否则,舍弃个体 B。变异操作如图 4-9 所示。

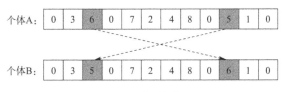

图 4-9 变异操作

(5)初始化参数。

使用遗传算法时,需要事先设定 4 个参数,分别为种群大小、终止迭代次数、交叉率和变异率。种群大小表示种群中所包含的个体数量,个体为车辆路径问题的解决方案;终止迭代次数即为遗传算法求解的终止条件;交叉率表示所有个体进行交叉的概率大小;变异率表示每个个体进行变异的概率大小。

因为本例选用锦标赛选择作为算法的选择算子,所以还需设定两个算法参数,分别为:锦标赛大小和精英主义数量,后者表示种群中最优秀的多少个个体将不进行交叉,如此便可很好地保护种群中优秀的个体。将参数设定好之后用代码实现,最终得到仿真结果"05320874610"。两辆货车的配送路径分别为:0→5→3→2→0 和 0→8→7→4→6→1→0。

Parcel:Last-mile segmentation

The US parcel delivery sector grew almost 9 percent in 2019, to a $114 billion market. That growth is consistent with its five-year compound annual growth rate (CAGR) of 8.8 percent. Looking to the future, the sector's growth and challenges all come in the last mile. Last-mile experimentation that reached peaks during the COVID-19 pandemic will impact companies and emerging capabilities for years going forward. Particularly, as the COVID-19 pandemic accelerates home delivery adoption, innovative solutions for the last 50 feet of the delivery journey will become vital to both enhance the customer experience and minimize last-mile costs.

E-commerce drives the last-mile expansion. US e-commerce sales grew almost 15 percent in 2019, to $600 billion. That accounted for 11 percent of total US retail sales, an increase of 11 percent from 2018, which is shown in Figure 4-10.

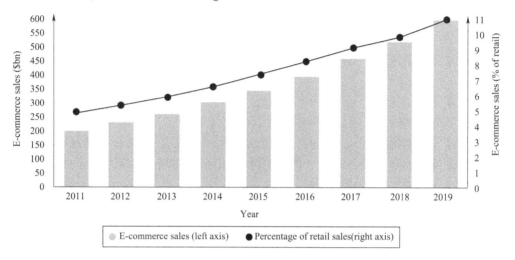

Figure 4-10　E-commerce sales grew almost 15% in 2019 and accounted for 11% of US retail sales

In this context, COVID-19 is a shot of adrenaline. It will increase e-commerce adoption across growing categories such as grocery and essential household items, expedite the growth of the last-mile delivery market, and improve scale and route density to reduce last-mile delivery cost structures. The increased cost sand competition—as well as the now-demonstrated need to be able to rapidly respond to unpredicted, large-scale events—will force shippers and carriers to think about up-front investments in modular network sand resilient supply chains.

1. Chasing the ever-more-demanding customer

The last-mile delivery landscape is fast changing and complicated but driven by a single constant: rising customer expectations. The era of "shipping in three to five business days" only is over. For example, grocery deliveries and pickups (a $33.4 billion market in 2019, up 28 percent) is moving toward same-day and ultra-fast (defined as less than two hours from click to delivery). Although vast numbers of consumers still enjoy in-store shopping, the ones who explore alternatives have exacting requirements for the convenience of that experience.

Increased customer expectations are driving shippers to devise strategies to enable increased service levels at a minimized total cost per package. For example, in September 2019 Walmart launched its Delivery Unlimited service, which charges customers $98 annually for unlimited, same-day delivery of fresh groceries from 1600 US stores. Then in November 2019 Amazon eliminated its $14.99 monthly Amazon Fresh subscription fee, thus expanding one-to two-hourgrocery delivery to 2000 US cities.

But groceries are merely one example. Across the entire delivery market, retailers and shippers are offering customers lots of options in delivery speed and type (night or weekend, locker, pickup). For example, both FedEx and UPS launched year-round (not just peak-season) seven-day-per-week delivery in 2019, a significant service-level increase. Meanwhile, Amazon and Walmart have launched pilots to cut same-day delivery times and deliver straight to the refrigerator, respectively.

It can be tempting to handicap the specifics of the vast number of creative approaches to operations, collaboration, and customer engagement. But in a bigger picture, the race comes down to three measures of delivery quality:

(1) Delivery capacity. When I order an item, even if you have forward-deployed your inventory to have it sitting on a nearby shelf, you may still lack the labor and other assets to get it to me within my desired delivery window. To meet my window, you'd need to overpay for excess capacity. Being always available is extremely costly.

(2) On-time delivery. As a consumer, I require end-to-end process visibility through near-real-time notifications and a picture upon delivery. Furthermore, I must receive my delivery within your original promise window. Your success requires a network designed to repeatedly deliver on my expectations.

(3) First-time delivery success. If I find defects in the delivery—damages, missing or incorrect items or packages, or delivery to the wrong location—it'll cost you. Delivery quality defects result in customer service contacts, reverse logistics, and potential loss of future business or expenditures such as promotional offers to retain it. Because they infuriate me and increase your cost of service, there is no room for defects. Moreover, with the accelerated transition to e-commerce fueled by the COVID-19 pandemic, delivery accuracy becomes an increasingly important driver of customer experience and minimizing cost headwinds.

As these measures show, increasing service levels to satisfy the rising expectations of customers is not merely a temporary loss leader experiment. It's risky, expensive, and hard to retreat from. Can shippers afford these rising costs?

2. How to pay for it all

Many shippers are looking at alternative cost recovery models. For example, Amazon charges Prime members $119 per year. Many of its delivery options also have a $35 free-shipping threshold. Walmart and Target/Ship have similar strategies.

Large carriers are improving efficiency by increasing scale and route density. In February 2020, FedEx increased its delivery density across growing residential regions by merging its premium air freight business unit, FedEx Express, and its standard ground delivery business unit, FedEx Ground. In July 2019, UPS launched UPS Access Points at more than 6000 CVS Pharmacy locations (it now has 48000 global Access Points). During the 2019 holiday season, UPS offered customers up to $35 in rewards to try such alternate delivery locations—because this network helps UPS improve route density.

Amazon also launched alternate delivery options in 2019, including Amazon Counter partnerships with retailers such as RiteAid, GNC, and Kohl's, and Amazon Day to consolidate consumer deliveries on a single day of the week. These innovations highlight how Amazon is using programs such as Ship with Amazon and Fulfilled by Amazon to position itself as a competitor to transportation and logistics providers.

As large e-commerce players continue to grow their capabilities and presence within the last-mile delivery space, carriers need to closely evaluate shipper relationships, because simply increasing scale does not directly translate to profitability. For example, although USPS package volume has more than doubled since 2010 and has been the primary source of revenue growth, this increase in scale has not been sufficient to overcome the financial losses experienced. To ensure profitability, carriers must develop advanced analytical capabilities to understand the differentiated cost per package impact by shipper, and establish strategic partnerships accordingly.

3. Shippers can respond with segmentation

Amazon has captured almost 39 percent of US e-commerce sales; second-place Walmart has just 5.3 percent. Given Amazon's constant pursuit of more and faster delivery options, a shipper might be tempted to assume that all categories and product segments must be delivered within two days—or faster. But such a blanket strategy is a recipe for ballooning expenses. Large retailers should instead segment products and customers specific to industry demands. When working backward from your customers' needs, you'll discover differing service-level requirements, such as one to two hours for urban groceries versus same-day for urban apparel versus five days for rural furniture.

To properly segment service levels for your specific situation, you must comprehensively understand your product and customer segmentation, customer sentiment, total cost per package or order, and the technological investment required to enable new capabilities. Armed with these insights, you can devise a last-mile delivery strategy that aligns to your customers' expectations.

Cost implications vary by strategy. For example, moving from six-day to five-day delivery has minor cost implications compared to shifting to two-day, same-day, or ultra-fast delivery. So, what incentives might entice customers to choose slower delivery speeds? Which cost recovery models (for example, subscriptions, minimum order thresholds, fees for faster delivery) would they embrace? And what are the cost implications of forward-stocking inventory within a faster delivery footprint?

Shippers may want to collaborate with a carrier on a hub-and-spoke network of mobile fulfillment centers to bring crucial inventory and pre-ordered volume closer to delivery destinations. Another way to defray costs is to enhance late-stage customization capabilities to create bundles for customers—for example, providing twin-packs or other bundled items to assist retailers in increasing overall basket sizes. Finally, shippers may need to rethink carrier mix to better accommodate unplanned demand and reduce operational risk.

For small to medium-size businesses (SMBs), the decisions become more difficult because delivery networks require such large capital investments. But with sufficient knowledge of customers, smaller shippers may be able to focus on a crucial geographic area. Likewise, due to the costs of forward-stocking inventory, it can be wiser to use a third-party logistics provider (3PL) or pay extra premiums for expedited service from a local distribution center.

4. Carriers face up-front investments

Carriers face inevitable cost increases. There's no other way to meet the increase in expected service levels. Nevertheless, as a carrier, you can achieve profitable growth through a balance of scale, density, and mode choice. As noted above, alternate delivery options (lockers, retail stores, customer incentives, delivery consolidations) can increase density. Furthermore, you might seek asset-light transportation for urban areas—as in Amazon's experiments with walking and biking deliveries in New York City.

To better adjust to demand spikes such as that caused by the COVID-19 pandemic, you may want to invest up front in a mix of delivery options and sourcing alternatives, such as crowdsourcing and third-party providers. Within this arsenal, perhaps the best at ramping up quickly is a crowdsourced delivery program with a large and responsive supply base.

Meanwhile, you can achieve greater scale and route density by becoming the carrier of choice for one or more strategic large shippers. But such positioning may require you to show capabilities in real-time exception management, automated real-time capacity management and route assignment, real-time customer delivery visibility mechanisms, autonomous drone and vehicle delivery solutions for sprawling residential areas, and real-time rerouting based on live traffic data. Given how much money has been hemorrhaged in this space, it may be best to be a fast follower rather than trying to define the bleeding edge.

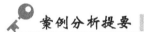

案例分析提要

本案例介绍了美国"最后一英里"配送市场,以亚马逊、沃尔玛等代表企业为例,指出零售商和托运人都为客户提供许多交付方式的选择,在缩减配送成本的同时提高自身服务水平。例如,亚马逊创新性地推出试点计划、免运费门槛以及"与亚马逊一起运送"程序等举措。指出企业需要密切评估托运人关系,了解托运人对每件包裹造成的差异影响,开发高级分析功能,全面了解产品和客户细分、客户情绪、每包或订单的总成本以及启用新功能所需的技术投资等,为诸多企业提供参考思路,具有一定指导意义。

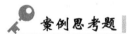

案例思考题

1. 衡量交付质量的指标是什么?
2. 运营商应当如何实现盈利增长?

第五章 新兴物流

第一节 绿色物流

一、绿色物流概述

(一)绿色物流的概念

绿色物流是20世纪90年代中期才被提出的新概念,目前还没有完全成熟的定义。但在国际上,绿色物流已作为继绿色制造、绿色消费之后的又一个新的绿色热点,受到广泛的关注。在《供应链管理和物流手册》一书中,认为由"绿色"和"物流"组合在一起的"绿色物流"一词,代表着与环境相协调的高效运输配送系统。近年来,国内一些企业及学者也已经在绿色生产、绿色包装、绿色流通、绿色物流等方面进行了有意义的探索,认为绿色物流是指在运输、储存、包装、装卸、流通加工等物流活动中,采用先进的物流技术、物流设施,最大限度地降低对环境的污染,提高资源的利用率。

《物流术语》(GB/T 18354—2016)提出,绿色物流是指在物流过程中抑制物流对环境造成危害的同时,实现对物流环境的净化,使物流资源得到最充分的利用。该标准根据绿色物流与一般物流的差异,对绿色物流的概念进行了规定。在总体上,绿色物流的目标不同于一般物流。一般物流主要是为了实现物流企业的盈利,满足顾客需求,扩大市场占有率等,这些目标最终仅是为了实现某一主体的经济利益。而绿色物流在实现经济利益目标之上,还追求节约资源、保护环境这一既具有经济属性,又具有社会属性的目标。从宏观角度和长远利益来看,节约资源、保护环境与经济利益的目标是一致的,但对某一特定的物流企业在特定时期内可能存在矛盾。尽管如此,融合了环境保护理念的新型物流业必将发展和壮大。

(二)绿色物流的产生背景

改革开放以来,我国整体经济持续快速发展,并与现代的物流理念一起加速了我国物流产业的发展。但是,随着物流需求数量的不断增加和需求质量的不断提高,各种物流设施和设备大量投入使用,物流对环境的影响也日益严重。例如,越来越多的机动车增加了对燃油和路面的需求,同时会排放废气,产生噪声,阻塞交通。物流领域普遍存在的过度包装不仅消耗了大量的自然资源,而且由于处置不当致使自然界中的包装垃圾越来越多。此外,储存环节经常使用的化学杀虫剂以及处于物流过程中的各种易燃易爆物品,都有可能对周边环境造成污染或破坏,成为环境领域的隐形杀手。

1972年6月5日,在瑞典斯德哥尔摩召开的联合国人类环境会议倡议将会议的开幕日定为世界环境日。自此,联合国环境计划署每年在世界环境日时发表环境状况的年度报告,提醒各国人们关注环境问题,共同谋求保护环境的途径。

1987年,世界环境与发展委员会在《我们共同的未来》报告中首次提出了"可持续发展"的概念。1992年,在巴西里约热内卢召开了联合国环境与发展会议,178个国家的政府官员出席了此次会议,"可持续发展"思想成为会议的主题,它贯穿会议最后形成的三个纲领性的文件:《里约环境与发展宣言》《21世纪议程》和《关于森林问题的原则声明》,以及会议通过的《联合国气候变化框架公约》和《生物多样性公约》两个国际公约之中,从此"可持续发展"成为最具有法律约束力的指导思想。

20世纪90年代兴起的"绿色浪潮",以可持续发展为目标,引领人们进行一场意义深远的"绿色革命",其影响力迅速从有形产品渗透到无形产品。物流作为一项复合型的服务产业,当其发展受到环境因素制约时,对其进行"绿色化"改造,无疑是符合时代发展要求的。事实上,为了物流产业的可持续发展,在"绿色"概念扩散的早期就已经产生了"绿色物流"的概念。一般认为,绿色物流是以可持续发展为目标的"绿色运动"向物流领域的渗透,它强调物流系统效益、企业经济利益与生态环境利益的协调和平衡,是一种资源节约型和综合利用型的生产方式。

2018年5月,习近平总书记在全国生态环境保护大会上强调:"要把解决突出生态环境问题作为民生优先领域。坚决打赢蓝天保卫战是重中之重,要以空气质量明显改善为刚性要求,强化联防联控,基本消除重污染天气,还老百姓蓝天白云、繁星闪烁。"[1]2018年6月,中共中央、国务院印发了《关于全面加强生态环境保护 坚决打好污染防治攻坚战的意见》(以下简称《意见》),《意见》指出:"良好的生态环境是实现中华民族永续发展的内在要求,是增进民生福祉的优先领域。"要求推动传统产业智能化、清洁化改造,加快发展节能环保产业,全面节约能源资源,促进经济绿色低碳循环发展,推进能源资源全面节约,引导公众绿色生活。以坚持保护优先、强化问题导向、突出改革创新、注重依法监管、推进全民共治为基本原则,同样强调了打赢蓝天保卫战在新时代的重要意义。

近年来,物流行业已经从各个方面加强了环保意识,积极推行了绿色物流的发展。对于物流设施设备,在公路运输中,要求新、改、扩建涉及大宗物料运输的建设项目,原则上不得采用公路运输。在铁路运输中,大幅提升了铁路货运比例。截至2020年,全国铁路货运量相比2017年增长30%、京津冀及周边地区增长40%、长三角地区增长10%、汾渭平原增长25%。在水路运输中,推进船舶更新升级。2018年7月1日起,全面实施新生产船舶发动机第一阶段排放标准。推广使用电、天然气等新能源或清洁能源的船舶。

在多式联运方面,大力发展多式联运,依托铁路物流基地、公路港、沿海和内河港口等,推进多式联运型和干支衔接型货运枢纽建设,加快推广集装箱多式联运。建设城市绿色物流体系,支持利用城市现有铁路货场,物流货场转型升级为城市配送中心。鼓励发展江海联运、江海直达、滚装运输、甩挂运输等运输组织方式,降低货物运输空载率。

在物流能源方面,加快发展清洁能源和新能源。截至2020年,非化石能源占能源消费总量占比达15%。加快油品质量升级,强化移动源污染防治。禁止以化工原料名义出售调和油组分,禁止以化工原料勾兑调和油,严禁运输企业储存使用非标油,严格新车环保装置检验,推动靠港船舶和飞机使用岸电。加快港口码头和机场岸电设施建设,提高港口码头和机场岸电设施使用率。港口码头的电设施建设如图5-1所示。

---

[1] 引用自《人民日报》(2018年05月20日01版)。

在物流包装方面,树立绿色消费理念,积极推进绿色采购,倡导绿色低碳生活方式。强化企业治污主体责任,中央企业要起到模范带头作用,引导绿色生产。绿色物流包装如图5-2所示。

图5-1 港口码头的电设施建设

图5-2 绿色物流包装

(三)我国绿色物流的发展现状

2016年6月,菜鸟网络联合全球32家物流合作伙伴启动"绿动计划"(图5-3)。目前,已进行了多项环保创新改进,推出了100%可生物降解的快递包装袋和无胶带环保纸箱,有近50万个绿色包裹送达消费者手中。2017年3月,我国首个物流环保公益基金——菜鸟绿色联盟公益基金在北京成立,该基金由菜鸟网络、阿里巴巴公益基金会、中华环境保护基金会发起,由圆通、中通、申通、韵达、百世、天天等快递公司共同出资成立,基金用于开展绿色物流、绿色消费、绿色供应链等方面的研究、倡导和推动。2018年,阿里巴巴宣布,由菜鸟网络牵头,正式启动绿色物流

图5-3 菜鸟网络"绿动计划"

2020计划,到2020年天猫直送把全部快递袋升级为环保袋,环保快递袋要覆盖全国200个城市;零售通要实现百万小店纸箱零新增;城市配送新能源车实现100城开跑;盒马鲜生要达到物流全程"零"耗材;饿了么则要推广绿色环保外卖联盟。目前,大型物流企业通过绿色联盟逐渐构筑绿色配送的行业标准,但尚处于起步阶段,在市场力量的博弈下,中小型物流配送企业依然具有使用成本更低、环境影响更大的低级材料的冲动性,配送行业绿色规范发展效果的呈现还需要时间。

在绿色运输领域,政府和企业大力发展车联网技术,通过全球导航卫星系统定位数据、速度、加速度等信息,优化道路交通运营、管理及控制,缩短出行时长以降低能源损耗,在客运、货运领域推广使用纯电动物流车,减少尾气排放。例如,北京市为推动交通节能减排工作,促进货运企业机动车污染防控,印发了《北京市促进绿色货运发展的实施方案(2016—2020年)》和《北京市绿色运输企业(2016—2020年)认定管理办法(试行)》,并已评出21家"绿色货运企业"。湖北省推出"绿色运输物流"建设活动,倡导群众更多选择公交、地铁、自行车等低碳出行的生活方式,推广新能源公交车和绿色维修,引导耗能高的老旧车辆退出市

场,不断发展绿色运输。四川省大力推进天然气、新能源汽车的推广应用,2017年已发展清洁能源营运汽车6.7万辆,新能源公交车2200辆,新能源出租汽车250辆,新能源货车2830辆。陕西省发布的《陕西省铁腕治霾打赢蓝天保卫战三年行动方案(2018—2020年)》指出,在城市公交、厂区通勤、出租以及环卫、物流等领域加快推广和普及新能源汽车,城市新增公交车和出租汽车全部使用新能源汽车。

二、物流过程的绿色评价

物流过程的绿色评价,就是把物流过程中每一个功能要素的环境输入输出作为基本数据,然后汇总分析,既进行总量控制,又防止环境负担在各功能要素之间不合理的转移。下面主要介绍国际标准化组织在环境管理体系中推荐使用的生命周期评价方法。

生命周期评价(Life Cycle Assessment,简称LCA)方法,是在20世纪90年代由国际环境毒理学与化学学会(The Society of Environmental Toxicology and Chemistry,简称SETAC)和美国环保局(Environmental Protection Agency,简称EPA)的专家小组共同提出的一种考虑产品整个寿命周期的环境影响评价的方法。它是一种用于评估与产品有关的环境因素及其潜在影响的技术,它通过识别与定量化所使用的能源和原材料及向环境释放的废物来评价与产品、工艺和活动有关的环境负荷及它们的环境影响。在国际标准化组织发布的ISO 14000环境管理系列标准中,已将LCA作为描述产品(或服务)环境表现的标准方法。

一个完整LCA过程包括四个步骤:目标与范围的确定、清单分析与数据收集、生命周期影响评价和结果解释,如图5-4所示。

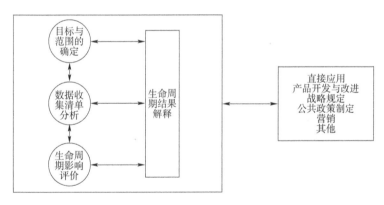

图5-4 LCA过程图解

1. 目标与范围的确定

根据物流过程的绿色评价的定义,可以清楚地确定评价的目标:分析、评价物流系统的资源、能源利用及环境污染排放的状况,诊断物流系统对环境的危害程度,识别物流过程中环境危害最大的功能要素等。根据评价目标,可以确定评价范围,一般包括标准化单位、系统边界、时间范围、评价范围、数据质量要求等。

2. 清单分析与数据收集

清单分析是对物流过程在其整个生命周期内的能量与原材料消耗量及对环境的各种污染物排放量进行数据化的客观量化过程。完成清单分析一般需要三个基本步骤:数据收集、计算、结果分析。

数据收集包括物流过程中各个阶段的物质/能量消耗,以及向水体、大气和土壤中各类污染物排放。数据来源包括一些现场数据和公共数据。

计算步骤的工作,就是将搜集到的数据按功能要素、资源及污染物进行汇总,并按标准化单位进行数据标准化。

结果分析是指借助统计学的知识进行大面积的数据采集,对结果作定性定量的分析。正确处理相关数据,才能得到可靠的分析结果。

3. 生命周期影响评价

基于产品生命周期的环境管理是可持续发展的必然要求。一般的企业环境管理往往只注重产品生产过程的污染防治。实际上,在产品的整个生命周期,重大的环境压力往往与原材料采掘和产品的使用阶段有着密切关系,产品全生命周期的物流过程对环境的危害不可忽视。因此,企业必须从产品全生命周期的范围进行企业物流的绿色化管理。

生命周期影响评价的目的是根据清单分析的结果对潜在环境影响的程度进行评价。这种评价目前正在发展中,还没有一个达成共识的方法。ISO、SETAC 和美国 EPA 都倾向于把生命周期影响评价作为一个"三步走"的模型,即分类、特征化和量化评价。该框架的基本思想是通过评估每一个具体环境交换对已确定的环境影响类型的贡献强度来解释清单数据,包括四个技术步骤,如图 5-5 所示。

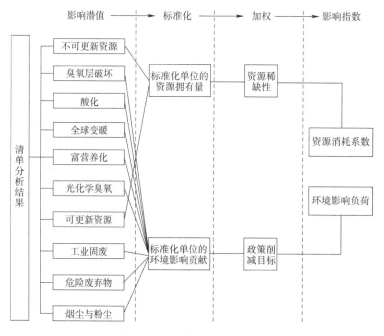

图 5-5 生命周期影响评价模型

(1)计算环境交换的潜在影响值。各种环境排放物对各种环境影响类型的潜在贡献,即环境排放影响潜值。

(2)数据标准化。相对于整个社会活动所造成的总环境影响而言,物流过程的资源消耗环境污染潜值究竟有多大。

(3)环境影响加权。根据各种环境影响和资源消耗的重要性级别,对标准化后的环境影响潜值和资源消耗潜值进行赋权,从而评价其相对影响潜值大小。

(4)计算物流过程的环境影响负荷和资源耗竭系数。

4. 结果解释

根据规定的目的和范围,综合考虑清单分析和影响评价的发现,从而形成结论并提出建议。如果仅仅是生命周期清单研究,则只考虑清单分析的结果。

第二节 应急物流

一、应急物流概述

(一)应急物流的概念

应急物流又称应急物资调度,与一般具有完整定义的商业性质的物流不同,应急物流的定义仍然不太统一。《物流术语》(GB/T 18354—2016)指出,应急物流是针对可能出现的突发事件已做好预案,并在事件发生时能够迅速付诸实施的物流活动。学者们普遍认为,应急物流是指以提供突发性自然灾害、突发性公共卫生事件等突发性事件所需应急物资为目的,以追求事件效益最大化和灾害损失最小化为目标的特殊物流活动。可见,虽然应急物流和普通物流一样,都是由流体、载体、流向、流量、流程、流速等基本要素构成的,都具有空间效用和时间效用,但是应急物流和普通物流在意义上存在一定区别,普通物流既强调物流的效率又强调物流的效益,而应急物流更专注于效率,也就是说,在许多情况下,由于自身的特殊需要,应急物流会通过物流效率来实现其物流效益。

(二)应急物流的特点

1. 突发性

由于应急物流的时效性要求非常高,必须在最短的时间内,以最快捷的流程和最安全的方式进行应急物流保障,这就使得运用传统的物流运行机制已经不能满足应急情况下的物流需要,必须要有一套应急的物流机制来组织和实现物流活动。

2. 不确定性

应急物流的不确定性,主要是由于突发事件的不确定性造成的。人们无法准确地估计突发事件的持续时间、影响范围、强度大小等各种不可预期的因素,从而使应急物流活动随之变得不确定。例如,2020年新冠肺炎疫情暴发初期,各国对疫情扩散都缺乏认识,因而各需求点对于各类医疗防护物资的需求数量具有不确定性。在其他应急物流活动中,许多意料之外的变数可能会导致额外的物流需求,甚至会使应急物流的主要任务和目标发生重大变化,如在抗洪应急物流行动中,可能会暴发大范围的疫情,使应急物流的内容发生根本性变化,由最初的对麻袋、救生器材、衣物、食物等物资的需求,变成对医疗药品等物资的需求。

3. 弱经济性

应急物流的最大特点就是一个"急"字,如果运用平时的物流理念按部就班地进行,就会无法满足应对紧急物流的需求。在一些重大险情或事故中,平时物流的经济效益原则将不再作为一个物流活动的中心目标进行考虑,因此应急物流目标具有明显的弱经济性,甚至在某些情况下成为一种纯消费性的行为。

4. 非常规性

应急物流本着特事特办的原则,许多平时物流过程的中间环节将被省略,整个物流流程将表现得更加紧凑,物流机构更加精干,物流行为表现出很浓的非常规色彩。同样在地方进行的应急物流组织指挥中,也带有明显的行政性或强制性色彩。当然,这种行政性和强制性与普通意义上的行政干预是不同的,前者是由专业化的物流组织机构组织的,是应急物流目标实现的一个重要保证;而后者可能会取得适得其反的结果。

5. 需求的事后选择性

应急物流的突发性和随机性决定了应急物流的供给不可能像一般的企业内部物流或供应链物流。应急物流供给是在物流需求产生后,在极短的时间内在全社会调集所需的应急物资。

6. 流量的不均衡性

应急物流的突发性决定了应急物流系统必须能够将大量的应急物资在极短的时间内进行快速地运送。

7. 时间约束的紧迫性

应急物资多是为抢险救灾之用,事关生命、事关全局。应急物流速度的快慢直接决定了突发事件所造成危害的大小。

(三)应急物流的分类

应急物流可分为四类:突发自然灾害应急物流、突发事故灾难应急物流、突发公共卫生事件应急物流和突发社会安全事件应急物流。

1. 突发自然灾害应急物流

自然灾害应急物流是为满足自然灾害救援的物资需求,以超常规手段组织应急物资从供应地到需求地的特殊物流活动。我国是世界上自然灾害最为严重的国家之一。近年来,我国相继发生了多次特别重大的自然灾害,造成了巨大的损失。其中比较典型的自然灾害有地震、洪灾、森林火灾和低温雨雪冰冻灾害等。

在应对突发事件的过程中,应急物流保障活动以转运、配送、分发等动态过程和功能环节为主,涵盖了应急物资的筹措、运输、储存、装卸、搬运、包装、配送以及信息处理等过程。自然灾害应急物流保障的组织实施是一项复杂的系统工程,涉及面广,组织难度大。自然灾害应急物流保障的主要内容有以下几点。

(1)物资筹措。物资筹措是自然灾害应急物流保障的基础工作,没有物资筹措,自然灾害应急物流保障便会缺少必要的物质基础。物资筹措主要包括以下几点:①物资筹措的方式;②物资筹措的重点(对于不同类型的灾害,物资筹措的重点不尽相同);③应急采购的组织。

(2)集配组套。物资集配组套就是在任务明确、物资需求清晰的情况下,对物资进行配套集装,有针对性地对配齐的各种物资进行包装集装化。集配组套既可以提高物资补给的速度,又能降低物资收发时的出错率,这在近年来自然灾害应急物流中已经形成共识。

(3)紧急发运。自然灾害应急物流保障的关键和核心是要在第一时间把物资送上去。紧急发运需要考虑的因素包括:①运力的计划协调;②运输的有序组织;③物资的押运移交。

(4)分配发送。分配发送是物流"最后一公里"的关键环节。如果不能及时完成这"最后一公里"甚至"最后100m"的配送工作,前面的物流运行即使再顺畅,对灾民来说也是没有意义的。做好分发配送要做到:①科学组织分发配送;②明确需求信息,避免无序分发配送;③做好包装标识,确保有效分发配送。

(5) 回收利用。物资回收利用对充分发挥物资的作用效能、避免资源浪费、迅速恢复持续的物资保障能力具有重要的意义。

2. 突发事故灾难应急物流

突发事故灾难应急物流是为了提高应对事故灾难所需重要物资应急保障能力,保证应急处置所需重要物资迅速、高效、有序地调度与供应,建立协调一致、高效快捷的重要物资应急保障体系,确保社会安全运行。突发事故灾难应急物流具有因果性、随机性、潜伏性、可预防性等特点。

突发事故灾难应急物流的组织与实施不仅涉及国家、行业组织、物流企业等不同层次、不同系统的机构,还涉及采购、筹措人才、法律等不同的组成要素。突发事故灾难应急物流救援内容主要包括以下几个方面。

(1) 建立事故灾难应急救援组织体系。突发事故灾难应急救援组织体系由国家有关部门、地方政府事故灾难应急领导机构、综合协调指挥机构、专业协调指挥机构、应急支持保障部门、应急救灾队伍以及生产经营单位组成。应急救援队伍主要包括消防部队的应急救援队伍、生产经营单位的应急救援队伍、社会力量、志愿者队伍及有关国际救援力量等。

(2) 进行现场应急救援指挥现场。现场应急救援指挥部负责指挥所有参与应急救援的队伍和人员,及时向国务院报告事故灾难事态发展及救援情况,同时抄送国务院安全生产委员会办公室。

(3) 迅速筹措应急物资。一方面,应急物资可以由多种方式提供,包括政府提供公共物品、公益捐助、企业和个人自主采购满足自身需求等方式;另一方面,结合应急物资的分类特点,可以采用不同的采购方式。

(4) 合理快速配送应急物资。应急物资的合理配送是保证应急物资供应顺利完成的最后一环。发放应按照"先急后缓,突出重点"的原则,建立一套灵活合理的应急物资分发保障体系,保证应急物资能发挥其最大的作用,保证受影响民众都能得到基本所需。

3. 突发公共卫生事件应急物流

在突发性很强的公共卫生事件发生的地区,往往平时没有赈灾物资储备,或储备的数量和种类有限。为使突发公共卫生事件造成的损失最小化,急需对应急物流的内涵、规律、保障机制、实现途径等进行研究。突发公共卫生事件应急物流主要有以下特点:

(1) 需求的急迫性和多样性。在突发公共卫生事件发生时,短时间内需要大量的物资,从救灾专用设备、医疗设备、通信设备到生活用品无所不包;同时,突发公共卫生事件发生时,往往还会伴随着运输系统的恶化,如道路被洪水或山体滑坡阻断。

(2) 政府与市场共同参与性。应急物流可以由多种方式提供,主要包括政府提供公共物品的方式、公益捐助的方式、企业和个人自主采购满足自身需求等方式。

(3) 不确定性。由于人们无法准确估计突发事件的持续时间、强度大小、影响范围等各种因素,因此使应急物流的内容随之变得不确定。

(4) 非常规性。应急物流本着特事特办的原则,许多平时物流的中间环节将被省略,物流行为表现出很浓的非常规色彩。例如,在应对"SARS"和"禽流感"的战役中,为了保证医疗用品的需求,就需要有一个组织精干、权责集中的机构进行统一组织指挥,以确保物流活动的协调一致和准确及时。

4.突发社会安全事件应急物流

社会安全事件是指武装力量依法打击各类恐怖组织,处置危害社会秩序的非法行动,维护国家统一、社会稳定和人民生命财产安全的行动。社会安全事件应急物流保障在于能够及时应对危害社会安全的突发情况,实施快速、精确的物资筹措、存储、运输、配送等,以实现社会安全事件的快速平息、危害和破坏能够尽快恢复和重建。准确定位应急物流保障在应对社会安全事件的地位作用,有助于提高对应急物流的思想认识,加强应急物流保障力量体系建设。强大的应急物流保障对社会安全势力具有巨大的威慑力,及时、充足的物流保障有利于社会秩序的恢复和重建。

二、应急物资调度

应急救灾物资是在应对突发性公共事件、严重自然灾害、公共安全事件等公共事件应急处理中所必备的保障性物质,能有效减少人民生命和财产损失的物资资源。根据《应急保障重点物资分类目录(2015年)》,应急保障类别分为现场管理与保障、生命救援与生活救助、工程抢险与专业处置3大类,现场管理与保障分为5个现场任务类型中类、20个主要物资功能小类,涵盖了通信、交通运输、能源供应3类应急物资;生命救援与生活救助分为5个现场任务类型中类、21个主要物资功能小类,包括安全防护、生命搜索与营救、医疗救助、人员食宿4类应急物资;工程抢险与专业处置分为6个现场任务类型中类、24个主要物资功能小类,包含交通工程抢修、电力工程抢修、通信工程抢修、污染处理、防洪抗旱、其他专业处置6类应急物资。

(一)构成要素

一个完整的应急物资调度旨在通过在不同时间和空间支持、整合和协调所有应急物资元素术的相关因素、过程和实体,有效地满足灾后的紧急需求,它应具有集中控制下的两级结构,如图5-6所示,同时也说明了4个主要应急物资调度实体之间的关系。

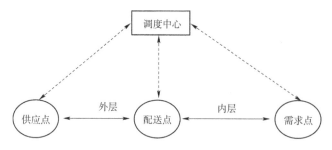

图5-6 集中控制下的两级结构

调度中心是应急物资调度系统的大脑,负责组织和协调各种行动。如图5-6中的虚线所示,中心接收数据、处理数据,并返回指导信息给其他3个实体。这种集中的数据处理和引导反馈机制,加强了不同实体之间的协作。然而实际灾难发生后,调度中心可能还未建立或无法正常工作,这可能导致应急物资调度工作分散而无序。

供应点包括各种设施和参与者,如战略仓库、住所、紧急物资生产商和非政府组织。通常,供应物资在供应点可以进行预处理(如排序、预先定位、包装、材料标识和分类)。如果没有适当的预处理,就会出现物资堆积、交通拥堵等问题,从而大大降低应急物资调度的效率。通过外层运输网络(图5-6中外层箭头线),物资从供应点运送到配送点。

配送点与普通物流的配送中心一样,不仅可以提高"最后一公里"配送的效率,还能通过对收到的物资进行分拣、加工、重新包装等多种措施,降低后续的人力和转运成本。物资经过配送点,最终通过内层运输网络到达需求点(图5-6中的内层箭头线)。而内层交通网络大多位于灾区或靠近灾区,在紧急情况下可能会遭到严重破坏或超负荷使用。

需求点大多位于灾区,是产生各种应急需求的点,由于在灾害发生后很难甚至不可能获得需求数据,因此通常根据灾害易发地区的地理特征、人口分布和结构等特点提前预测应急需求,从而可以提前对物资进行预布置。

一个完备的应急物资调度系统在空间上连接各个应急物资调度的实体,同时在不同的时间段应包含不同的调度操作,所有操作都有一个共同的目标,即尽可能提高灾民的生存率。灾害管理周期共分为 4 个阶段:备灾—响应—重建—缓解。如图 5-7 所示,应急物资调度的大部分操作都是在备灾和响应阶段进行的,因为这两个阶段与灾害发生紧密相关,此时产生的紧急需求至关重要。

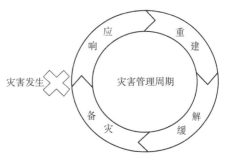

图5-7 灾害管理周期

备灾阶段的工作是为了应对潜在的灾害影响而进行的,响应阶段根据备灾情况和已发生的灾害影响来对具体的紧急情况进行物资调度。具体来说,在准备阶段进行对潜在灾后需求物资(如食物、水和药品)作出预测、建立战略仓库和临时安置住所、采购和预先布置重要供应物资等工作。

在响应阶段,主要的应急物资调度工作包括评估实际的灾害影响和紧急需求,成立紧急调度中心执行紧急计划,从仓库向受灾点运送物资,以及将撤离人员从受灾点运送到避难所。"汶川地震"应急物资分配系统流程如图5-8所示。

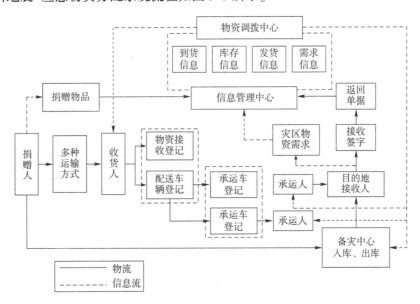

图5-8 "汶川地震"应急物资分配系统流程

(二)问题描述和模型构建

在应急物资调度中,为提高时间效益,有时需要使用多个配送中心来进行配送,即利用多个配送中心为用户服务。调度的目标是寻求在完成用户的货运任务前提下,使用最少的车辆数并且安排各车的行驶路线。

1. 问题描述

该问题可以表述如下:把各个受灾点及物资储备中心组成一个图$G(V, E)$,其中V为图中所有节点的集合,$V_0 \in V$为物资储备中心,E为图中所有边的集合,$e_{ij} \in E$为节点i、j之间的边,图G为无向边,即边e_{ij}是无向的。有n个受灾地区向救灾指挥中心请求救灾物资的配送,第i个受灾节点对于救灾物资的需求量为g_i,卸货时间为UT_i,最迟允许车辆到达时间为LT_i,ET_i表示允许车辆到达提前时间,车辆总数为m;物资储备中心与受灾节点、受灾节点之间的广义运输距离为c_{ij},运输时间为$t_{ij}(i,j=1,2,\cdots,n)$,物资储备中心编号为0,受灾节点编号为$i(i=1,2,\cdots,n)$,配送车辆单车装载容量为$q(q>g_i, i=1,2,\cdots,n)$,车辆不能超载且必须在规定的时间之前把物资送到受灾节点,要求指派运输车辆,并确定每辆车运输路线,使得总运输距离最短。

2. 基本假设

调度问题作为一种模型,在实际生活中有着广泛的应用。车辆调度一般符合下列条件:①满足所有需求点(用户)的需求;②各种车辆类型的车辆数目一定,能满足运输要求,完成任务;③每一辆发送车辆的装载量有一定的限制,不能超载运行;④对发送车辆每天总运行时间(运行距离)有预定的上限;⑤要满足需求点提出的到货时间要求。

对具体问题,上面的约束条件可能全部存在,也可能只存在一部分。配送问题的最优解实际就是一个有效的车辆调度问题,它应该明确地规定在满足约束条件下派车的数量、类型和各个车辆的行驶路线,在完成运输任务的前提下,使得目标最优。

3. 模型建立

把物资储备中心和受灾节点统一看成是运输网络中的节点。设在同一路线上点h是i前面的相邻点,车辆到达点h的时间为RT_h,UT_h为h点的服务时间,t_{hi}为h点到i点的运行时间,到达点i的时间为RT_i,则有:

$$RT_i = RT_h + UT_h + t_{hi} \tag{5-1}$$

为建立调度模型,定义变量x_{ijk}、y_{ki}:

$$x_{ijk} = \begin{cases} 1 & (\text{车辆}k\text{从节点}i\text{行驶到}j) \\ 0 & (\text{其他}) \end{cases}$$

$$y_{ki} = \begin{cases} 1 & (\text{车辆}k\text{为节点}i\text{服务}) \\ 0 & (\text{其他}) \end{cases}$$

目标函数:

$$\min Z = \sum_{i=0}^{n}\sum_{j=0}^{n}\sum_{k=0}^{m} c_{ij} x_{ijk} \tag{5-2}$$

约束条件:

$$\sum_{i=0}^{n} y_{ki} \leq q \quad (k=0,1,2,\cdots,m) \tag{5-3}$$

$$RT_i \leq UT_i \quad (i=0,1,2,\cdots,n) \tag{5-4}$$

$$\sum_{k=0}^{m} y_{ki} = 1 \quad (i=0,1,2,\cdots,n) \tag{5-5}$$

$$\sum_{j=0}^{n} x_{ijk} = y_{ki} \quad (i=0,1,2,\cdots,n; k=0,1,2,\cdots,m) \tag{5-6}$$

$$\sum_{i=0}^{n} x_{ijk} = y_{kj} \quad (j=0,1,2,\cdots,n; k=0,1,2,\cdots,m) \tag{5-7}$$

$$X = (x_{ik}) \in D \tag{5-8}$$

在上述模型中,式(5-2)为模型的目标函数,即车辆在完成全部配送任务时所需要的运行距离最短或费用最小;式(5-3)为车辆的载重约束,即每辆车所访问的全部客户的需求量之和不能超过车辆的额定载质量;式(5-4)为客户对配送车辆的时间窗约束;式(5-5)为点 i 的客户由车辆 k 完成的唯一性约束;式(5-6)和式(5-7)为变量关系约束,即当车辆 k 从某一点 i 出发后到达了 j 点时,那么车辆 k 也一定会为 j 点服务;式(5-8)表示所有点都是通的。

该问题可采用第三章的 LINGO 软件、第四章的 CPLEX 软件或遗传算法求解,这里不再赘述。

第三节 冷链物流

一、冷链物流概述

一般情况下,冷链物流对象是指需要保持一定低温环境下的物品,如农产品、禽肉类、水产品、花卉、加工食品、冷冻或速冻食品、冰激凌和蛋奶制品、快餐原料、酒水饮料等。目前,学术界对冷链物流(Cold Chain Logistics)的定义为:将易腐、生鲜食品在生产、储藏、运输、销售直到消费前的各个环节中始终处于规定的低温环境下,以保证食品质量安全,减少损耗,防止污染的特殊供应链系统。冷链物流是指在生产、仓储或运输和销售过程中,一直到消费前的各个环节中始终处于产品规定的最佳低温环境下,保证食品质量,减少食品损耗的一项特殊的物流活动。冷链物流系统是以冷冻工艺学为基础,制冷技术为手段的低温物流系统,涵盖冷藏、冷链运输、冷链配送与冷藏销售等环节。冷链物流流程如图5-9所示。

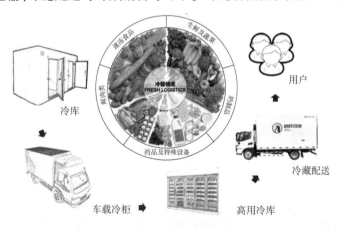

图5-9 冷链物流流程

冷链物流也称低温物流。冷链物流的特殊性体现在需要特别的运输工具,需要注意运送过程、运输形态以及时间掌控等,与一般常温物流系统相比,冷链物流除具有动态性、增值

性、面向用户需求等基本特点外,还具备以下特点:

(1)复杂性。冷链物流必须遵循"3T"原则,即冷链食品的最终品质取决于冷链的储藏温度、流通时间和产品本身的耐储藏性。

(2)协调性。与常温物流相比,冷链物流在运营过程中对于时间的要求非常高。易腐食品的时效性要求冷链各环节具有更高的组织协调性。

(3)高成本性。为了确保易腐产品在冷链流通各环节中始终处于适当的低温条件下,必须安装温控设备并使用冷藏车、低温仓库等。根据资料测算,如果我国每年约5亿t蔬菜有20%冷藏运输,则需增加冷藏车投资100亿元,同时需要采用先进的信息系统等。

二、冷链物流装备

冷链运输是指在运输全过程中,无论是装卸搬运、变更运输方式、更换包装设备等环节,都使所运输货物始终保持一定温度的运输。冷链运输是食品冷链流通的主要过程,是连接生产与消费之间的桥梁,是产与销的纽带。只有通过运输才能将产品从产地运到市场或储藏室内。冷链运输方式可以是公路运输、水路运输、铁路运输、航空运输,也可以是多种运输方式组成的综合运输方式。冷链运输是冷链物流的一个重要环节,冷链运输成本高,而且包含了较复杂的移动制冷技术和保温箱制造技术,冷链运输管理包含更多的风险和不确定性。

(一)冷藏汽车

1. 机械式冷藏汽车

机械式冷藏汽车如图5-10所示,其车内装有蒸汽缩式制冷机组,采用直接吹风冷却,车内温度实现自动控制,适合短、中、长途或特殊冷藏货物的运输。

图5-10 机械式冷藏汽车

2. 冷冻板式冷藏汽车

冷冻板式冷藏汽车简称冷板冷藏汽车,是利用有一定蓄冷能力的冻结板进行制冷的汽车。冻板式冷藏汽车在一些短途公路运输中已有采用。

3. 液氮/干冰制冷式冷藏汽车

液氮或干冰制冷方式的制冷剂是一次性使用的,或称消耗性的。常用的制冷剂包括液氮、干冰等。液氮制冷式冷藏汽车主要由汽车底盘、隔热车厢和液氮制冷装置构成,它利用液氮气化吸热的原理,使液氮从-196℃气化并升温到-20℃左右,吸收车厢内的热量,实现制冷并达到给定的低温。

(二)冷藏集装箱

冷藏集装箱是一种具有良好隔热、气密性能,且能维持一定低温要求,适用于各类易腐食品的运送、储存的特殊集装箱,如图5-11所示。它分为带有冷冻机的内藏式机械冷藏集装箱和没有冷冻机的外置式机械冷藏集装箱,用于装载肉类、水果等货物。冷藏集装箱造价较高,营运费用较高,使用中应注意冷冻装置的技术状态及箱内货物所需的温度。

（三）冷藏船

冷藏船是指利用低温运输易腐货物的船只，如图 5-12 所示。冷藏船主要用于运输远洋渔业。远洋渔业的运输作业时间很长，有时长达半年以上，必须用冷藏船进行冷冻加工和冷藏。此外，由海路运输易腐食品也需要使用冷藏船。

图 5-11 冷藏集装箱

图 5-12 冷藏船

第四节 电子商务物流

一、电子商务的理论基础

电子商务是经济发展和信息技术发展且相互作用的必然产物。但电子商务作为、新兴的商业模式，至今仍没有一个比较全面的，且能为大多数人接受的定义。

为了适应使用计算机技术与其他现代技术进行交易的当事方之间通信手段发生的重大变化，1996 年 12 月 16 日联合国国际贸易法委员会通过了《贸易法委员会电子商业示范法及其颁布指南》（以下简称《电子商业示范法》）。但《电子商业示范法》并未给出明确的"电子商业"的定义，只是强调这种电子商业交易手段的特殊性，即在商业交易中使用了数据电文作为交易信息的载体。

《电子商业示范法》对"电子商业"中的"商业"一词作出了广义解释："使其包括契约型或非契约型的一切商务性质的关系所引起的种种事项。商务性质的关系包括但不限于下列交易：供应及交换货物或服务的任何贸易交易，分销协议，商务代表或代理，客账代理，租赁，工厂建造，咨询，工程设计，许可贸易，投资融资，银行业务，保险开发，协议或特许合营或其他形式的工业或商务合作，空中、海上、铁路或公路的客、货运输。"

二、电子商务的分类

电子商务的业务覆盖面十分广泛，从不同角度，可将电子商务划分为不同的类型。按照参与交易的主体不同，电子商务主要可以分 B2C、B2B、B2G、C2C、B2E 等类型。

（一）B2C 电子商务

B2C 电子商务即企业与消费者之间的电子商务。B2C 是消费者利用互联网直接参与经济活动的形式，类同于商业电子化的零售商务。在 B2C 商务模式中，企业直接通过网上商店销售商品给消费者。京东商城、苏宁易购等都是这种模式的典型代表。京东商城的交易流程如图 5-13 所示。

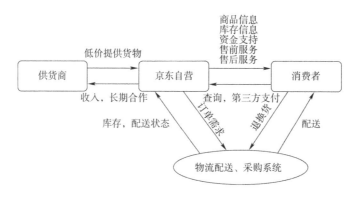

图 5-13　京东商城 B2C 交易过程

(二) B2B 电子商务

B2B 电子商务是电子商务应用最多和最受企业重视的形式，企业可以使用互联网或其他网络为每笔交易寻找最佳的合作伙伴，完成从订购到结算的全部交易行为，包括与供应商订货、签约、接收发票和使用电子资金转账、信用证、银行托收等方式进行付款，以及在商贸过程中发生的其他问题(如索赔、商品发送管理和运输跟踪)等。

按照电子商务交易平台模式的不同，B2B 电子商务可以分为综合 B2B 模式、垂直 B2B 模式、自建 B2B 模式以及关联行业 B2B 模式。综合 B2B 模式在网站上聚集了分布于各个行业中的大量客户群，供求信息来源广泛，通过这种模式，供求信息可以得到较高的匹配，阿里巴巴是这种模式的典型。但综合 B2B 模式缺乏对各行业的深入理解和对各行业资源的深层次整合，导致供求信息的精准度不够，进而影响到买卖双方供求关系的长期确立。阿里巴巴的综合 B2B 模式如图 5-14 所示。

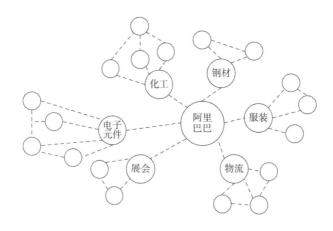

图 5-14　阿里巴巴的综合 B2B 模式

(三) B2G 电子商务

B2G 电子商务即企业与政府方面的电子商务。这种商务活动覆盖企业与政府组织间的各项事务。例如，企业与政府之间进行的各种手续的报批、政府通过互联网发布采购清单、企业以电子化方式响应政府在网上以电子交换方式来完成对企业和电子交易的征税等。政府通过互联网发布采购清单，企业通过网络方式投标。

（四）C2C 电子商务

C2C 电子商务即消费者与消费者之间的商务,其构成要素除了买卖双方外,还包括电子商务交易平台提供商。买卖双方通过电子商务交易,提供商提供的在线交易平台,如淘宝网等发布商品信息,从事交易活动。C2C 的电子商务模式如图 5-15 所示。

图 5-15　C2C 的电子商务模式

（五）B2E 电子商务

B2E 电子商务属于企业内部的电子商务,企业通过互联网及时地向员工提供企业产品信息、企业的各项决策信息,并能通过此平台给员工提供培训、学习的机会。这种模式作为一种综合性的商务工具,一方面可以改善传统的领导模式,实施新型的领导方式增强其领导力,并有利于提高员工的技能,加强员工之间的合作；另一方面有助于提高企业的管理效率,降低企业的经营成本,增强企业综合竞争力。

三、电子商务物流

如同传统的商务活动,电子商务中的任何一笔交易都包含着信息流、商流、资金流和物流。信息流既包括商品信息的提供,也包括诸如询价单、报价单、付款通知单、转账通知单等商业贸易单证。商流是指商品在供应商、制造商、批发商、代理商、零售商和物流公司等之间进行的商品所有权转移的运动过程。资金流主要是指资金的转移过程,包括信用证、汇票、现金通过银行在买方与卖方及其代理人之间的流动。在电子商务条件下,信息流、商流和资金流都可以通过计算机和网络通信设备处理。

（一）电子商务物流系统的构成

电子商务物流系统由物流作业系统和物流信息系统两个部分构成。

（1）物流作业系统:在采购、运输、仓储、装卸、配送等作业环节中使用各种先进技术,并使生产据点、物流据点、运输线路、运输手段等网络化,以提高物流活动的效率。

（2）物流信息系统:在保证订货、进货、库存、出货、配送等信息通畅的基础上,使通信据点、通信线路、通信手段网络化,提高物流作业系统的效率。

电子商务物流系统是指以 Speed（速度）、Safety（安全）、Surely（可靠）和 Low-cost（低费用）的"3S1L"原则,即以最少的费用提供最好的物流服务,按交货期要求将所订货物准确地交给用户,尽可能地减少用户所需货物的断档时间,适当配置物流据点,提高配送效率,维持适当的库存量,提高运输、保管、搬运、包装、流通加工等的作业效率,保证订货、出货、配送信息畅通无阻,使物流成本降到最低。

电子商务物流系统是典型的物流设备与计算机网络结合的产物。在这一系统中,半自动化、自动化以及具有一定智能的物流设备受到计算机网络系统的控制,不同阶段的物流信息也由计算机管理控制。电子商务物流系统的构成如图 5-16 所示。

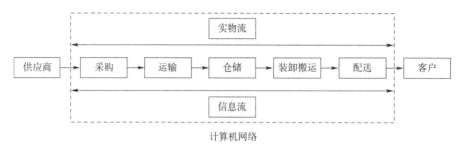

图 5-16 电子商务物流系统的构成

(二) 电子商务物流的一般模式

电子商务物流的一般模式包括自营物流、物流联盟、第三方物流和第四方物流。

1. 自营物流

自营物流是指电子商务企业借助于自身物质条件包括物流设施、设备和管理机构等自行组织的物流活动。对于电子商务企业来说,自营物流启动容易,配送速度快,但配送能力较弱,配送费用不易控制。如果电子商务企业有很高的顾客服务需求标准,其物流成本占总成本的比例较大,而自己的物流管理能力又比较强,一般选择自营物流方式。在自营物流方式中,电子商务企业也会向运输公司购买运输服务或向仓储企业购买仓储服务,但这些服务一般只限于一次或系列分散物流功能,而且是临时的、纯市场交易的服务。物流服务与电子商务企业的价值链是松散的。

2. 第三方物流

企业动态地配置自身与其他企业的功能和业务,并利用企业外部的资源为企业内部的生产和经营服务。将外包引入物流管理领域,从而产生了第三方物流的概念。第三方物流的主要含义是指物流服务提供者从事着发货人(甲方)和收货人(乙方)之间的第三方角色。由于企业越来越重视自己的核心资源和业务,而将其他资源和业务尽量外包,以避免核心竞争力不突出,外包便成为目前工商企业的一个工作重点。第三方物流因其在专业技术和综合管理方面的显著优势也得到了迅速发展。

3. 第四方物流

所谓第四方物流,根据其首创者美国埃森哲咨询公司的定义,是指一个供应链集成商调配、管理和组织自己的以及具有互补性的服务提供商的资源、能力和技术,以提供一个综合的供应链解决方案。通俗地讲,第四方物流是指集成商们利用分包商来控制与管理客户公司的点到点式的供应链运作。

4. 物流企业联盟

物流企业联盟是介于自营物流和第三方物流之间的一种物流组建模式,是以物流为合作基础的企业战略联盟。物流企业联盟一般是指若干具备专业特色与互补特征的物流组织,通过各种协议、契约而结成的互相信任、优势互补、风险共担、利益共享的物流伙伴关系。企业之间不完全采取导致自身利益最大化的行为,也不完全采取导致共同利益最大化的行为。

绝大多数物流服务利益产生于规模经济,这种规模经济导致了物流企业联盟的产生。物流联盟的效益在于物流联盟内的成员可以从其他成员那里获得过剩的物流能力或处于战略意义的市场地理位置及卓越的管理能力等。例如,如果一家物流公司在运输设备、仓储、存货等方面具有较大的优势,但在订单处理系统、物流技术及物流管理能力等方面比较欠缺,它就会寻找其他具有此优势的伙伴来共同经营物流业务,共同建立一个对双方都有利的物流战略联盟。

(三)电子商务的典型物流模式分析

1. 阿里巴巴的菜鸟网络物流平台

菜鸟网络物流平台(以下简称"菜鸟网络")是菜鸟网络科技有限公司于2003年由阿里牵头打造的。菜鸟网络专注于搭建四通八达的物流网络,打造物流骨干网,提供智慧供应链服务。通过技术创新和高效协同,菜鸟网络与合作伙伴一起提高物流效率,降低社会物流成本,提升消费者的物流体验,实现"全国24h,全球72h"必达的服务目标。

菜鸟网络通过两个方面来改变物流现状。一是在全国范围内通过"自建+合作"的方式搭建起智能物流骨干网,建立起8个核心城市的超级仓储中心,以此来缩短物流半径,实现仓储中心之间的8h连接,并广布物流设施节点和平台,实现24h送达;二是通过大数据、云计算、物联网等新技术,建立一个基于仓储设施的数据应用平台,实现信息共享,提升现有物流企业的仓库利用率与运作效率,并共享给物流公司、电商企业和合作公司,降低重复工作率。菜鸟网络的在线付和货到付业务模式如图5-17所示。

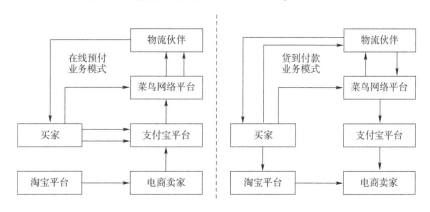

图5-17 菜鸟网络的在线预付和货到付款业务模式

2. 京东物流的青龙系统

京东物流成立于2007年,它是全国第一个自建物流的企业。2019年"6·18"购物节期间,京东的仓配一体服务订单当日达和次日达的占比持续保持在91%以上。截至2018年,京东在全国运营213个大型仓库,覆盖全国50个城市大约400万 m^2,亚洲一号智能物流园区已经投用23座,信息系统可以支持每分钟亿级的高并发场景吞吐量和每天亿级的订单量。在每个用户的订单处理背后,如何实现看似简单的发货与收货,实际上背后隐藏着复杂的物流系统,京东称为"青龙系统"。

第五节 逆向物流

一、逆向物流的概念

逆向物流,基本上人人都会接触到。退货,就是最为普遍的一种逆向物流产品。但是,现代逆向物流的起源却不是退货这种商业社会的产物,而是来自原料回收及产品或者零部件的再利用活动。自20世纪70年代以来,欧美科学家相继发表研究报告,从不同的角度将人类对于生存环境的认识推向了一个新境界可持续发展的境界。20世纪80年代,发达国家越来越重视废旧物品的重新利用,甚至欧洲的一些国家通过立法来对产品和原料进行正确的回收。在美国,垃圾填埋税越来越高,对于废弃物跨州运输的限制也越来越严格。最近几年,很多实例证明:回收活动不仅具有环境方面的价值,还能创造巨大的经济利益和价值增值,例如移动电话的再制造等。另外,竞争、营销或战略上的需要,也迫使企业采取更慷慨的退货政策。在有些行业,如目录编制业,回收的产品可以像新产品一样在同市场上分销。越来越多的企业和组织承担起了原料和产品的回收及价值恢复的活动,这就是最近受到广泛关注的"逆向物流"。

逆向物流可以分成狭义和广义两种定义。

从狭义角度看,采用我国国家标准的定义,逆向物流是通过分销网络将所销售的产品进行回收、处理的过程,是物品从供应链下游向上游的运动所引发的物流活动。狭义情况下的逆向物流有经济利益目标和环保目标的差异,也有从宏观管理角度和企业管理角度来看的差异。其更偏重于回收和再利用的逆向物流活动,不涉及废弃物处理等问题。狭义的逆向物流示意图如图5-18所示。当然,逆向物流可能发生于供应链的任何一个环节,也可能只发生于其中的一项活动,如无缺陷产品只是从顾客处退回了零售商,零售商再将其进行信息处理,重新进入销售系统,所以这种从顾客处发生退货并涉及前面各类供应链环节的只是其中一类。

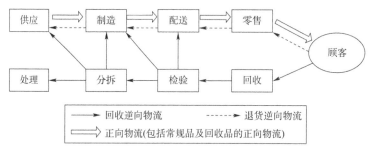

图5-18 狭义的逆向物流示意图

从广义角度看,逆向物流包括与物料重新利用、节约资源及保护环境相关的一切活动,还包括减少物流过程中的物料消耗的活动,如生产过程中的原料节约、边角余料的重新利用、包装物的重新利用、次品的改造等,以便有更少的物料回流,使正向物流量和逆向物流量同时缩减。同时,也包括对废弃物的处理。广义的逆向物流示意图如图5-19所示。

综上所述,逆向物流的内涵可以从逆向物流的对象、流动目的和活动构成等方面来说明:

(1)从流动对象看,逆向物流是产品、运输容器、包装材料及相关信息,从它们的最终目的地沿供应链渠道的"反向"流动过程;

(2)从流动的目的看,逆向物流是为了重新获得废弃产品或有缺陷产品的使用价值,或者对最终废弃物进行正确处置;

(3)从物流活动构成看,为实现逆向物流的目的,逆向物流应该包括对产品或包装物的回收、重用、翻新、改制、再生循环和垃圾填埋等形式。

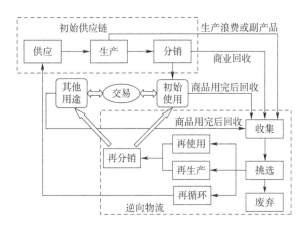

图 5-19　广义的逆向物流示意图

二、逆向物流的分类

(一)按照逆向物流中回流物品来源分类

根据产品或包装进入逆向物流系统(即回流)的原因、途径及回流产品的处置方式不同,可以将各种产业形态下的逆向物流归纳为五类:商业回流、终端回流、维修回流、包装回流和生产回流。

1. 商业回流

商业回流是指季节性产品过季、产品过期或者物流过程中损坏等原因造成的产品退回,如零售商积压库存、时装、化妆品等。具体包括以下几种情况:

(1)零售商停售产品。产品由于某种原因(如季节性商品过季)停止销售,零售商可能会根据合同直接将这些产品退回给供应商。

(2)零售商库存过量。由于零售商过高估计某一产品的市场需求而产生过量的订购数,会占用库存和流动资金,使机会成本增加。这种情况下零售商有可能将产品退回给供应商。

(3)销售退货。零售商销售出去的产品,在一定的售后期限内被顾客退回,且影响二次销售,此时零售商可能自己处理这些退货的产品,或者返回给上级供应商。

(4)运输损毁。产品在运输过程中,由于碰撞、挤压等影响了产品正常销售,此时就需要把有问题的产品退回给上一级供应商处理。

2. 终端回流

终端回流是指所有从终端用户处回流处理的产品,如电子设备的再生产、地毯循环、轮胎修复,黑色和白色家用电器、计算机和打印机元件等都属于这类回流产品。终端回流的原因很多,包括产品过期造成的退货、客户无理由退货、产品有危害导致客户不满意的退货、产品有缺陷或被损坏导致的退货、使用寿命结束的报废产品的回收等。这里主要介绍以下三种情况:

(1)缺陷品退回。消费者发现产品在质量或规格上有残次,将商品退回零售商,零售商将残次品的情况告知生产商或供应商。生产商或供应商用替换新产品或退款的方式来补偿消费者,而零售商将残次品送回生产商或供应商处。

(2)担保期退货。顾客为了退货声称产品有残次,而有时候实际上根本就没有缺陷。通常这类退货回流到拆卸中心被发现是完好的,但回流已经发生了。这类回流产品经常发生在以下情况,如顾客买回产品后,没有读懂说明书就开始使用,产品自然无法正常发挥功能,于是顾客认为产品有缺陷,将其退回零售商处。

(3)产品使用寿命结束。使用寿命结束后的产品仍然具有使用价值,对于回收者来说具有经济利益。这类回流的原因除了产品本身老旧、功能退化以外,还有迫于环保法规的要求,以及生产商出于保护资产,防止敏感技术、信息外泄的考虑。

3. 维修回流

维修回流是指有缺陷或损坏了的产品的退回。具体有以下两种情况:

(1)缺陷品维修。产品有缺陷或被损坏,就会被要求退货、换货,但更多情况下是包退、包换期后的维修。

(2)产品召回。当企业自身行为(包括设计、生产、包装、储运、销售)造成产品质量缺陷而导致消费者权益受损因某些特定产品在一定区域内对消费者造成大面积损害时,企业就不得不在政府部门的监督下对有的缺陷产品进行集中回收处理,这种情况就是产品召回。在现今的科技时代,产品创新是许多企业追求的目标,但创新产品生产体系和生产工艺的不成熟性,增加了产品缺陷的风险。产品召回的过程也是逆向物流产生形成的过程。

4. 包装回流

产品的包装一般可以分为物流包装和销售包装,前者如包装计算机的纸箱和泡沫塑料,后者如牙膏盒。包装的回流是逆向物流中一个重要类别,像箱、瓶、托盘和集装箱这样的包装可以直接再次利用,不需要再处理加工,通常由专门的物流服务提供商提供并负责回收。

5. 生产回流

生产回流是指生产过程中产生的报废零部件、边角余料和副品回收,如发生在医药和钢铁行业的回流。它属于来自企业本身内部的回流,其操作更简单,企业内部建立完善的回收机制可以节约资源、减少成本。

(二)按照回流物品的再利用方式分类

1. 直接再利用

回收的物品不经任何修理可直接再用(也许要经过清洗和花费比较低的维护费用),如集装箱、瓶子等包装容器。

2. 修理

通过修理将已坏产品恢复到可工作状态,但可能质量有所下降,如家用电器、工厂机器等。

3. 再生

再生只是为了物料资源的循环再利用而不再保留回收物品的任何结构,如从边角料中再生金属、纸品再生等。

4. 再制造

与再生相比,再制造则保持产品的原有特性,通过拆卸、检修、替换等工序使回收物品恢复到"新产品"的状态,如飞机发动机的再制造、复印机的再制造等。

三、逆向物流的一般流程

逆向物流有多种分类、多种形式,如包装物的再利用、建筑废料在次级市场上流通等。

不同类型的逆向物流其流程不尽相同。具体而言,各类逆向物流共同的基本流程,首先是产品的收集,包括废品、副产品、过期产品、不再使用产品等的收集;然后是把它们运输到固定的地方,并进行进一步的检查和处理,具体包括收集、分类、测试、再处理、再利用、废弃等。逆向物流的基本流程如图5-20所示。

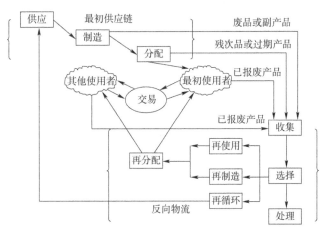

图5-20　逆向物流的基本流程
注:图中不同方向的花括号分别表示最初供应链和逆向物流。

下面以典型的可回收再利用物品为例,说明各环节的情况。

1. 收集或回收

此环节需要明确所需收集的废旧产品的准确地理位置、废旧产品的数量、产品目前的使用状况等。这些问题给计划和控制收集过程造成了很大的困难。回收是将顾客所持有的产品通过有偿或无偿的方式返回给销售方。这里的销售方可能是供应链上任何一个节点,如来自顾客的产品可能返回给上游的供应商、制造商,也可能返回给下游的配送商、零售商。

2. 预处理

此环节需要做分类、检验测试与处理决策。在收集的产品信息中,将根据产品的质量,对产品进行分类,以确定是再使用、再重新加工处理还是直接废弃等。对于那些质量比较好或不需做什么处理的产品,可再次投放到市场;对于需要再处理的产品,可做进一步的加工处理,以便投放市场再次使用。

3. 再处理

此环节包括产品的清洁、分拆、再制造和再装配。分拆是按产品结构的特点将产品分拆成零部件。再制造是对回收产品或分拆后的零部件进行加工,恢复其价值。再处理的过程,也是一个提高产品技术含量的过程。例如,一个旧家具的修复,需要很高的工艺技术;一个设备或产品的修复,可能需要更高的先进技术,比如文物和古建筑的修复。

4. 再利用

此环节包括产品再循环、再分配等。产品再循环主要是指可直接用于其他企业加工的原材料,如废钢、废铁可直接作为炼钢厂的原材料直接使用。产品再分配是指把可再使用和再处理过的产品投放到市场中,并运输到使用者手中,该过程包括储存、销售和运输。

5. 废弃物的报废处理

此环节是对那些没有经济价值或严重危害环境的回收品或零部件,通过机械处理、地下掩埋或焚烧等方式进行销毁。各国对环保要求越来越高,而后两种方式会对环境带来一些不利影响,如占用土地、污染空气等。

案例分析

McDonald's advanced cold chain logistics

For the catering industry, food safety is very important. McDonald's through the implementation of cold chain logistics provides an important guarantee for enterprise operation. The establishment of McDonald's cold chain logistics is a successful case of cold chain logistics management.

Founded in 1974 in Chicago, USA, HAVI Group is a company created in response to the demand of McDonald's. it is a leading enterprise of cold chain logistics and temperature control distribution center in the world. It has a leading position in supply chain management and cold chain logistics. Through decades of friendly partnership with McDonald's, HAVI Group has established the ability to provide complete supply chain management in the food industry.

With 7600 employees in 44 countries, HAVI provides high-quality supply chain management services to more than 8000 McDonald's restaurants in the United States, Europe, China (including Hong Kong and Taiwan), and Southeast Asia, including multi-layer food logistics services. In the past five years, HAVI Group has expanded its business to first-class chain coffee shops, cash and carry stores, liquor and high-grade food, and other fast-food chain systems.

McDonald's uses the logistics center set up by HAVI Group to complete a series of work for its restaurants, such as ordering, storage, transportation, and distribution. And through its coordination and connection, every supplier and every restaurant can provide the best guarantee for the food supply of McDonald's restaurant.

1. McDonald's advanced cold chain logistics development model

McDonald's is one of the most famous fast food companies in the world. Today, McDonald's has nearly 30000 restaurants in more than 120 countries. McDonald's development has made such a brilliant achievement thanks to its advanced cold chain logistics technology, which strictly ensures the quality of food. It has been recognized by consumers, and cold chain logistics technology has been learned by many enterprises. The introduction of McDonald is shown in Table 5-1.

the introduction of McDonald Table 5-1

Item	Introduction
McDonald's cold chain logistics adopt outsourcing mode	McDonald's adopts outsourcing mode, not self-supporting mode, which is to contract cold chain logistics management of food to logistics enterprises, and establish a strategic partnership, complete ordering, inventory, and transportation links according to standards, and strictly control food quality. HAVI Group is a 3PL enterprise, which can buy enough small-scale delivery. The subcontracting of frozen transportation of food to HAVI Group can effectively save the operating cost

Continued

Item	Introduction
Strengthen the research and development of core products	As the refrigerated transportation of food needs professional facilities and first-class services, McDonald's after subcontracting can effectively solve the problem that the enterprise has limited cold chain logistics resources, and invest funds and technology into food research and development, which not only saves logistics investment but also improves food quality. By setting strict standards to manage the food transportation process, we can save the supervision and management costs and improve the efficiency of the operation of the enterprise
Standardization of McDonald's cold chain logistics	McDonald's has unified and standardized management of restaurants, food production and transportation, and uniform management standards for employees and store managers. McDonald's cold chain logistics also has a unified standard, including temperature control, commodity transportation, commodity acceptance, and so on

2. Analysis of McDonald's cold chain logistics management

(1) Order management. The store manager of McDonald's Restaurant shall evaluate the inventory in advance. If the inventory is lower than the standard stock, the manager needs to place an order online and send it to the distribution and marketing center. After receiving the order, the company completes the loading and transportation tasks. The refrigerated vehicle can not only guarantee the supply quantity but also ensure the food quality.

(2) Inventory and distribution management. HAVI Group has strict standards for food delivery, ensures timely delivery to the store, and ensures that every restaurant is not out of stock. At the same time, HAVI Group has developed a set of effective delivery routes to ensure transportation efficiency. After receiving the order, the company will keep the quality of the goods in the best condition. The refrigerated vehicles adhere to the "first in and first out" way of import and export. The refrigerated products are placed in the refrigerated vehicle with strict requirements, and the food temperature and quality will be checked by the McDonald's restaurant's management in person for each purchase. The manager will also record the time and place of receiving, food safety certificate, etc., spot check the temperature and quality of food, and sign for acceptance, and strictly control the quality. If the manager finds the product unreasonable, he will return it to HAVI Group directly.

McDonald's requirements for refrigerated vehicles are also strict. The standard 2-ton refrigerated vehicle must be checked once when working at 500 hours, and check whether the refrigerated effect of the refrigerated vehicle reaches the standard, etc., and the problems shall be solved in time.

案例分析提要

该案例介绍了麦当劳的第三方外包物流企业夏晖公司和其为麦当劳提供的优质的一站式综合冷链物流服务,这使麦当劳餐厅对新鲜食品供应的需求得到了满足。夏晖在食品业建立了提供完整供应链管理的能力,配送范围涉及食品各个领域。另外,案例具体介绍了麦当劳冷链物流的发展模式与冷链物流管理,对其他企业的冷链物流配送具有借鉴作用。

案例思考题

1. 夏晖的冷链配送相较于一般物流配送企业有何独特之处?
2. 麦当劳冷链物流发展模式与管理对我国发展生鲜电商产业有何启示?

第六章 智慧物流

第一节 智慧物流的产生与发展

一、智慧物流的产生

1. 智慧物流的起源与概念

智慧物流的产生是物流业发展的必然结果,智慧物流理念的出现顺应历史潮流,也符合现代物流业发展的自动化、网络化、可视化、实时化跟踪和智能监控的新趋势,符合物联网发展的趋势。可以说,智慧物流是在电子商务、供应链、物联网等的发展背景上,满足物流业自身发展的内在要求而产生的物流智能化结果。智慧物流本身的形成与现代物流的发展有着密不可分的渊源,从现代物流的发展角度上看,智慧物流的起源可概括为如下过程:粗放型物流—系统化物流—电子化物流—智慧物流。其中,粗放型物流是现代物流的雏形阶段,系统化物流是现代物流的发展阶段,电子化物流是现代物流的成熟阶段,而现代物流的未来和希望是智慧物流。

随着技术的日趋进步,智能标签、无线射频识别技术、电子数据交换技术、全球导航卫星系统、地理信息系统、智能交通系统等应用的日益成熟,也相应地出现了一些智能物流应用的雏形,如:智能仓储物流管理、智能冷链物流管理、智能集装箱运输管理、智能危险品物流管理和智能电子商务物流等,智能物流慢慢地被人们所了解。2008年,德国不来梅大学Log Dynamics实验室Dicter Uckelmann结合现代物流的发展过程,考虑到物流业是最早接触物联网的行业,也是最早应用物联网技术,实现物流作业智能化、网络化和自动化的行业,归纳总结了智能物流的基本特征。2009年12月,中国物流技术协会信息中心、华夏物联网、《物流技术与应用》编辑部联合提出与智能物流极其相似的"智慧物流"的概念。

智慧物流是指通过智能软硬件、物联网、大数据等智慧化技术手段,实现物流各环节精细化、动态化、可视化管理,提高物流系统智能化分析决策和自动化操作执行能力,提升物流运作效率的现代化物流模式。

2. 智慧物流的产生背景

IBM于2009年提出了建立一个面向未来的具有先进、互联和智能三大特征的供应链。通过感应器、无线射频识别技术标签、制动器、全球导航卫星系统和其他设备及系统生成实时信息的"智慧供应链"概念。紧接着,"智慧物流"的概念由此延伸而出。"智能物流"强调构建一个虚拟的物流动态信息化的互联网管理体系,而"智慧物流"更重视将物联网、传感网与现有的网络整合起来,通过精细、动态、科学的管理,实现物流的自动化、可视化、可控化、智能化、网络化,从而提高资源利用率和生产力水平,创造更丰富的社会价值。

从IBM提出的智慧地球的三个维度(感知、互联、智能)和"绿色未来"的目标,可以理解智慧物流的三个维度：

(1) 通过自动识别和感知技术,透彻地感应和度量供应链的状态及其变化；

(2) 通过互联网和服务平台技术,实现供应链各环节的信息互联互通和高度协同；

(3) 在上述基础上,通过采用智能技术(包括云技术和大数据技术),使供应链的运行和决策更加智能化和科学化,从而实现高效率和低能耗的绿色物流。

智慧物流的目标是实现物流的高效率和低能耗,体现绿色未来的理念。智慧物流是物流信息化的高级阶段,是传统物流企业为适应互联网为基础的信息化社会发展的必然结果。

二、智慧物流的发展

1. 国内智慧物流发展现状

随着经济全球化的发展,全球采购、全球生产、全球流通、全球消费成为一种必然趋势,"智慧物流"也被提上了议事日程。2012年2月,工业和信息化部发布了《物联网"十二五"发展规划》。2013年2月17日,《国务院关于推进物联网有序健康发展的指导意见》(国发〔2013〕7号)发布,明确要建立健全部门、行业、区域之间的物联网发展统筹协调机制,这就为"智慧物流"的发展夯实了基础。2013年8月14日,《关于促进信息消费扩大内需的若干意见》(国发〔2013〕32号)发布,进一步明确了信息技术研发,信息产品消费,特别是完善"智慧物流"基础设施,加快实施"智慧物流"工程的要求。

一些地方政府在智慧城市的规划中,也将智慧物流作为试点示范工程。2012年7月,宁波市将智慧物流作为智慧城市建设首批启动的十大重点项目之一,并将其列入"智慧浙江"的13个示范试点项目之一。目前,IBM智慧物流产业园工程建设进展顺利,智慧物流云基础平台已建设完成,面向物流企业的智慧物流管理系统已完成开发。

2019年,阿里巴巴旗下菜鸟物流宣布阿里巴巴正式上线了位于无锡的最新一代智能仓。该智能仓拥有众多不同种类的机器人,这些机器人大大提高了智慧物流的智慧性。据官方介绍,新一代智能仓拥有总量超过千台的多种不同类型机器人,其中最大的机器人将能够搬起吨级重货。在人工智能(Aritificial Intelligence,简称AI)的调度下,这些机器人协同作业,发货能力将比上一代智能仓提升60%,出库时间链路节约30%,足以满足"双11"产生的海量包裹。

2018年京东物流利用全流程无人化应用,各项领域全球领先。数字化仓储运营,全链条因素分析,全网干支线路智能优化,智能分拣选址规划。全链条渠道下沉,全网点高效衔接,智能站点路区规划,科学平衡路区产能。智能配送路径规划,多时效服务高效履约。协同上下游,实现全链路智慧预测、补货、排产和运营,最终实现极致体验精准触达全链协同的目标。

2019年4月底,顺丰推出了最新的物流黑科技产品——快测AR。它可以帮助快递员快速并准确地计算收件的体积,推荐包装并核算抛货与否来进行运费自动计算。快测AR能将货物的平均体积误差率控制在3%以内,从而大大缩短快递员的平均收件时间,并将人工误差无限缩小。

2019年,顺丰在第四届"全球物流技术大会"上斩获2019物流技术创新奖的"慧眼神瞳"能够使快递分拨中心智能化高效运转。

2. 国外智慧物流发展现状

近年来，智慧物流在美国、日本等发达国家发展很快，并在应用中取得了很好的效果。如美国的第三方物流公司 Catpillar 开发的物流规划设计仿真软件，能够通过计算机仿真模型来评价不同的仓储、库存、客户服务和仓库管理策略对成本的影响。世界最大的自动控制阀门生产商 Fisher 在应用物流规划设计仿真软件后，销售额增加了 65%，从仓库运出的货物量增加了 44%，库存周转率提高了将近 25%。日本在集成化物流规划设计仿真技术的研发方面处于世界领先地位，其最具代表性的成果是以前从事人工智能技术研究的 AIS 研究所研发的 RalC 系列三维物流规划设计仿真软件。RalC 的适用范围十分广泛，在日本，冷冻食品仓储、通信产品销售配送、制药和化工行业的企业物流等都有 RalC 的应用，并且产生了相当好的效益。此外，日本东芝公司的 SCP（Supply Chain Planner）物流仿真软件也具有十分强大的功能。

2016 年美国电商飞速发展，各快递巨头随之加紧转型。UPS（美国联合包裹运送服务公司）计划未来 3 年投入 40 亿美元，重点打造"智能物流网络"，通过对分拣设施、技术能力和生产自动化进行升级和投资，增大运送能力，开创一个全新的发展时代。

2016 年 12 月底，亚马逊又一项专利——关于无人机送货集群的专利获得了批准。这项专利主要是针对运输大批量的货物而设计的。这款"巨型运输机"集群由小型四轴无人机组成，根据需要进行不同的排列，并形成不同的形状和矩阵，以便满足不同形状、尺寸的货物运输需求。2017 年 6 月，亚马逊提交了一份关于快递无人机塔的专利申请，意图打造设计独特、形似蜂巢的运营中心塔楼。内部配备机器人，无人机也能够在快递无人塔上停靠以及装载货物。发明这项专利的主要目的是弥补当前配送中心大多位于郊区导致的配送不利，服务于人口密集的市区。2017 年 8 月，亚马逊又申请了一项新专利，是关于在运输船、货车等移动物体上启用无人机的技术，可视为一个"无人机移动飞行平台"。亚马逊要在大型移动运输设备上搭建高度自动化的集装箱，里面设置可旋转停机坪，用于无人机起飞，控制机械臂为无人机装载电池和货物装载完成后，货柜顶部随之打开，无人机起飞。整个过程也是全自动化并有摄像机进行监控。

第二节　智慧物流的识别与感知技术

一、自动识别与感知技术

（一）自动识别与感知技术的概念

自动识别技术是将信息数据自动识读、自动输入计算机的重要方法和手段，它是以计算机技术和通信技术为基础的综合性科学技术。近几十年，自动识别技术在全球范围内得到了迅猛发展，目前已形成了一个包括条形码识别、磁识别、光学字符识别、声音识别、射频识别、生物识别及图像识别等集计算机、光、机电、通信技术为一体的高新技术学科。

（二）主要的自动识别技术

1. 条码识别技术

使用条码识别技术可以有效地提高物流效率，而且该技术简单方便，应用广泛。国际上,条码识别技术被广泛应用于物流的各个环节。在我国,条码技术也相当成熟,不仅在商品流通领域被普遍使用,而且在生产控制和物流过程中的应用也在不断拓展。

我国的条码识别技术在物流领域的应用包括仓储、供应链管理、分拣及配送等环节。随着电子商务的兴起,条码识别技术在物流领域得到了广泛的应用,推动了传统物流智能化转型升级。

近期二维条码技术的出现,更加强了物流自动识别的可靠性和稳定性。二维条码具有抗污损的特性,不仅可以存储海量信息,而且能够处理复杂字符,从诞生之初就引起了各国的高度重视,并被广泛应用于军事、邮政、电子及生物医药等领域。特别是在电子行业的物流运转过程中,二维条码技术有着无法替代的识别优势。比如,全球的CPU(Central Processing Unit,中央处理器)、电路板及存储芯片等各类电子部件上都用二维码贴上标志,用户只要用智能手机等扫描装置扫一扫,就能清楚地了解产品的规格、型号、出厂日期及生产厂家等各种关键信息。事实上,二维码作为信息载体,不仅方便实用、操作简单,而且信息传输高效、准确。

我国的二维条码识别技术也比较成熟,有着自主知识产权的二维条码有龙贝码(图6-1)、汉信码(图6-2)等,已经在多家企业中应用。

2. 磁卡技术

磁卡是一种磁记录介质卡片,如图6-3所示。它由高强度、耐高温的塑料或纸质涂覆塑料制成,防潮、耐磨,且有一定的柔韧性,携带方便,使用较为稳定可靠。通常,磁卡的一面印刷有说明提示性信息,如插卡方向;另一面则有磁层或磁条,具有2~3个磁道,以记录有关信息数据。

图6-1 龙贝码

图6-2 汉信码

图6-3 磁卡

最著名的磁卡应用是自动提款机信贷卡。磁卡还使用在对保安建筑、旅馆房间和其他设施的进出控制方面。其他应用包括时间与出勤系统、库存追踪、人员识别、娱乐场所管理、生产控制、交通收费系统和自动售货机。磁卡技术能够在小范围内存储较大数量的信息。一个单独的磁条可以存储几道信息。不像其他的信息存储方法,在磁条上的信息可以被重写或更改。目前,已有数家公司提供高保密度的磁卡和提高保密度的方法,这些系统能够为今天的应用要求提供信息安全保证。

3. 语音识别技术

语音识别是指运用计算机系统对语音所承载的内容和说话人的发音特征等所进行的自动识别,是实现人机对话的一项重大突破。语音识别技术对语音的3个属性进行分析:一是物理属性,如音高、音长、音强和音质;二是生理属性,如发音器官对语音的影响;三是社会属性,如语音区别意义的作用等。语音识别技术主要有4个方面的功能:声纹识别、内容识别、语种识别和语音标准识别。语音识别过程如图6-4所示。

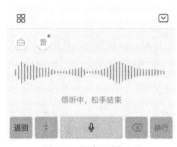

图 6-4　语音识别过程

4. 视觉识别技术

视觉是人类获取信息的最重要的手段,图像是人类获取信息的主要途径。所谓"图",就是物体透射光或反射光的分布;"像"是人的视觉系统接收图的信息而在大脑中形成的印象或认识。前者是客观存在的,而后者是人的感觉,图像则是两者的结合。目前,图像识别技术已经广泛运用于工业生产、军事国防、医学医疗等多个方面,如指纹锁、交通监管、家庭防盗系统、电子阅卷系统等。

(三)自动识别与感知技术的应用

1. 在产品标签管理中的应用

自动识别与感知技术在产品标签管理中的应用如图 6-5 所示,产品标签在产品走下生产线时,由制造商打印并粘贴在产品包装的明显位置。产品标签将成为跟踪产品流转的重要标志。若产品制造商未提供条码标签或标签损坏,可利用系统提供的产品标签管理模块,重新生成所需的标签。

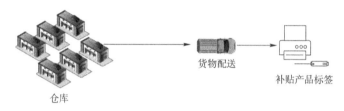

图 6-5　自动识别与感知技术在产品标签管理中的应用

2. 产品入库管理

自动识别与感知技术在产品入库管理中的应用如图 6-6 所示。入库时识读商品上的二维条码标签,同时录入商品的存放信息,将商品的特性信息及存放信息同存入数据库,存储时进行检查,看是否是重复录入。

通过二维条码传递信息,可有效地避免人工录入的失误,实现数据的无损传递和快速录入,将商品的管理推进到更深层次的个体管理。

图 6-6　自动识别与感知技术在产品入库管理中的应用

3. 产品出库管理

自动识别与感知技术在产品出库管理中的应用如图 6-7 所示。根据商务中心产生的提货单或配送单,选择相应的产品出库。为出库备货方便,可根据产品的特征进行组合查询,可打印查询结果或生成可用于移动终端的数据文件。产品出库时,要扫描商品上的二维条码,对出库商品的信息进行确认,同时更改其库存状态。

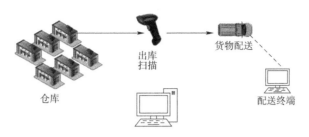

图6-7　自动识别与感知技术在产品出库管理中的应用

4. 仓库内部管理

在库存管理中,一方面二维条码可用于存货盘点,通过手持无线终端,收集盘点商品信息,然后将收集到的信息交给计算机进行集中处理,从而形成盘点报告;另一方面二维条码可用于出库备货。

5. 货物配送

二维条码在配送管理中具有重要的意义。配送前将配送商品资料和客户及其订货资料下载到移动终端中,到达配送客户后,打开移动终端,首先调出客户相应的订单,然后根据订单情况挑选货物并验证其条码标签。确认配送完一个客户的货物后,移动终端会自动校验配送情况,并作出相应的提示。自动识别与感知技术在货物配送中的应用如图6-8所示。

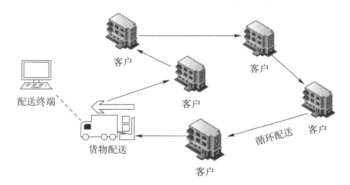

图6-8　自动识别与感知技术在货物配送中的应用

二、光学识别的分类和识读系统

(一)光学识别码的分类

1. 条形码

条形码是由美国的 N. T. Woodland 在1949年首先提出的。近年来,随着计算机应用的不断普及,条形码的应用得到了很大的发展。条形码可以标出商品的生产国、制造厂家、商品名称、生产日期、图书分类号、邮件起止地点、类别、日期等信息,因而在大商品流通、图书管理、邮电管理、银行系统等许多领域都得到了广泛的应用。

条形码最早出现在20世纪40年代,但得到实际应用和发展还是在20世纪70年代前后。现在世界上的各个国家和地区都已普遍使用条形码技术,而且它正在快速地向世界各地推广,其应用领域越来越广泛,并逐步渗入许多技术领域。条形码技术是在计算机应用发展过程中,为消除数据录入的"瓶颈"问题而产生的,可以说是最"古老"的自动识别技术。

条形码是将线条与空白按照一定的编码规则组合起来的符号,用以代表一定的字母、数字等资料。在进行辨识的时候,使用条形码阅读机扫描,得到一组反射光信号,此信号经光电转换后变为一组与线条、空白相对应的电子信号,经解码后还原为相应的文字或数字,再传入计算机。

(1)39码。39码是1974年发展出来的条形码系统,是一种可供使用者双向扫描的分散式条形码,也就是说相邻两资料码之间,必须包含数个不具任何意义的空白,且其具有支持文字或数字的能力,故应用较一般二维条形码广泛,目前主要应用于工业产品、商业资料及医院用的保健资料中。它的最大优点是码数没有强制的限定,可用大写英文字母码,且检查码可忽略不计。标准的39码由起始安全空间、起始码、资料码、可忽略不计的检查码、终止安全空间及终止码所构成。

(2)EAN码。EAN码的全名为欧洲商品条形码(European Article Number),起源于1977年,是由欧洲12个工业国家所共同发展出来的一种条形码。目前EAN条形码系统已成为一种国际性的条形码系统。EAN条形码系统的管理由国际商品条形码总会负责各会员国的国家代表号码的分配与授权,再由各会员国的商品条形码专职机构,对其国内的制造商、批发商、零售商等授予厂商代表号码。

(3)128码。128码于1981年推出,是一种长度可变、连续性的字母数字条形码。与其他维条形码相比,128码是较为复杂的条形码系统,而其所能支持的字元也相对地比其他维条形码来得多,又有不同的编码方式可供交互运用,因此其应用弹性也较大。128码的内容大致亦分为起始码、资料码、终止码、检查码4个部分,其中检查码是可有可无的。

2.二维码

二维码,又称二维条形码,它是用特定的几何图形按一定规律在平面(二维方向)上分布黑白相间的图形,是所有信息数据的一把钥匙。常见的二维码为QR码。QR全称Quick Response,是近几年来在移动设备上超流行的一种编码方式,相比传统的条形码,它能存储更多的信息,也能表示更多的数据类型。

二维码在代码编制上巧妙地利用构成计算机内部逻辑基础的"0""1"比特流的概念,使用若干个与二进制相对应的几何形体来表示文字数值信息,通过图像输入设备或光电扫描设备自动识读以实现信息自动处理。它具有条码技术的一些共性,每种码制有其特定的字符集,每个字符占有一定的宽度,具有一定的校验功能等。它还具有对不同行的信息自动识别功能及处理图形旋转变化点的功能。

(1)堆叠式/行排式二维码。堆叠式/行排式维条形码又称堆积式维条形码或层排式二维条形码,其编码原理是建立在一维条形码基础之上,按需要堆积成两行或多行。它在编码设计、校验原理、识读方式等方面继承了一维条形码的一些特点,识读设备与条形码印刷与一维条形码技术兼容。但由于行数的增加,需要对行进行判定,其译码算法与软件也不完全与一维条形码相同。有代表性的行排式二维条形码有Code 16K、Code 49、PDF417、MicroPDF417等。

(2)矩阵式二维码。矩阵式二维条形码又称棋盘式二维条形码,是在一个矩形空间通过黑、白像素在矩阵中的不同分布进行编码。在矩阵相应元素位置上,用点(方点、圆点或其他形状)的出现表示二进制"1",点的不出现表示二进制的"0",点的排列组合确定了矩阵式二维条形码所代表的意义。矩阵式二维条形码是建立在计算机图像处理技术、组合编码原理等基础上的一种新型图形符号自动识读处理码制。具有代表性的矩阵式二维条形码有

Code One、Maxi Code、QR Code、Data Marix、Han Xin Code、Grid Matrix 等。

(二)光学识别的识读系统

1. 条形码扫描器

条形码扫描器又称条形码阅读器、条形码扫描枪,如图6-9所示。它是用于读取条形码所包含信息的阅读设备,利用光学原理,把条形码的内容解码后通过数据线或无线的方式传输到计算机或其他设备,广泛应用于超市、物流快递、图书馆等扫描商品、单据的条形码。

2. 二维码识读系统

二维码识读是通过获取载体上的图像信息,译码得到二维条形码符合承载的信息的过程。识读过程可分为图像采集、图像预处理、定位与解码等几个主要步骤。

图6-9 条形码扫描器

(1)图像采集。图像采集有两种方式:扫描式和摄像式。堆叠式二维码可以采用扫描式和摄像式两种方式进行识读;而矩阵式二维码由于其基本单元为模块(正方形、圆形、六边形等),只能采用摄像式识读方法进行识读。

(2)图像预处理。二维码主要通过各模块的黑/白来表示相应信息,而摄像式获取的二维码物象难免会出现对比度不高、噪声较大、光照不均等问题,从而造成像素黑/白不明产生误判,尤其在工业应用中,问题更加严重。为了解决上述问题,需要采用一些数字图像处理的手段如对比度增强、图像去噪、消除光照影响、并二值化等对条形码图像进行预处理,以将这些问题对条形码识读带来的严重影响降到最小。故图像预处理操作主要包括图像对比度增强、图像去噪和图像二值化三步。

(3)定位与解码。二维码定位分为两步:粗定位和精定位。粗定位就是在复杂的背景中,提取出大概的条形码区域为下一步精定位做准备;而精定位则是要找到条形码的精确位置,以便在后续步骤中对条形码进行几何校正和译码。

二维码的解码则是对已经确定位置的条形码进行几何校正、信息提取、码流纠错、码流译码等操作,最终得到二维条形码中存储的信息。上述的操作只是一个通用的流程,具体的实现是与各种二维条形码的编码规则密切相关的,不同码制的二维条形码有不同的解码方法。

三、RFID 技术

(一)RFID 技术概述

无线射频识别(Radio Frequency Identification,简称 RFID)技术是一种新的自动识别技术,它是利用感应、无线电波进行非接触双向通信,达到识别及数据交换的自动识别技术。

RFID 技术是以无线通信技术和存储器技术为核心,伴随着半导体、大规模集成电路技术的发展而逐步形成的。它利用射频方式进行非接触双向通信,以达到自动识别目标对象并获取相关数据的目的。RFID 技术具有可非接触识别、精度高、适应环境能力强、抗干扰强、操作快捷等许多优点,广泛应用于物料跟踪、车辆识别以及生产过程控制等环节。

RFID 技术在国外发展很快,产品种类很多,像德州仪器、摩托罗拉、飞利浦等世界著名厂家都生产 RFID 产品,并且各有特色,自成系列。我国在这方面起步较晚,但经过几年的努力已经开发出了具有自主知识产权的产品。

(二)RFID 技术的工作原理和基本组成

1. RFID 技术的工作原理

利用射频信号的空间耦合(电感耦合或者电磁耦合),实现对物体的自动识别。先将无线射频标签安装在物体上,当物体进入无线射频识别系统阅读器的阅读范围时,标签和阅读器之间进行非接触式信息通信,标签向阅读器发送自身信息如 ID 号等,阅读器接收这些信息并进行解码,然后传输给后台处理计算机,完成整个信息处理过程。

2. RFID 的基本组成

(1)信号发射机。在 RFID 系统中,出于不同的应用目的,信号发射机会以不同的形式存在,典型的形式是标签。标签用来存储需要识别的传输信息,与条形码不同的是,标签必须能够自动或在外力的作用下,把存储的信息主动发射出去。按照不同的分类标准,标签可以分成不同的类别。

①按照标签获取电能的方式不同,可以分成主动式标签与被动式标签。

②按照内部使用存储器的类型不同,可以分成只读标签与可读写标签。

③按照标签中存储数据的能力不同,可以分成用于标识目的的标识标签与便携式数据文件。

(2)天线。天线是标签与阅读器之间传输数据的发射、接收装置。在实际应用中,除了系统功率,天线的形状和相对位置也会影响数据的发射和接收,需要专业人员对系统的天线进行设计、安装。

(3)读写器。读写器又称为读出装置,可无接触地读取并识别电子标签所保存的电子数据,从而达到自动识别物体的功能,它可以进一步通过计算机及计算机网络实现对物体识别信息的采集、处理及远程传送等管理功能。

(4)编程器。编程器是向标签写入数据的装置。编程器写入数据一般是离线完成的,也就是预先在标签中写入数据,等到开始应用时直接把标签粘贴在被标识项目上。RFID 系统的组成和工作原理如图 6-10 所示。

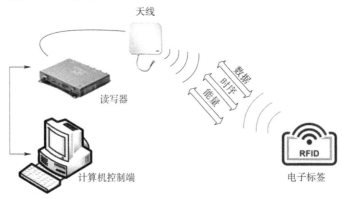

图 6-10 RFID 系统的组成和工作原理

(三)RFID 技术在物流中的应用

在物流领域中推广和使用 RFID 技术是相当必要和有益的,企业可以在物流活动的过程中广泛采用 RFID 技术。通过 RFID 技术的使用可以减少企业对于人力、财力、时间等方面的不必要投入,节约成本,增强物流活动过程中信息的准确性和及时性,使整个物流活动中的各个阶段的透明度提高,便于企业公共物流活动进行管理,从而更好地为企业的生产活动服务,使其真正成为企业的第三利润源泉。

1. RFID 技术在配送环节的应用

在配送环节,采用 RFID 技术能够大大加快配送的速度,提高拣选与分发过程的效率与准确率,并能减少人工作业量,降低配送成本。假设到达中央配送中心的所有商品都已经贴有 RFID 标签,当这些商品进入配送中心时,配送中心的读码设备可以读取所有商品各自标签中所包含的内容,配送系统将这些信息与发货记录进行核对,以检测出可能出现的错误,然后将 RFID 标签更新为最新的商品存放地点和状态,并且根据要求将商品进行下一步处理,确保对商品的精确控制。

2. RFID 技术在车辆管理中的应用

在车辆进出管理系统中,RFID 技术应用在不停车识别、自动检查、自动标记等方面,最终完成对车辆的智能性和自动性信息采集和车辆通行管理。

基于 RFID 技术的车辆进出管理系统可以按照前端的车辆进出控制系统和后端的车辆管理系统两部分来划分。各个出入口都安装有闸机和地感线圈等传感控制装置,并且还安装了和后台计算机相连接的 RFID 读写器,采集出入车辆的详细信息。当车辆上的 RFID 标签信息被读取后,信息发送到 RFID 中间件,由中间件对数据再次进行整理,随后完成对读写器的操作控制、数据的过滤和汇集等工作。最后,提交到后台的车辆管理系统,系统会根据中间件处理后的 RFID 数据,对车辆的进出情况作出合理高效的处理。RFID 系统在车辆管理中的应用如图 6-11 所示。

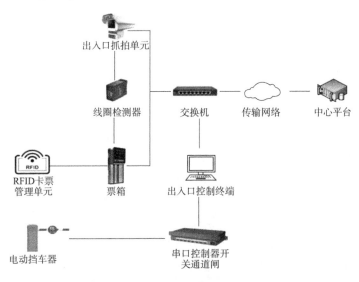

图 6-11　RFID 系统在车辆管理中的应用

3. RFID 技术在高速公路自动收费系统中的应用

高速公路上的人工收费站由于效率低下而成为交通瓶颈。将 RFID 技术应用在高速公路自动收费上,能够充分体现它非接触识别的优势,在车辆高速通过收费站的同时自动完成收费。据测试,采用这种自动收费方式,车辆通过自动收费卡口时的车速可保持在 40km/h 左右,与停车领卡缴费相比,可节省 30%~70% 的时间。ETC(Electronic Toll of Collection,电子不停车收费)系统是一个集中了 RFID 技术、计算机网络及信息处理、自动控制等多项高新技术,在高速公路收费系统中综合应用的新型收费系统。ETC 系统的数据后台处理和人工收费系统的数据后台处理是一致的,所不同的是前端处理方式。ETC 系统利用车载电子标签,自动与安装在路侧或门架上的 RFID 天线进行信息交换,中心控制计算机根据电子标签中存储的信息识别出道路使用者,然后自动从道路使用者的预先储值或银行账号中扣除通行费。其最明显的优点是可以实现不停车收费,从而大幅提高了车道收费站的处理效率和收费公路的通行能力。RFID 技术在高速公路收费系统中的应用如图 6-12 所示。

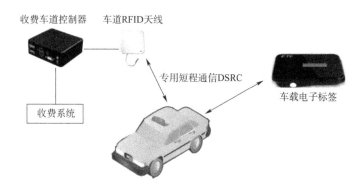

图 6-12 RFID 技术在高速公路收费系统中的应用

4. RFID 技术在存储环节中的应用

在各物流环节中,RFID 技术最重要的使用环境在于存储环节,尤其是在进行存取货物活动过程中。它能够帮助企业简化作业流程,实现工作流程自动化。

RFID 技术在存储环节中的应用如图 6-13 所示。图中 WCS 是仓库控制系统(Warehouse Control System),ERP(Enterprise Resource Planning,资源计划)系统是国网统一部署的物资管理系统,仓储管理系统处于中间位置,系统之间通过系统交互技术进行通信。除去 WCS 与 ERP 系统,基于 RFID 技术的仓储管理系统由 RFID 中间件系统和 WMS(Warehouse Management System,仓储管理系统)两部分组成,WMS 通过接口与 WCS 以及 ERP 系统集成。在实践应用中,系统需要多个数据库的支持,如标签信息数据库、主数据库、业务数据库等。RFID 技术的仓储管理系统的总体架构可以分成四个部分:

(1)阅读器终端。手持阅读器终端以及固定阅读器终端主要负责标签信息的读取写入、信息查询、接收出入库作业确认信息、确认作业任务的完成。阅读器使用 Wi-Fi(无线通信技术)局域网与 RFID 中间件系统进行数据交互通信。

(2)RFID 中间件系统。管理控制物理硬件,接收阅读器收集到的标签数据,与上层企业应用交互。

(3)仓储管理系统。仓储管理系统用于产品的出入库管理、在库管理、任务管理、系统管理等。

(4)服务器。服务器包括数据服务器和 Web 服务器,数据服务器主要为应用程序提供数据管理服务,包括数据存储、查询以及事务管理等;Web 服务器主要用于管理应用程序,提供 Servlet 容器管理服务。

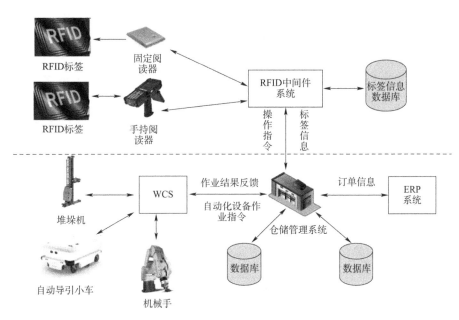

图 6-13 RFID 技术在存储环节中的应用

第三节 智慧物流的定位跟踪技术

智慧物流的定位跟踪技术包括地理信息系统和电子地图技术、GNSS(Global Navigation Satellite System,全球导航卫星系统)定位技术、基于无线网络的定位技术等多种技术。地理信息系统是指在计算机硬、软件系统支持下,对整个或部分地球表层(包括大气层)空间中的有关地理分布数据进行采集、储存、管理、运算、分析、显示和描述的技术系统。电子地图技术是利用计算机技术,以数字方式存储和查阅的地图。GNSS 定位技术可以对人员、动物、资产、车辆等进行追踪定位,并提供有关航向、速度、日期、时间等数据。无线网络定位技术是指在无线移动通信网络中,通过对接收到的无线电波的特征参数进行测量,利用测量到的无线信号数据,采用特定的算法对移动终端所处的地理位置进行估计,提供准备的终端位置信息和服务。下面,我们将对这几种技术进行详细介绍。

一、地理信息系统和电子地图技术

(一)地理信息系统

1. 地理信息系统概述

地理信息系统(Geographic Information System,简称 GIS)又称空间信息系统。它以空间地理为基础,采用地理模型分析方法,为用户提供多种动态空间的地理信息,是一种为地理研究和地理决策服务的计算机技术系统。地理信息的计算机系统,是分析和处理海量地理数据的技术,是人类空间认知的有效工具。GIS 也可简单定义为采集、模拟、处理、检索、分析和表达地理空间数据的计算机信息系统,是有关空间数据管理和空间信息分析的计算机系统。从学术角度看,地理信息是一门结合了信息科学、计算机科学、现代地理学、遥感测绘学、空间科学、空间环境学等多类学科的综合性学科,是多学科交叉的产物。利用这一系统,可以实现货物的跟踪和车辆的运输管理,进行线路的规划、分析以及进行物流基地的规划和建模分析等。简单地说,它是计算机科学与地理空间科学相结合的产物,是用于输入、存储、管理、查询、分析、显示、辅助分析决策的计算机系统。

2. 地理信息系统的构成

计算机软件系统是指必需的各种程序,对于 GIS 应用而言,计算机软件通常包括计算机系统软件、GIS 软件和其他支持软件和应用分析程序。软件系统包括计算机系统软件和 GIS 专业软件及其他应用分析软件。计算机系统软件是支持计算机本身的程序系统,包括操作系统、汇编程序等。GIS 专业软件是 GIS 的核心,是处理、展示、分析空间数据的软件系统。应用软件是用户或系统开发人员针对某类行业某种特殊任务的需求,基于 GIS 专业软件而进行开发的应用程序,是 GIS 功能的补充和扩展。

地理空间数据是指以地球表面空间位置为参照的自然、社会和人文景观数据。空间数据是系统程序作用的对象,是 GIS 所表达的现实世界经过模型抽象的实质性内容,可以是图形、图像、文字、表格和数字等,由系统的建立者通过数字化仪、扫描仪、键盘磁带机或其他通信系统输入 GIS。硬件系统是 GIS 部署的物理环境,是计算机系统中的实际物理装置的总称,包括输入设备、存储设备和输出设备。硬件在一定程度上决定了 GIS 的规模、速度、精度、形式、功能和使用方法,由于 GIS 空间运算的复杂性,必须有一定的硬件系统作为支撑。

人是 GIS 中重要构成因素,一个周密规划的地理信息系统项目应包括负责系统设计和执行的项目经理、信息管理的技术人员、系统用户化的应用工程师及最终运行系统的用户。GIS 是一个动态的地理模型,需要人进行系统组织、管理维护和数据更新、系统扩充完善、应用程序开发等,因此 GIS 专业人员是系统运行的保障和关键。

(二) 电子地图技术

电子地图是一种以数字地图为数据基础,以计算机系统为处理平台,在屏幕上实时显示的地图。电子地图是地图制作和应用的一个系统,是由电子计算机控制所生成的地图,是基于数字制图技术的屏幕地图,是可视化的实地图。"在计算机屏幕上可视化"是电子地图的根本特征。电子地图同时具备地图的三个特征:数学法则、制图综合和特定的符号系统。电子地图数据来源是数字地图,既可以是可无级缩放的矢量地图数据,也可以是以像素点存储的栅格地图数据。电子地图的采集、设计都是在计算机平台上实施的,其表达载体是电子屏幕。电子地图在产品形式上是数据和软件系统的集成体,其应用软件作为浏览系统能够完成电子地图的放大、缩小、漫游等功能,同时也能够实现快速、高效的信息检索与空间分析功能。

电子地图和 WebGIS 结合形成的网络电子地图是目前影响人们生活的地图产品。和一般的电子地图相比,网络地图不仅可以利用闪烁或动画等手段实现表现形式的动态变化,更重要的是基于网络环境,能够使地图内容实现实时动态更新。可以根据不同用户的要求,定制不同类型、不同风格的网络地图,实现个性化服务。用户可以根据需要进行点、线、面等多种形式的查询。

目前主流的门户网站都有网络电子地图产品,主要有 Google 地图、百度地图、搜狗地图、腾讯地图、阿里巴巴地图。几大互联网巨头纷纷推出各自的网络电子地图,打造基于位置服务的时代。

二、GNSS 定位技术

(一)GNSS 定位技术概述

GNSS 定位技术是指利用卫星播发的无线电信号进行定位导航的技术,目前移动目标的定位跟踪越来越多地采用这种技术。它的优点是具有海、陆、空全方位实时三维导航定位能力,在海、陆、空移动物体的导航、制导、定位等方面得到广泛应用。目前世界有四大全球导航卫星系统及若干个服务于本国或周边区域的区域导航系统。作为智慧物流的定位跟踪的主要手段,GNSS 定位技术被广泛应用于物流行业。

北斗卫星导航系统(BDS)是我国自主研发和建设的 GNSS 系统。而 GPS 是美国的 GNSS 系统,也是全球最早的 GNSS 系统。同样具备全球覆盖能力的 GNSS 系统,还包括俄罗斯的 GLONASS 和欧洲的 GALILEO。除了全球性的卫星系统之外,GNSS 系统还包括一些区域性的系统(例如日本的准天顶系统 QZSS 和印度的 IRNSS),以及增强系统(例如美国的 WAAS、日本的 MSAS 和欧盟的 EGNOS 等)。增强系统是基于全球或区域系统的辅助系统,可以满足更多场景需求。

(二)GNSS 定位技术的应用

1. 车辆监控调度及导航服务

车辆监控调度应用系统通过 GNSS 定位技术,利用通信信道,将移动车辆的位置数据传送到监控中心,实现 GIS 的图形化监视、查询、分析功能,对车辆进行调度和管理。车载导航系统结合了卫星导航技术、地理信息技术和汽车电子技术,可在显示器上精确显示汽车的位置、速度和方向,为驾驶者提供实时的道路引导。

2. 地理数据采集

人类 80% 的活动与空间信息有关。地理数据采集是 GNSS 最基本的专业应用,它可以用来确认航点、航线和航迹;国土、矿产和环境调查等需要确定采样的点位信息;铁路、公路、电力、石油、水利等需要确定的管线位置信息;房地产、资产和设备巡检需要的面积和航迹位置信息。GIS 数据采集产品正在成为满足各行业对空间地理数据需求的常用工具。

三、基于无线网络的定位技术

(一)无线网络定位技术的概述

随着无线通信技术的发展和数据处理能力的提高,利用无线网络进行定位成为移动通信应用发展的新方向。无线移动网络定位按照网络类型及拓扑的差异可以分为移动通信基站定位、无线局域网定位和无线网络辅助的 GPS 定位系统。

(二)无线网络定位技术的方法

移动通信基站进行通信的基本原理分为 3 类:基于三角关系和运算的定位技术、基于场景分析的定位技术和基于临近关系的定位技术。其定位方法有场强定位法、起源蜂窝小区定位法、信号到达时间定位法、信号到达角度定位法、信号到达时间差定位法、增强型观测时间差定位法及相关数据库定位法等。

1. 相关数据库定位法(DCM)

相关数据库定位技术是一种通用的技术,其基本原理是建立一个位置信息相关数据库,存储定位系统覆盖范围内每一个位置所观察到的无线信息的特征信息,当需要定位时,移动终端测量周围环境的无线信号信息并把测量结果发送给服务器,服务器将测量结果与数据库中的内容进行匹配,与测量结果一致的信号特征信息所对应的位置区域是移动目标的当前位置。

2. 信号到达时间定位法(TOA)

移动终端发射测量信号到达3个以上的基站,通过测量到达基站所用的时间(须保证时间同步),并施以特定算法的计算,实现对移动终端的定位。在该算法中,移动终端位于以基站为圆心,移动终端和基站之间的电波传输距离为半径的圆上,3个圆的交点即为移动终端所在的位置。

3. 蜂窝小区定位法(COO)

每个小区都有自己特定的小区标志号(Cell-ID),当进入某一小区时,移动终端要在当前小区进行注册,系统的数据中就会有相应的小区ID标志。系统根据采集到的移动终端所处小区的标志号来确定移动终端用户的位置。这种定位技术在小区密集的地区精度相对较高且易于实现,无须对现有网络和手机做较大的改动,因而得到广泛的应用。

4. 增强型观测时间差定位法(E-OTD)

在无线网络中放置若干位置接收器或参考点作为位置测量单元(LMU),参考点都有一个精确的定时源,当具有E-OTD功能的手机和LMU接收到3个以上的基站信号时,每个基站信号到达两者的时间差将被算出来,从而估算出手机所处的位置。这项定位技术定位精度较高,但硬件实现较为复杂。

5. 信号到达角度定位法(AOA)

这种定位方法的首要条件是基站需装设阵列智能天线。通过这种天线测出基站与发送信号的移动终端之间的角度,进一步确定两者之间的连线,这样移动终端与两个基站可得到两条连线,其交点即为待测移动终端的位置。该定位技术的缺点是对所需智能天线要求较高,且有定位盲点。

第四节 智慧物流中的新技术

一、大数据

(一)大数据概述

大数据,或称为海量数据,是企业发展过程中的重要信息资产。企业在经营及管理过程中运用大数据技术,能够及时了解市场变化,提高自身的决策能力,对业务运营流程进行调整,加速自身的发展。为了保证数据信息的全面性,企业要通过多种渠道进行信息获取,从而提高数据分析结果的准确性。有些企业直接面向消费者个体,有些企业则为其他企业提供服务,无论是哪种类型的企业,都可以从电商平台或者消费者反馈信息中搜集数据信息,还能通过多元化渠道进行信息获取。虽然这部分数据与企业的顾客关系管理数据没有直接联系,但数据的获取能够对企业的产品运营产生重大影响。

大数据是由数量巨大结构复杂、类型众多的数据所构成的数据集合,是基于云计算的数据处理与应用模式。大数据的核心思想是数据样本到全数据的扩展以及数据因果关系到相关关系的转变。

(二) 大数据的关键技术

大数据处理关键技术一般包括大数据采集技术、大数据预处理技术、大数据存储与管理技术、大数据分析与挖掘技术、大数据展现与应用技术。

1. 大数据采集技术

数据是事实或观察的结果,是对客观事物的逻辑归纳,是用于表示客观事物的未经加工的原始素材。数据可以是连续的值,比如声音、图像,称为模拟数据;也可以是离散的,如符号、文字,称为数字数据。在计算机系统中,数据以二进制信息单元0、1的形式表示。

数据的采集是大数据价值挖掘最重要的一环,其后的集成、分析、管理都构建于采集的基础。大数据采集技术就是通过不断发展的数据收集方法及技术获取海量价值数据,包括各种各样的数据类型,最常见的如普通文本、照片、视频等,还有位置信息、链接信息等XML (Extensible Markup Language,可拓展标记语言)类型的数据。

2. 大数据预处理技术

大数据预处理技术主要是完成对已接收数据的辨析、抽取、清洗等操作。数据抽取过程可以帮助我们将这些复杂的数据转化为单一的、便于处理的构型,以达到快速分析处理的目的。有些数据对于大数据,并不全是有价值的,需要对数据通过清洗转化从而提取出有效数据。

3. 大数据存储与管理技术

大数据存储与管理要用存储器把采集到的数据存储起来,建立相应的数据库,并进行管理和调用。只有数据与适合的存储系统相匹配,制定出管理数据的战略,才能低成本、高可靠、高效益地应对大量数据。对于企业来说,面对大数据首先解决的问题就是成本和时间效应问题。商机不容错过,而存储数据管理,可以通过自动化备份和归档的软件,让企业的关键数据分存在不同的区域,然后按照特定的业务需求,对数据进行提取,操作和分析,并形成企业所需要的目标数据。

4. 大数据分析与挖掘技术

大数据挖掘就是从大量的、不完全的、有噪声的、模糊的、随机的实际应用数据中,提取隐含在其中的、人们事先不知道的但又是潜在有用的信息和知识的过程。大数据分析涉及的技术方法很多,有多种分类法。根据挖掘任务不同,可分为分类或预测模型发现、数据总结、聚类、关联规则发现、序列模式发现、依赖关系或依赖模型发现、异常和趋势发现等;根据挖掘对象不同,可分为关系数据库、面向对象数据库、空间数据库、时态数据库、文本数据源、多媒体数据库、异质数据库、遗产数据库等;根据挖掘方法不同,可分为机器学习方法、统计方法、神经网络方法和数据库方法。

5. 大数据展现与应用技术

大数据技术能够将隐藏于海量数据中的信息和知识挖掘出来,为人类的社会经济活动提供依据,从而提高各个领域的运行效率,大大提高整个社会经济的集约化程度。随着信息技术的飞速发展,特别是云计算、物联网技术的成熟,推动了以大数据应用为标志的智慧物流产业的兴起。智慧物流极大地促进了物流产业优化和管理的透明度,实现了物流产业各个环节信息共享和协同运作,以及社会资源的高效配置。

(三) 大数据的应用

1. 智慧交通大数据应用

大数据下的智慧交通就是整合传感器、监控视频和 GPS 等设备产生的海量数据,并与气象监测设备产生的天气状况数据、人口分布数据和移动通信数据等相结合,从这些数据中洞察出我们真正需要的有价值信息,从而实现智慧交通公共信息服务的实时传递和快速反应的应急指挥等功能。

基于大数据的智慧交通可以有效地管理交通数据,如可集中访问分散存储在不同支队数据中心的图像或视频等,提高对海量数据的利用率。如可从海量数据中挖掘出有价值的信息,为公安治安、刑侦、经侦等部门人员及一线民警提供信息支撑服务,改善交通。如提高对各种交通突发事件的应急调度能力,依据历史数据预测交通或突发事件的发展趋势。

2017 年的杭州云栖大会上,阿里云的"城市大脑"正式发布。它通过接管杭州的一些信号灯路口,使试点区域的通行时间减少,使救护车到达现场的时间缩短,"城市大脑"的"天曜"系统通过对已有街头摄像头的无休巡逻,释放了警力,节省了劳动力。城市大脑得益于阿里云积累的云计算和大数据能力,通过一个普通的摄像头,就能读懂车辆运行状态和轨迹,同时实时分析来自交通局、气象、公交、高德等机构的海量交通数据,为城市的智慧交通贡献了力量。

2. 大数据在互联网行业中的应用

大数据应用起源于互联网行业,互联网也是大数据技术的主要推动者。互联网拥有强大的技术平台,同时掌握大量用户行为数据,能够进行不同领域的纵深研究。如谷歌、Twitter、亚马逊、新浪、阿里巴巴等互联网企业已广泛开展定向广告、个性推荐等较成熟的大数据应用。国外的亚马逊作为一家"信息公司",不仅从每个用户的购买行为中获得信息,还将每个用户在其网站上的所有行为都记录下来。国内互联网企业以阿里巴巴为代表,其在 2012 年 7 月推出了数据分享平台"聚石塔",为淘宝、天猫等平台上的电商提供数据云服务,并将其扩展到金融领域和物流领域。阿里巴巴基于对用户交易行为的大数据分析,提供面向中小企业的信用贷款。阿里巴巴成立的"菜鸟物流"也同样基于大数据平台。阿里巴巴利用大数据平台的分析,联手各大物流企业,来选择最高效的送达方式。

3. 大数据在库存方面的应用

通过大数据系统,将运输数据和库存数据集中起来,通过数据分析,决定对哪些货物进行先行发货,以确保正确的库存。大数据系统还可以将库存信息和货物预测信息,通过 EDI 直接送到客户处,通过这种方式可以定期增加或者减少库存,物流商也可减轻自身负担。

4. 大数据在市场和趋势分析中的应用

利用大数据工具和统计模型对数据库的数据仔细研究,可以分析客户的运输习惯和其他战略性信息。通过检索数据库中近年来的物流数据,可以对季节性货物、运输量、货物品种和库存的趋势进行大数据分析,还可以确定风险货物,并对其数量和运作作出决策。

二、云计算

(一) 云计算概述

1. 云计算的概念

"云计算"的概念最早由 Google 首席执行官埃里克·施密特(Eric Schmidt)在 2006 年的

搜索引擎大会上提出,随后微软、亚马逊、IBM、思科、惠普、甲骨文、EMC等众多巨头企业全部跟进,IT巨头们纷纷把它看作是未来的"决战之地"。云计算是分布式计算的一种,是指通过网络"云"将巨大的数据计算处理程序分解成无数个小程序,然后,通过多部服务器组成的系统进行处理和分析这些小程序得到结果,并返回给用户。云计算早期是简单的分布式计算,解决任务分发,并进行计算结果的合并。因而,云计算又称为网格计算。通过这项技术,可以在很短的时间内完成对数以万计的数据的处理,从而实现强大的网络服务。

近年来,随着信息技术的发展,各行各业产生的数据量呈爆炸式增长趋势,用户对计算和存储的要求越来越高。为满足用户对逐日增长的数据处理的需求,企业和研究机构建立自己的数据中心,通过投入大量资源提高计算和存储能力,以达到用户要求。传统模式下,不仅需要购买CPU、硬盘等基础设施,购买各种软件许可,还需要专业的人员维护数据中心运行。随着用户需求与日俱增,企业需要不断升级各种软硬件设施以满足需求。在用户规模扩大的同时,应用种类也在不断增多,任务规模和难度指数式增加,传统的资源组织和管理方式按照现有的扩展趋势已无法满足用户服务质量的要求,投资成本和管理成本均已达到普通企业无法承担的程度。对于企业来说,并不需要一整套软硬件资源,而是追求高效地完成对自有数据的处理。基于此,云计算技术应运而生。通俗地讲,云计算就是一种基于互联网的超级计算模式,在远程的数据中心里,成千上万台计算机和服务器连接成一片电脑云,用户可以通过计算机、笔记本、手机等方式接入数据中心,体验每秒超过10万亿次的运算能力。

2. 云计算的分类

云计算按照服务方式不同,可以划分为公有云、私有云和混合云。公有云是指独立的第三方云计算服务提供商(Cloud Computing Service Provider,简称CCSP)在全球范围内建立若干数据中心,为所有企业和用户提供的云服务。公有云受到运营需求的限制,对资源管理需求较为强烈。私有云是指由某个企业或组织为降低运行及开发成本而搭建并使用的云环境,具有专属性质,是封闭的。在私有云内部,企业或组织成员拥有相关权限可以访问并共享该云计算环境所提供的资源,而外部用户则不具有相关权限而无法访问该服务。混合云是指公有云与私有云的结合,通常有对外服务的公有云和专属的私有云两部分。企业和用户可以将公开的服务和保密程度较低的数据放在公有云部分上,而私有服务和保密程度较高的数据放在私有云部分上。而混合云的"公""私"两部分并不是割裂的,它们之间也会相互协调工作。

(二)云计算的应用

1. 云计算在开发测试中的应用

开发测试云可以解决开发测试过程中的棘手问题,其通过友好的Web界面,可以预约、部署、管理和回收整个开发测试的环境,通过预先配置好(包括操作系统、中间件和开发测试软件)的虚拟镜像来快速地构建一个个异构的开发测试环境,通过快速备份/恢复等虚拟化技术来重现问题,并利用云的强大的计算能力来对应用进行压力测试,开发测试云比较适合那些需要开发和测试多种应用的组织和企业。

2. 云计算在网络安全中的应用

"云安全"通过网状的大量客户端对网络中软件行为进行异常监测,获取互联网中木马、恶意程序的最新信息,推送到Server端进行自动分析和处理,再把病毒和木马的解决方案分发到每一个客户端。

3. 云计算在医疗中的应用

医疗云,是指在云计算、移动技术、多媒体、4G(第四代移动通信)、大数据,以及物联网等新技术基础上,结合医疗技术,使用"云计算"来创建医疗健康服务云平台,实现医疗资源的共享和医疗范围的扩大。因为云计算技术与医疗技术的应用结合,医疗云提高了医疗机构的效率,方便居民就医。现在医院的预约挂号、电子病历、医保等,都是云计算与医疗领域结合的产物。医疗云还具有数据安全、信息共享、动态扩展以及布局全国的优势。

4. 云计算在金融中的应用

金融云,是指利用云计算的模型,将信息、金融和服务等功能分散到由庞大的分支机构所构成的互联网"云"中,旨在为银行、保险和基金等金融机构提供互联网处理和运行服务,同时共享互联网资源,从而解决现有问题并且达到高效、低成本的目标。2013年11月27日,阿里云整合阿里巴巴旗下资源并推出来阿里金融云服务。因为金融与云计算的结合,现在只需要在手机上简单操作,就可以完成银行存款、购买保险和基金买卖。现在,不仅阿里巴巴推出了金融云服务,苏宁金融、腾讯等企业均推出了自己的金融云服务。

5. 云计算在教育中的应用

教育云,实质上是指教育信息化的一种发展。教育云可以将所需要的任何教育硬件资源虚拟化,然后将其传入互联网中,以向教育机构和学生老师提供一个方便快捷的平台。现在流行的慕课就是教育云的一种应用。慕课(Massive Open Online Courses,简称 MOOC)是指大规模开放的在线课程,现阶段慕课的三大优秀平台为 Coursera、Edx 以及 Udacity。在国内,中国大学 MOOC 也是非常好的平台。2013年10月10日,清华大学推出 MOOC 平台——学堂在线,许多大学现已使用学堂在线开设了一些课程的 MOOC。

三、物联网

(一)物联网概述

1. 物联网的起源

在 2000 年 IBM 提出"智慧地球"概念后,物联网逐渐被人们所熟悉。随着相关技术的不断发展和成熟,物联网被广泛应用到制造、交通、物流等行业领域。其中,物流行业是最能体现物联网相关技术应用价值的领域之一。物联网是指利用互联网和各种智能传感设备形成人、物、信息的彼此连接,进而实现数字化、可视化、智能化和远程管理控制的网络系统。它真正体现了"万物互联"的理念,被称为计算机和互联网之后信息化产业的"第三次革命"。物联网是一个涉及众多前沿技术和设备的领域。在信息设备上,物联网主要包括全球导航卫星系统、射频识别装置、红外线遥感技术、激光扫描装备等。同时,物联网是利用先进的传感和传输技术手段,对实物的相关信息进行自动、实时、多维度、全天候的标记、采集、传输、存储和分析,进而以此为基础搭建可视化、智能化的信息运营管理平台和应用体系,实现社会生产生活中信息的高效自由流通、共享和相关决策的智能化的技术。按照上述定义,目前比较流行、能够被各方所接受的物联网定义为:通过 RFID 红外感应器、全球导航卫星系统、激光扫描器等信息传感设备,按约定的协议,把任何物品与互联网连接起来,进行信息交换和通信,以实现智能化识别、定位、跟踪、监控和管理的一种网络。物联网目的是让所有的物品都与网络连接在一起,方便识别和管理。其核心是将互联网扩展应用于我们所生活的各个领域。

2. 物联网的特点

物联网作为新技术时代下的信息产物,在其漫长的演化与发展过程中不断对自身进行完善,在现有网络概念的基础上,将其用户端延伸和扩展到任何物品与物品之间,进行信息交换和通信,从而更好地进行"物与物"之间信息的直接交互。物联网主要有如下4个特点:

(1)连通性。连通性是物联网的本质特征之一。国际电信联盟认为,物联网的"连通性"有3个维度,一是任意时间的连通性,二是任意地点的连通性,三是任意物体的连通性。

(2)技术性。物联网是技术变革的产物,它代表着未来计算与通信技术的发展趋势,而其发展又依附于众多技术的支持,如射频识别技术、传感技术、纳米技术和智能嵌入技术。

(3)智能性。物联网使得人们所处的物质世界得以实现极大程度地实现数字化、网络化,使得世界中的物体不仅以传感方式,也以智能化方式关联起来,网络服务也得以智能化。物联网具有智能化感知性。它可以感知人们所处的环境,最大限度地支持人们更好地利用各种环境资源,以便人们作出正确的判断。

(4)嵌入性。物联网的嵌入性表现在如下两个方面:一是各种各样的物体本身被嵌入在人们所生活的环境中;二是由物联网提供的网络服务将被无缝地嵌入人们日常的工作与生活中。

(二)物联网的基本结构与组成

物联网各组成部分分工协作、有机结合,以实现物与物之间的交互沟通和基于物联网的工作组织。物联网的组成包括感知层、网络层和应用层,其组成如图6-14所示。

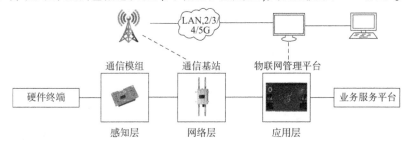

图6-14 物联网的组成

1. 感知层

感知层处于三层架构的最底层,是物联网发展和应用的基础,具有物联网全面感知的核心能力。感知层通过对物质世界物理实体的感知布局,实现对物理实体的属性的感知、采集与捕获,使之成为可供传输和识读的信息。作为物联网的最基本的一层,感知层具有十分重要的作用。它由数据采集子层、短距离通信技术和协同信息处理子层组成。感知层的主要技术包括传感器技术、RFID技术、蓝牙技术、ZigBee(紫蜂)技术以及二维码技术。

2. 网络层

物联网的发展是建立在其他网络发展的基础上的,特别是三网融合中的三网(电信网、广播电视网、互联网),还包括通信网、卫星网、行业专网等。网络层将来自感知层的各类信息通过基础承载网络传输到应用层。网络层中的感知数据管理与处理技术是实现以数据为中心的物联网的核心技术。感知数据管理与处理技术包括对物联网数据的存储、查询、分析、挖掘、理解及基于感知数据决策和行为的技术。网络层位于整个物联网体系的中间位置,其主要技术包括Internet技术、移动通信网技术、无线传感器网络技术等。

3. 应用层

应用层将物联网所提供的物的信息引入相关领域,与其现有技术相结合,实现广泛智能化应用的解决方案。应用层可由应用和应用实施构成,物联网通过感知层和网络层传递的信息是原始信息,这些信息只有通过转换、筛选、分析、处理后才有实际价值,应用层就承担了该项工作。应用实施是通过应用控制分析、处理的结果对事物进行相关应用反馈的实施,实现物对物的控制。应用实施可由人参与,也可不由人参与,实现完全的智能化应用。物联网的应用可分为监控型(如环境监控、物流监控)、查询型(如智能检索、远程抄表)、控制型(如智能交通、智能家居、路灯控制)扫描型(如手机钱包、高速公路不停车收费)等。

(三) 物联网在物流中的应用

1. 运输中的物联网应用

利用物联网技术实施运输业务升级的物流企业需以深度覆盖所服务区域的运输网络平台为基础提供快捷、准时、安全、优质的标准化服务。通过整合内外物资源,提供"一站式"综合物流服务,以满足客户对运输业务的个性化需求。物联网技术将用于优化运输业务的各个作业环节,实现运输管理过程的信息化、智能化,并与上、下游业务进行物资资源整合和无缝连接。利用物联网技术的无线射频技术,工作人员能够根据物品的电子标签,对货物的运输流程进行实时监督,相关的工作人员将物品信息进行整合,保证其能够传达到信息平台中。通过这种方式,管理人员能够及时掌握基本动态信息,还能够加快智能化建设的脚步。在基于"互联网+"的时代背景下,物流企业首先就要保证信息的透明性与真实性。例如,用户在使用电商平台进行购物时,能够随时进行物流查询,购买的商品何时发货,由哪一位快递员进行配送,这种便捷性的查询方式就是物联网的优势。另外,在智慧物流管理的感知互动层面中应用物联网技术,可以使相关的工作人员可以利用系统定位的方式,对货物进行追踪。

2. 仓储业务的物联网应用

在传统的仓储中,往往需要人工进行货物扫描以及数据录取,这种方法工作效率低下,同时存在着仓储货位划分不清晰、堆放混乱、缺乏流程跟踪等缺点。将物联网技术应用于传统仓储中,形成智能仓储管理系统,能提高货物进出效率、扩大存储的容量、减少人工的劳动强度以及人工的成本。这种方式还能够实时显示、监控货物进出情况,提高交货准确率,完成收货入库、盘点调拨、拣货出库以及整个系统的数据查询、备份、统计、报表生产及报表管理等任务,同时还可实现仓储物流管理中的货物自动分拣、智能化出入库管理、货物自动盘点及"虚拟仓库"管理,从而形成自动仓储业务。通过智能及自动化的仓储物流管理,可有效地降低物流成本,实现仓储物流作业的可视化透明化管理,提高仓储物流服务水平,最终实现智能化、网络化、一体化的管理模式。

3. 配送业务的物联网应用

在传统的配送过程当中,交通条件、价格因素、用户数量及分布和用户需求等因素的变化会对配送方案、配送过程产生影响。如何使信息及时、有效、精确地传递已成为衡量配送服务水平的最重要标准。物联网的引入很好地解决了这一问题,通过对以上影响因素涉及的物体利用物联网感知布点进行信息采集并有效反馈,可形成动态的配送方案,从而提高配送效率,提升服务质量。此外,物联网还可为客户提供实时的配送状态信息服务。物联网在运输、仓储配送中的应用如图 6-15 所示。

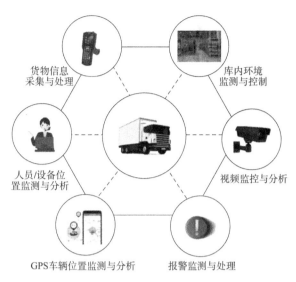

图 6-15　物联网在运输、仓储和配送中的应用

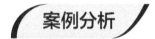

JD: Using the Internet of Things to compete in the supply chain

JD. com is China's largest e-commerce self-operated enterprise, and its share of the B2C e-commerce market reached 56.3% in the first quarter of 2015. It sells more than 40000 types of products, including 13 categories such as home appliances, mobile phones, computers and clothing. It is the most popular and influential e-commerce website in China's e-commerce field.

With the increasingly prominent needs of users' personalized consumption, users' shopping experience is a new challenge facing JD. com. Although JD. com is known for quickly responding to customer needs, there are also cases of delayed delivery. What Jingdong is best at is the 3C category, the newly added department store category and the book category. In these categories, JD. com can respond to orders quickly, which is JD's advantage in the supply chain. JD's supply chain system has overturned the ordinary express delivery model: warehouses are built in multiple locations, and warehouses are integrated, with special attention to the "last mile". Through years of effort to build a logistics infrastructure, we have successfully achieved the goal of "reducing the number of transportation of goods and creating value by improving efficiency".

JD's supply chain system includes several links: order generation, warehousing deployment, and outbound distribution.

1. Automated "Order-Warehousing" system

JD's order generation process is like this: The system receives the user's order—The order is transmitted to the stocking warehouse, and is ready to be shipped out—The order has been printed—the order is picked up—The order is confirmed by scanning—The order is packaged and the product is delivered to the user. At each node of the process, there is a signature confirmation

Figure 6-16 JD's intelligent sorting center

from the specific person who handles it. JD Automation's "Order-Warehousing" system is shown in Figure 6-16.

In the commodity outbound and distribution links, JD. com relies on big data to optimize the transportation and distribution routes to improve the efficiency of the delivery staff. Each warehouse of JD. com is divided into three major areas. The front is the receiving area, the middle is the storage area, and the back is the outgoing area. In the receiving area, after the quality of the goods sent by the manufacturer, each product will be affixed with an electronic label as an information source for identifying the product. Then, the goods are put on shelves in the storage area. When the goods are put on the shelves, the tally clerk will scan the barcode of the goods and associate the storage of the goods before uploading to the system. In this way, the pick-up person can find the shelf where the product is located according to the system record according to the content of the order, and it can easily find the product on the order.

2. Solving the "last mile" delivery

Distribution is the most critical link in the e-commerce supply chain, especially the "last-kilometer" distribution, which is the focus of logistics distribution competition. How does JD. com operate in this link? JD. com's geographic information system's Internet of Things system is its biggest advantage. Geographic Information System is the creativity of Jingdong founder Liu Qiangdong. Liu Qiangdong found that 32% of the calls received from customers came after the delivery of the goods. The user calls mainly to ask if the order has been delivered, where it is currently, and when will it arrive. The customer service staff simply cannot know the extent of the order processing, nor can they accurately inform the user of the specific time of the arrival of the goods. Therefore, the customer service cannot answer the user's questions at the same time. Liu Qiangdong suggested that instead of letting users call to ask, let them check in real time. So JD. com funded the development of a geographic information system, which was put into use in 2011. Users log in to this system and can see the real-time movement of the goods on the order. Users can calculate the time for the goods to arrive at their hands based on the speed of the goods movement and the place of arrival. JD's cargo tracking system is shown in Figure 6-17.

3. JD's warehouse management

The application of the Internet of Things technology has made JD's warehouse management automated, relying on RFID technology and EPC technology to achieve automation in the links of inventory counting, warehousing management and commodity sorting. In the receiving area of JD's warehouse, JD will conduct random inspections on the quality of goods sent by

Figure 6-17 JD's cargo tracking system

suppliers, and then affix electronic identification labels to these goods. Each product has a unique identification proof. After pasting the electronic identification label, the staff put the goods on the shelves. When the goods are on the shelves, the staff will use the handheld terminal to scan the barcode of the goods and pass it to the information system. When the customer places an order, the staff can quickly find the goods ordered by the customer. Similar to Amazon, JD will use big data analysis technology to improve the efficiency of the order fulfillment. For example, based on historical data analysis, JD. com will place highly relevant products together. If a customer's order contains two or more types of products, these highly relevant products are not required because the storage locations are adjacent. The goods are distributed back and forth in different warehouses, which effectively improves the efficiency of commodity distribution. JD's warehouse management system is shown in Figure 6-18.

Figure 6-18　JD's warehouse management system

案例分析提要

随着用户个性化消费需求的日益突出,用户的购物体验问题是京东面临的新挑战。为了解决这一问题,京东的供应链体系对普通快递模式进行了颠覆:多地建仓、仓配一体,特别关注"最后一公里"。京东通过多年来不遗余力地打造物流基础设施,成功实现了"减少商品的搬运次数,通过提高效率创造价值"的目标。本案例从自动化的"订单-仓储"系统、解决"最后一公里"配送问题、京东的仓储管理三个部分出发,讨论了京东在大数据地理信息系统、RFID等技术上的应用。

案例思考题

1. 京东的自动化"订单-仓储系统"是如何工作的？
2. 在京东的仓储管理中,RFID技术起到了什么作用？

第七章　供应链系统组成及其协调

第一节　供应链系统组成

系统论创始人贝塔朗菲认为，系统是"相互联系相互作用的诸元素的综合体"。供应链是一个典型的系统，是由相互作用、相互依赖的若干组成部分结合而成的具有特定功能的有机整体。这里组成部分是指供应链成员企业以及各种业务流程，而特定功能指将原材料转变为产品，最终满足用户需要。从组成成员的角度，供应链系统由以下节点组成。

一、供应商

供应商是指向生产商、零售商等提供所需资源的企业或个人，包括提供原材料、设备、能源、劳务等。如何选择合适的供应商是供应链采购管理中最重要的问题。

1. 供应商选择应考虑的因素

供应商选择涉及的因素很多，而且根据具体情况不同，其侧重点也有所不同。一般须考虑的因素包括产品价格、提前期、质量、可靠性、售后服务、地理位置、财务状况、技术能力等，其中供应商的交货提前期、产品质量、交货可靠度和产品价格因素是选择供应商最关键的因素。

2. 供应商选择的标准

供应商选择的标准分为短期标准与长期标准。其中，短期标准一般包括商品质量合适、价格水平低、交易费用少、交货及时、整体服务水平高等。商品质量是否符合采购单位的要求是企业生产经营活动正常进行的必要条件，是商品采购时首要考虑的因素。其次，对供应商的报价单进行成本分析，是有效甄选供应商的方式之一。采购价格低对于降低企业生产经营成本、提高竞争力和增加利润有着明显的作用。因而，它是选择供应商的一个重要条件。此外，供应商能否按约定的交货期限和交货条件组织供货，直接影响企业生产和供应活动的连续性。因此，交货时间及服务水平等均是选择供应商所要考虑的因素。

选择供应商的长期标准主要在于评估供应商是否能提供长期而稳定的供应，其生产能力是否能配合本企业的成长而相对扩展；供应商是否具有健全的企业体制和与本企业相近的经营理念；其产品未来的发展方向能否符合本企业的需求，以及是否具有长期合作的意愿等。

3. 供应商选择的步骤

供应商选择的步骤有如下三个，如图7-1所示。

二、第三方物流(3PL)服务商

1. 第三方物流的概念

"第三方"一词源自管理学中的"外包"(Outsourcing)，是指企业利用外部资源为内部生产和经营活动服务。将外包引入物流领域,就产生了第三方物流的概念。第三方物流是指由物流劳务的供方、需方之外的第三方去完成物流服务的物流运作方式。第三方是相对"第一方"发货人和"第二方"收货人而言的,它是物流交易双方的部分或全部物流功能的外部服务提供者,第三方物流是物流专业化、社会化的一种表现形式。美国物流管理协会认为,第三方物流是将企业的全部或部分物流运作业务外包给专业公司管理经营,而这些为顾客提供物流服务的专业公司就是第三方物流服务商。在《物流术语》(GB/T 18354—2016)中,第三方物流被定义为:"为接受客户委托为其提供专项或全面的物流系统设计以及系统运营的物流服务模式。"

2. 第三方物流服务商的发展优势

第三方物流服务商是指具有实质性资产的企业对其他公司提供物流相关服务,如运输、仓储、存货管理、订单管理及附加价值等服务,或与相关物流服务的行业者合作,提供更完整服务的专业物流公司。第三方物流服务商一般由传统的物流业务提供商拓展业务范围、增加服务内容而形成,其中大多数最初从事传统的运输业、仓储业及货运代理等。

第三方物流服务商具有以下发展优势:

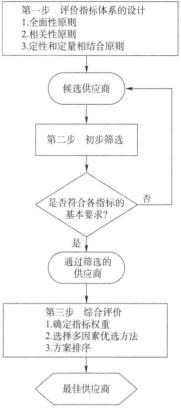

图 7-1 供应商选择的步骤

(1)提高企业核心竞争力。企业的资源是有限的,不可能所有资源在行业都占据一席之地,因此企业应当尽量将主要资源都放在企业的核心业务上,努力增强企业核心业务的竞争力。企业应当将物流业务交给专业化的第三方物流服务商负责,第三方物流服务商不仅可以提供专业化服务,甚至从长远看运输成本也会比企业自建物流要低。

(2)降低企业运输成本。第三方物流服务商拥有专业的从业人员、丰富的工作经验,他们可以通过不断地更新设备、积极利用信息技术,优化运输与配送方式,减少运输时间、降低运输成本。此外,第三方物流服务商善于利用规模生产的成本优势,进而获得规模效益,这些都是一般生产企业短期无法做到的。

(3)提高物流服务水平与市场应变能力。第三方物流服务商拥有丰富的专业知识和素养,服务水平较高,所以将物流外包给物流服务商可以提高企业物流服务水平。此外,将物流外包给第三方物流服务商,可以让企业免于设置物流部门或机构,提高反应速度,增强市场应变能力,使企业可以专心地开发新产品,全力为顾客服务。

3. 国内典型的第三方物流服务商——顺丰速运

顺丰速运是国内最大的综合第三方物流服务商,为客户提供涵盖多行业、多场景、智能化、一体化的物流与供应链解决方案。企业的主要产品和服务包含时效快递、经济快递、同城即时物流、仓储服务、国际快递等多种快递服务。以零担为核心的快运服务,为生鲜、食品和医药领域的客户提供冷链运输服务,以及保价、代收货款、包装服务、保鲜服务等增值服务。

顺丰速运具有以下优势:

（1）行业领先的物流科技能力，构建独特核心竞争力。顺丰速运在人工智能、大数据、机器人、物联网、物流地图等科技前沿领域进行了前瞻性的布局，多个领域处于行业领先地位。在人工智能方面，顺丰构建超大规模 AIoT（人工智能物联网）感知平台提升精细化运营水平，打造独特优势的"人＋AI"SaaS（Software as a Service，软件即服务）产品助力线下数字化管理。大数据方面，顺丰速运构建一站式实时数仓解决方案，实现亿级数据秒级计算能力，大幅降低实时数据处理门槛；并打造统一融合的大数据平台，实现跨机房、跨集群、跨租户的数据融合计算，突破数据处理规模瓶颈。此外，顺丰速运也开始全面布局物流无人机领域。

（2）独特稀缺的智慧物流网络，"天网＋地网＋信息网"三网合一。顺丰具有独特的、稀缺的"天网＋地网＋信息网"三网合一的综合性物流服务网络。完善的末端网点、稳定的配送队伍、密集的中转分拨、高效的运输网络及智慧的客服体系等地网体系，构建差异化服务壁垒。公司对地网一盘棋的掌控力，保障了稳定的服务时效；数十万收派小哥、四大独立呼叫中心及六大行业理赔中心，保障了有温度的客户体验。通过将大数据、区块链、人工智能、物联网等前沿技术应用到各个业务环节和场景，构建信息网平台，一方面赋能内部经营，提升网络效率，推动智慧物流全面升级，另一方面赋能行业客户，助力客户降本增效，形成开放共赢生态圈，助力产业转型升级。

（3）先发布局稀缺物流场地资源，助力产业升级。顺丰产业园致力于成为基于现代物流的产业园运营商，这是顺丰速运战略布局的重要一环，将不断丰富顺丰速运"地网"网络，承载顺丰的资源与服务。顺丰速运积极构建"智慧物流型"园区和"科技创新型"园区，服务超过 1500 家客户，为客户提供全方位的仓储、物流、商流、信息流、资金流综合配套服务，助力行业客户供应链优化升级，赋能客户业务发展。

三、第四方物流（4PL）服务商

"第四方物流"的概念首先由著名管理咨询公司埃森哲提出。第四方物流服务商是一个供应链集成商，它对公司内部和具有互补性的服务供应商所拥有的不同资源、能力和技术进行整合和管理，提供一整套供应链解决方案。

与第三方物流注重实际操作相比，第四方物流更多地关注整个供应链的物流活动，这种差别主要体现在以下两个方面，并形成第四方物流独有的特点：

（1）4PL 提供一整套完善的供应链解决方案。它不是简单地为企业客户的物流活动提供管理服务，而是通过对企业客户所处供应链的整个系统，或行业物流的整个系统进行详细分析后，提出解决方案。第四方物流服务商本身并不能单独地完成这个方案，而是要通过物流公司、技术公司等多类公司的协助才能使方案得以实施。

（2）4PL 通过其对整个供应链产生影响的能力来增加价值。第四方物流服务商可以通过物流运作的流程再造，使整个物流系统的流程更合理、效率更高，从而将产生的利益在供应链的各个环节之间进行平衡，使每个环节的企业客户都可以受益。第四方物流服务商对整个供应链所具有的影响能力直接决定了其经营的好坏，也就是说第四方物流除了具有强有力的人才、资金和技术以外，还应该具有与一系列服务供应商建立合作关系的能力。

四、客户

1. 客户的概念

客户这一概念具有内涵和外延之分。客户是指企业中的供销商、代理商、分销商、分公司、分支机构及其他下属职能部门,而外延含义则是指在市场中广泛存在的、对企业的产品或者是服务有着不同的需求的消费者。

2. 客户关系管理

客户关系管理(Customer Relationship Management,简称 CRM)最早产生于美国,由 Gartner Group 首先提出。CRM 是在供应链管理环境下提出的强调企业与企业之间合作关系的一种管理模式,是指企业为提高核心竞争力,利用相应的信息技术以及互联网技术协调企业与顾客间在销售、营销和服务上的交互,从而提升其管理方式,向客户提供创新式的、个性化的客户交互和服务的过程。其最终目标是吸引新客户、保留老客户以及将已有客户转为忠实客户,增加市场。

CRM 是一个不断加强与顾客交流,不断了解顾客需求,并不断对产品及服务进行改进和提高以满足顾客需求的连续过程。其内含是企业利用信息技术(Information Technology,简称 IT)和互联网技术实现对客户的整合营销,是以客户为核心的企业营销的技术实现和管理实现,注重的是与客户的交流,企业的经营是以客户为中心,而不是传统的以产品或以市场为中心。CRM 的核心是客户价值管理,通过一对一营销原则,满足不同价值客户的个性化需求,提高客户忠诚度和保有率,实现客户价值持续贡献,从而全面提升企业的核心竞争力。

随着信息技术的发展,数据挖掘技术在 CRM 中大有可为。利用收集的海量数据可以预测客户行为,预测物品种类的流通数量、客户与物品间的内在关联等,便于物流企业管理人员及时作出决策,在对物品的数量准备、存储方式、合理配送等一系列物流过程中更有效利用资源,最大限度地提高物流信息管理的工作效率,节约成本,更透彻了解客户以改善客户服务。综上所述,利用 CRM 系统中的业务数据,使用数据挖掘技术,可以帮助企业进行精准的客户价值细分,挖掘出隐藏在其中的有价值的客户信息,从而使企业能更好地了解客户,及时跟进客户的状态,并根据客户的价值进行差异化的客户服务推荐,帮助物流企业将有限的资源集中于对企业贡献度最大的客户上,提高企业的竞争力和经济效益。

第二节 供应链协调方法

本节主要介绍几种典型的供应链协调方法,包括信息协调、利益协调、供应链契约协调,并针对需求驱动型供应链提出仿生协同方法。

一、牛鞭效应与信息协调

(一)牛鞭效应的概念

"牛鞭效应"即"需求变异加速放大原理",是需求信息扭曲在供应链中传递的一种形象的描述,如图 7-2 所示。其基本思想是当供应链上的各节点企业只根据来自其相邻的下级企业的需求信息进行生产或者供应决策时,需求信息的不真实性会沿着供应链逆流而上,产生逐级放大的现象。

(二)"牛鞭效应"产生的原因

表面上看"牛鞭效应"表现为需求的不确定性,实质上,这种不确定性却是由于需求变化的信息在供应链中传递时出现失真,进而扭曲放大的结果。"牛鞭效应"产生的具体原因如下。

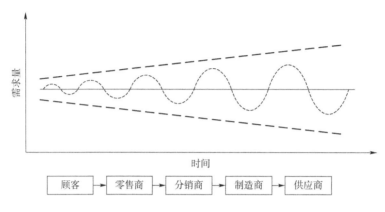

图7-2 供应链"牛鞭效应"

1. 需求预测的偏差

为了安排生产进度、控制库存和计划物料需求,供应链企业通常会根据历史数据预测产品需求。当下游企业订购时,上游企业就会把这条信息作为未来产品需求的信号,并基于此调整需求预测,同时上游企业也会向其供应商增加订购,使其作出相应的调整,最终导致实际需求与生产量不一致。因此,这种需求信号的处理是"牛鞭效应"产生的主要原因。

2. 批量订货决策

一般情况下,销售商会在一个周期或者销售量达到一定数量后向供应商订货。销售商为了尽早得到货物或全额得到货物,或者为备不时之需,往往会提高订货量,这样,订货策略亦会导致"牛鞭效应"。

3. 价格波动

价格波动是由于一些促销手段,或者经济环境突变造成的,如价格折扣、数量折扣、与竞争对手的恶性竞争和供不应求、通货膨胀、自然灾害等。这种因素使许多零售商和推销人员预先采购的订货量大于实际的需求量,从而产生"牛鞭效应"。

4. 短缺博弈

当需求大于供应时,理性的决策是按照订货量比例分配现有供应量。此时,订货商为了获得更大份额的配给量,故意夸大其订货需求,当需求降温时,订货又突然消失,这种由于短缺博弈导致的需求信息扭曲最终导致"牛鞭效应"。

5. 应付环境变异

应付环境变异所产生的不确定性也是促使订货需求放大加剧的现实原因。自然环境、人文环境、政策环境和社会环境的变化都会增强市场的不确定性。销售商应对这些不确定性因素影响的最主要手段之一就是保持库存冗余,因而导致"牛鞭效应"。

(三)缓解"牛鞭效应"

解决"牛鞭效应"的根本对策是建立企业之间的诚信机制,通过实现信息共享,协调各企业的行动确保需求信息的真实、快速传递,从而减少供应链中的"牛鞭效应"。

1. 信息共享,统一需求预测方法

"牛鞭效应"产生的根本原因在于供应链的各个节点企业都按照接收到的下游订单数量来预测未来需求,并在此基础上进行预测的修订。供应链的合作伙伴实现实时信息共享,消除信息的不对称性,如在供应链上实行销售时数据(POS)信息共享,可使供应链每个阶段都能按照顾客要求进行更加准确的预测,从而减少需求预测变动性,减少"牛鞭效应"。

同时,供应链企业还可采取一些共享、协同的策略进行预测,以解决预测效率过低的问题。如供应链各环节的协同计划、预测与补货策略(CPFR)就是有效提高预测准确度,实现供应链协调的重要途径。供应链上的每个节点企业都是通过计划传递预测信息的,由于预测方法与购买习惯的不同,往往会在向上游企业订购时产生订单波动的现象。这时可以通过绕过下游企业的办法获得准确的需求信息,如通过直销等方式直接联系消费者,可以加快订单处理速度、降低需求变动幅度,有效降低多方需求预测的影响。

2. 打破批量订购

企业可以调整订货策略,采用小批量、多频次订货的采购或供应模式。将采购与物流配送业务外包给第三方物流企业完成,这样可以缩短订货提前期和实现小批量多批次订货,不用再进行大批量多订单集中订货,同时也规避了运输风险。

3. 稳定价格

为了有效控制产品的市场价格,生产商应该制定严格的价格稳定策略和管理机制,以减少对批发商的折扣频率和幅度,避免价格的剧烈波动。因此,企业可以通过稳定价格来减少对提前购买等情况的激励,从而掌握正确的市场需求信息。

4. 消除短缺博弈行为

当供应不足时,供应商可以实行订货分级管理。根据"帕累托法则"对分销商进行信誉和能力评估,区别对待,实施订货分级管理,对重要分销商在供货上做到重点保证,对资信水平较低的客户进行有审批的限制供应。其次,让顾客共享库存、生产等信息减少博弈。最后,制定合理的退货奖惩制度。

(四)信息协调

第一,需求是整个供应链的发动机,准确地识别供应链需求是供应链成败的关键之一。"牛鞭效应"正是由无法正确共享需求信息所引起的。因此,共享需求信息是消除"牛鞭效应"的主要方式。共享需求信息可以帮助原料供应商、制造商、销售商及零售商合理设定运作能力,安排适量库存,以提高供应链协调能力和运作绩效。除正确识别需求之外,更重要的是如何引导和启发消费者需求。因此,真正地理解消费者的需求信息,才能更好地引导消费者新的潜在需求。

第二,成本信息为供应链进行整体协调提供了决策依据,通过对成本的分析,有利于资源在供应链内部不同企业间进行优化,以节约整个供应链成本。此外,共享成本信息有助于识别供应链的瓶颈环节,便于各企业的绩效考核,为整个供应链或供应链核心企业进行转型升级和优化改造提供分析依据。

第三,通过共享库存信息可以明确整个供应链的资源分布情况及其数量,进一步优化资源的分布和确定合理的资源数量。此外,共享库存信息可以进一步实现资源在不同供应链企业之间的流转,为供应链横向转运和调运创造条件。

第四,通过共享生产能力信息,制造商可以明确生产各类产品的数量,核定供应链柔性

制造的能力,协调各方面能力以适应消费者对产品多变和多样化的需求。共享库存能力信息,可明确整个供应链资源容纳能力。共享物流能力信息,可辅助协调各企业物流流动,精确定位物流配送范围、物流速度和物流质量,以实现同步化物流,降低供应链运作成本,提高供应链对需求的响应速度。此外,共享能力信息可协调供应链各成员的运作行为,提高供应链整体风险预防能力。

最后,金融信息反映了供应链企业的财务状况,通过协调和控制供应链资金流,识别各企业的盈利能力和风险强度,实现供应链可持续发展。通过共享金融信息亦可实现资金合理使用。此外,依据相关金融信息可利用灵活的期权形式来最大化供应链利益。

二、利益分配

供应链管理强调企业间的合作与协调。企业通过供应链战略合作实现双赢之后,就存在利益分配问题。因而,供应链管理面临的一个关键问题是如何将整个供应链的利益公平、公正、合理地分配给成员企业。

(一)供应链利益分配的特点

利益分配是供应链管理中的一个敏感而关键的问题。供应链企业合作利益分配是将利益按照一定的原则进行分配。由于供应链管理及其运营过程的特殊性,供应链成员企业的利益分配具有以下特点。

1. 供应链企业的利益分配通过各节点企业产品或服务定价实现

从实质而言,供应链组织是一个虚拟化组织,企业与企业之间不存在绝对的"谁指挥谁"的关系,也不存在法律上的隶属关系。在建立合作伙伴关系的供应链上,相邻各节点企业之间本着整体利益最大化原则,相互协商产品的价格,直至双方都满意为止,这就是利益分配的过程。而其他社会集团或企业的利益分配,通常是将最终获得的货币总收入在分配对象间进行分配。

2. 供应链企业的利益分配是企业之间不断协商的过程

确定供应链的利益分配方案一般都需要经过一个协商谈判的过程,最后确定利益分配的模式或者具体分配方案。整个过程可能会涉及核心企业与合作企业间个体或群体的协商谈判过程。

3. 供应链企业的利益分配具有复杂性

供应链由不同的企业组成,各企业的规模、资产投入、创造能力等方面各有差异。因此,当合作利益在这些企业之间进行分配时,必须先对这些影响因素进行评估,然后根据评估结果进行利益分配。因此,供应链企业合作利益分配是一个复杂的过程。

(二)供应链利益分配的模式

根据企业之间的合作关系紧密程度,供应链成员企业的利益分配模式可分为以下三种:

(1)固定模式。对于供应链中供需关系较为紧密的企业间合作关系,可以考虑采取某种固定的利益分配模式,即参与合作的成员按一定的分配比例从最终的总收益中分得收益。

(2)市场模式。在供应链环境下,对于具有较松散合作关系的企业,可以采取基于市场交易的分配模式。合作双方可以通过协议的形式,规定供货在某个时间按市场价格进行结算。

(3)混合模式。混合模式是前两种模式的结合,核心企业既向其他成员支付固定的报酬,又从总收益中按一定比例向其支付报酬。模式的具体选用根据实际的市场机遇的性质、获利把握性、成员企业的规模大小、发展战略和风险态度等因素决定。

(三)供应链利益分配的原则及步骤

企业在制订利益分配方案时应遵守以下原则:

(1)双赢原则。供应链企业合作过程中,要保证参与供应链的各伙伴企业都能从成功后的联盟中获取相应的利益,并保证参与方获取利益时不以其他参与方利益损失为前提。

(2)个体理性原则。即参与供应链联盟的企业在参与联盟后所获得收益应该大于其单独行动时的收益。供应链联盟是一个合作型系统,通过各参与成员的分工协作、优势互补,获得竞争优势,实现联盟利益的增值。但联盟中的企业毕竟是独立的利益主体,有着各自的利益追求。每个成员都努力在自己的决策权范围内寻求自身利益的最大化。自身利益最大化是成员的首要目的,系统最优的结果并不是成员最关心的。

(3)满意度决策原则。满意度决策是一个众多成员企业群体决策的过程,该决策通过冲突成员之间相互让步,不断改变满意度,寻找最佳的利益分配方案。供应链成员企业可以从自身的角度提出初始的利益分配方案,而核心企业则引导成员企业对所有初始方案进行选择或修改,使得最后制订的利益分配方案更容易让成员企业接受,对成员企业更具有鼓励性。

(4)贡献相一致原则。联盟中的企业由于分工不同,对联盟的贡献不同,自然从供应链联盟中获得收益也应有所不同。因此,利益分配机制应该遵循企业获取利益与贡献相一致的原则,保证对供应链贡献大的企业获得更多的收益,这样才能更好地激励成员企业的工作热情。

(5)风险与投资匹配原则。供应链是一种优势互补、风险分担、收益共享的网络组织,其收益分配与风险分担密切相关。在构建利益机制时,应充分考虑联盟中成员企业所承担的风险大小,利益分配应与企业承担的风险大小密切相关。对承担风险大的成员企业应给予适当的风险补偿,以增强合作的积极性。

在以上原则的指导下,供应链企业利益分配还应遵循一定的步骤,如图7-3所示。

首先,应对供应链进行系统分析,这是成员企业制订利益分配方案的基础。分析内容主要包括外部因素与内部因素,外部因素指供应链所处的市场环境、所属行业区域等,内部因素则包括分析供应链成员企业投入的资源及资产;企业的核心竞争力评价;企业的角色、地位以及对整个系统产出的贡献;企业面临的风险等。这些因素也是供应链利益分配的影响因素。供应链上越接近最终顾客的环节,对市场需求信息了解得越充分,拥有的主导权就越大,从联盟中获取的收益就

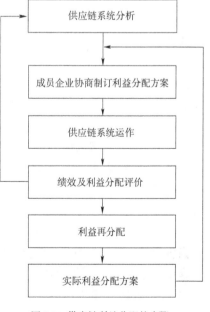

图7-3 供应链利益分配的步骤

越大。所以,从最终顾客到供应源的方向,供应链上各节点企业的利益分配优势呈现递减的趋势。又如,企业对于供应链的投入与贡献也是影响供应链利益分配的重要因素。由于各成员企业在供应链中所担负的任务不同,对联盟的贡献不同,当然从联盟中获得收益也应有所不同。

其次,对供应链系统及成员企业分别进行分析之后,企业可以选择适合自身的利益分配模型及方法,并与上下游企业协商决定。制订的利益分配方案是否公平、合理需要在供应链的实际运作中检验。另外,企业的利益分配方案也不是一成不变的,应在实际中不断检验、改善。经过初次利益分配之后,由于模型本身的不足或实际情况的复杂性,可能造成利益分配的结果不令人满意,这时就要成员企业共同协商解决,尤其是核心企业应带领成员企业共同协商以一定准则修正利益分配方案,使各成员企业都认为利益分配公平、合理。此时,企业的绩效考核及分配评价就必不可少,评价的结果将及时发现现行方案的不足与缺陷,并作为制订利益再分配方案的凭证。

三、供应链契约

(一)供应链契约的概念

供应链契约是指供应链某一企业向另一企业按照约定,以一定的数量、质量和时间转移资源(原料、半成品、产成品),并在转移过程中,由另一企业向转移企业依照约定支付一定的报酬。供应链契约的目的在于减少供应链企业之间双重边际化和信息不对称所引起的供应链低效率,通过一定的协调措施优化资源配置,合理分配供应链利润,减少供应链成本,提高供应链效率,使供应链达到集中控制时所能达到的利润最大化,即使无法完全协调也尽可能使协调后的供应链具有帕累托改进。

(二)供应链契约的分类

(1)回购契约(Buyback Contract)。回购契约规定,在销售季末,零售商可以以一定的价格把未售出的产品全部退还给供应商。回购是一种在不确定需求系统协调中常见的契约方式,既能分担风险,又能起到激励订购的作用。回购的最大特点在于:它能够较灵活地消除随机需求下系统的"双重边际效益"。通过缔结回购契约,供应商与零售商共同分担市场风险,而激发零售商努力销售产品的积极性,提高其期望利润。回购契约往往应用于生产周期较长而销售季节较短的商品交易中,它在时令商品市场(如时装、书籍等)中得到了广泛应用。

(2)收入共享契约(Revenue Sharing Contract)。在这种契约中,供应商拥有货物的所有权,决定批发价格,而收入共享的比例则由零售商决定。对于每一件卖出的产品,零售商根据事先确定的收入共享百分比,从销售收入中扣除自身应当享有的份额,然后将剩余部分交给供应商。

(3)数量折扣契约(Quantity Discount Contract)。数量折扣契约规定,在一定时期内,供应商根据零售商承诺购买的数量,按照一定的比例对价格进行调整。数量折扣契约在实际交易中非常普遍,通常使用的方式有两种:全部单位数量折扣和边际单位数量折扣。使用前者时,供应商按照零售商的购买数量,对所有产品都给予一定的价格折扣;而后者只对超过规定数量的部分给予价格折扣。研究发现,数量折扣适用于风险中性和风险偏好型的零售商。

（4）最小购买数量契约（Minimum Purchase Contract）。在最小购买数量契约下,零售商在初期作出承诺,将在一段时期内至少向供应商购买一定数量的产品。通常,供应商根据这个数量给予一定的价格折扣,购买产品的单位价格将随着数量的增加而降低。零售商承诺在未来一个年度里最少购买的数量,供应商同意以折扣价格提供产品。这种契约在电子产品行业尤为普遍。

最小购买数量契约与数量折扣契约有些类似,所不同的是,前者需要作出购买数量承诺,这种承诺并非一次性,而是一段时期或者一个年度内的购买数量总和。

（5）数量柔性契约（Quantity Flexibility Contract）。交易双方拟订契约,规定了每一期内零售商订货量的波动比率。使用这种契约时,零售商承诺一个最小的购买数量,然后可以根据市场实际情况,在最低和最高订货范围内选择实际的订货量。按照契约规定,供应商有义务提供低于最高采购上限的产品数量。这种方式能够有效地遏制零售商故意高估市场需求而导致供应链库存增多的不利现象。

（6）带有期权的数量柔性契约（Flexibility Quantity Contract with Option）。在这种契约模式下,零售商承诺在未来各期购买一定数量的产品,同时还向供应商购买了一个期权。这种期权允许零售商可以在未来以规定的价格购买一定数量的产品,从而获得调整未来订单数量的权利。

（7）削价契约（Markdown Contract）。这是一种经过改进后的回购契约,供应商为了避免零售商将未售出的产品返还,采取一定的价格补贴措施,激励零售商继续保留那些未传出的产品。价格补贴虽然对供应商来说实施起来比较方便,但可能会给零售商套利的机会,因此必须建立在买卖双方充分信任的基础之上。价格补贴实质上是一种价格保护策略,是一种供应商分担零售商过剩库存风险的方式。它通过对期末未售出商品进行价格补差来实现,并经常应用于价格递减、生命周期短的产品。

（8）备货契约（Backup Contract）。零售商和供应商通过谈判后,双方拟订契约为零售商提供一定的采购灵活性。备货契约的流程为：零售商承诺在销售旺季采购一定数量的产品,供应商按零售商承诺数量的某一比例为其保留产品存货,并在销售旺季到来之前发出所预存的产品。在备货契约中,零售商可以按原始的采购价格购买供应商为其保留的产品,并及时得到货物,但要为没有购买的部分支付罚金。

（9）质量担保契约（Quality Contract）。质量问题构成了零售商和供应商的谈判矛盾。供应商知道自己的生产质量水平,拥有信息优势,而零售商却处于信息劣势。由于信息不对称,会产生两个问题：第一,供应商由于不具备提供某种质量水平的能力,可能会作出错误的质量承诺,零售商不能正确辨认供应商的能力而产生错误选择的问题；第二,供应商可能存在恶意的欺骗行为,从而导致严重的道德问题。为了保证零售商和供应商自身的利益不受侵犯,并保证供应链绩效最优,签订契约的谈判双方必须在一定程度上实现信息共享,运用合作激励机制和设计质量惩罚措施,当供应商提供不合格产品时对其进行惩罚。

（10）批发价格契约（Wholesale Price Contract）。批发价格契约也称价格契约,是指供应商和销售商相互签订批发价格契约,销售商根据市场需求和批发价格决定订购量,供应商根据销售商的订购量组织生产,销售商承担产品未卖出去的一切损失。因此,该契约中供应商的利润是确定的,零售商完全承担市场风险。

(三)供应链契约基本模型

1. 基本假设

(1)供应链是由单一供应商和单一零售商组成的二级供应链,供应商和零售商单独决策,即该供应链为分散式决策供应链。

(2)销售商面临一个随机的市场需求,当市场需求超过订货量时,零售商存在缺货成本;当市场需求小于订购量时,零售商存在过量的持有成本。

(3)根据博弈理论,假设供应商是领导者,零售商是追随者,供应商给出一套契约参数,零售商根据这些参数确定最优订货量。

(4)供应商和零售商是风险中性和完全理性的,即两者均根据自身利润最大化进行决策。

(5)产品市场是开放的,有关销售价格、需求分布和库存成本参数等信息是对称的。

2. 符号说明

X:市场需求;

$F(X)$:需求 X 的分布函数;

$f(x)$:需求 X 的概率密度函数;

u:市场需求 X 的期望值,$u = E(X) = \int_0^\infty x f(x) \mathrm{d}x$;

c:单位产品的生产成本;

c_r:单位产品的销售成本;

w:供应商给零售商的单位产品批发价;

p:产品的单位零售价格;

Q:销售季节前,零售商向供应商订购的产品数量;

c_e:单位库存成本;

c_u:单位产品缺货造成的损失;

v:销售季节过后,零售商将库存产品进行处理销售的单位价格,且 $v < c$。

零售商的期望销售量:

$$S(Q) = E[\min(Q,X)] = \int_0^\infty (Q \wedge x) f(x) \mathrm{d}x$$
$$= \int_0^\infty \int_0^{Q \wedge x} \mathrm{d}y f(x) \mathrm{d}x = \int_0^Q 1 - F(y) \mathrm{d}y = \int_0^Q \overline{F}(x) \mathrm{d}x \tag{7-1}$$

零售商的期望库存量:

$$I(Q) = E(Q - X)^+ = E[\max(Q - X, 0)]$$
$$= E[Q - \min(Q,X)] = Q - S(Q) \tag{7-2}$$

零售商的期望缺货量:

$$L(Q) = E(X - Q)^+ = E[\max(X - Q, 0)]$$
$$= E[X - \min(Q,X)] = u - S(Q) \tag{7-3}$$

3. 基本模型

由前面的假设及符号说明,可求得零售商的期望利润:

$$\Pi_R = pS(Q) + vI(Q) - c_eI(Q) - c_uL(Q) - wQ \tag{7-4}$$

供应商的期望利润:

$$\Pi_s = (w - c)Q \tag{7-5}$$

故供应链的期望整体利润为:

$$\begin{aligned}\Pi_T &= \Pi_R + \Pi_S = pS(Q) + vI(Q) - c_eI(Q) - c_uL(Q) - cQ \\ &= (p + c_e + c_u - v)S(Q) - (c + c_e - v)Q - c_u u\end{aligned} \tag{7-6}$$

将 Π_T 对 Q 求偏导,并令 $\dfrac{\partial \Pi_T}{\partial Q} = 0$,可得供应链均衡生产量的函数:

$$F(Q^*) = \frac{p + c_u - c}{p + c_e + c_u - v} \tag{7-7}$$

因此,供应链的均衡产量为:

$$Q^* = F^{-1}\left(\frac{p + c_u - c}{p + c_e + c_u - v}\right) \tag{7-8}$$

假设零售商的最优订货量为 Q_R^*,且 $Q_R^* = \arg\max \Pi_R$,则供应链作契约的研究主要集中在两个方面:

(1)零售商的订购量如何使供应链的效率最优。
(2)供应商和零售商如何分配供应链的利润。

(四)典型的供应链契约模型

1. 批发价格契约

此时,零售商的利润为:

$$\begin{aligned}\Pi_R &= pS(Q) + vI(Q) - c_eI(Q) - c_uL(Q) - wQ \\ &= (p + c_e + c_u - v)S(Q) - (w + c_e - v)Q - c_u u\end{aligned} \tag{7-9}$$

将其对 Q 求偏导数,并令结果为 0,可解得零售商的最优订购量为:

$$Q_R^* = F^{-1}\left(\frac{p + c_u - w}{p + c_e + c_u - v}\right) \tag{7-10}$$

为了实现协调,必须满足 $Q_R^* = Q^*$,则 $w = c$,即供应链将不获得利润,显然有悖于常理,因此简单的批发价格契约无法实现供应链协调。

2. 收入共享契约

供应商给销售商一个较低的批发价格,并且从销售商那里获得他的一部分收入的协议。目前,国内常用的特许经营模式就是收入共享契约的典型案例。

假设供应商占有销售收入的份额为 ϕ,零售商的份额为 $(1-\phi)$,则零售商的利润为:

$$\begin{aligned}\Pi_R &= (1-\phi)[pS(Q) + vI(Q)] - c_eI(Q) - c_uL(Q) - wQ \\ &= [(1-\phi)(p-v) + c_e + c_u]S(Q) - [w + c_e - (1-\phi)v]Q - c_u u\end{aligned} \tag{7-11}$$

可得零售商的最优订购量为:

$$Q_R^* = F^{-1}\frac{(1-\phi)p+c_u-w}{(1-\phi)(p-v)+c_e+c_u} \tag{7-12}$$

令 $Q_R^* = Q^*$,可得最优批发价格为:

$$w = (1-\phi)c + \phi c_u - \frac{\phi(c_e+c_u)(p+c_u-c)}{p+c_e+c_u-v} \tag{7-13}$$

所以,零售商的利润为:

$$\Pi_R = \frac{(1-\phi)(p-v)+c_e+c_u}{p+c_e+c_u-v}\Pi_T - \frac{\phi(p-v)}{p+c_e+c_u-v}c_u u \tag{7-14}$$

从而则供应商的利润为:

$$\Pi_S = \Pi_T - \Pi_R = \frac{\phi(p-v)}{p+c_e+c_u-v}\Pi_T + \frac{\phi(p-v)}{p+c_e+c_u-v}c_u u = \lambda_1(\Pi_T + c_u u) \tag{7-15}$$

其中,$\lambda_1 = \frac{\phi(p-v)}{p+c_e+c_u-v}$。

显然 $0 < \lambda_1 < 1$,所以收益共享契约可以实现供应链的协调。

3. 回购契约

回购契约是供应商用一个合理的价格 r ($r > v$) 从零售商那里买回产品销售期结束时没有卖出的产品,从而刺激销售商增加订购量,扩大产品的销售量。回购契约大量地用于对时间性要求较严的时尚产品,如报纸、服装等。

此时,零售商的利润为:

$$\begin{aligned}\Pi_R &= pS(Q) + rI(Q) - c_e I(Q) - c_u L(Q) - wQ \\ &= (p+c_e+c_u-r)S(Q) - (w+c_e-r)Q - c_u u\end{aligned} \tag{7-16}$$

得到零售商的最优订购量:

$$Q_R^* = F^{-1}\left(\frac{p+c_u-w}{p+c_e+c_u-r}\right) \tag{7-17}$$

令 $Q_R^* = Q^*$,则最优批发价格为:

$$w = c + \frac{(r-v)(p+c_u-c)}{p+c_e+c_u-v} \tag{7-18}$$

代入得到零售商的利润为:

$$\Pi_R = \frac{p+c_e+c_u-r}{p+c_e+c_u-v}\Pi_T - \frac{r-v}{p+c_e+c_u-v}c_u u \tag{7-19}$$

从而得到供应商的利润为:

$$\Pi_S = \Pi_T - \Pi_R = \frac{r-v}{p+c_e+c_u-v}\Pi_T + \frac{r-v}{p+c_e+c_u-v}c_u u = \lambda_2(\Pi_T + c_u u) \tag{7-20}$$

其中,$\lambda_2 = \frac{r-v}{p+c_e+c_u-v}$。显然 $1 < \lambda_2 < 1$,所以回购契约可以实现供应链协调。

由式(7-20)可知,供应商通过选择回购价格 r 的大小来确定自己占有整个供应链利润的份额,并确定其最优批发价格 w,参数 $\{r, w\}$ 即为其最优决策参数。

比较 λ_1 和 λ_2,可知 $\lambda_1 = \lambda_2$,当 $\phi(p-v) = r-v$ 时,收入共享契约与回购契约具有相同的协调效果。因此,其协调实质是一致的。

4. 数量柔性契约

制造商给予零售商在订货数量上的调节权利。通常销售商在销售季节前首先给供应商一个产品订购量，供应商根据这个订购量组织生产，当销售商知道了市场的实际需求量之后，销售商可以根据实际的市场需求重新调整订购量。相对于回购契约集中回购价格的调整，数量弹性契约则关注产品订购数量的调整。数量弹性契约在电子和计算机产业中得到广泛运用，如 IBM、HP 等大公司。

假设该情况下零售商预测市场需求为 Q，其最低承诺购买量为 $(1-\beta)Q$，供应商的生产量为 $Q_s=(1+\alpha)Q$，其中 $0\leq\beta\leq1, \alpha\geq0$，则零售商的期望购买量为：

$$N(Q,\alpha,\beta) = \int_0^{Q(1-\beta)} Q(1-\beta)f(x)\,dx + \int_{Q(1-\beta)}^{Q(1+\alpha)} xf(x)\,dx + \int_{Q(1+\alpha)}^{\infty} Q(1+\alpha)f(x)\,dx \tag{7-21}$$

零售商的期望销售量为：

$$\begin{cases} S[(1+\alpha)Q] = \int_0^{Q(1+\alpha)} \overline{F}(x)\,dx \\ S[(1-\beta)Q] = \int_0^{Q(1-\beta)} \overline{F}(x)\,dx \end{cases} \tag{7-22}$$

零售商的期望利润：

$$\Pi_R = pS[Q(1+\alpha)] + vI[Q(1-\beta)] - c_e I[Q(1-\beta)] - c_u L[Q(1+\alpha)] - wN(Q,\alpha,\beta) \tag{7-23}$$

令 $\dfrac{\partial \Pi_R}{\partial Q}=0$，得到 Q^* 满足下式：

$$(1+\alpha) + (p-w+c_u)\overline{F}[Q^*(1+\alpha)] - (1-\beta)(w-v+c_e)F[Q^*(1-\beta)] = 0 \tag{7-24}$$

令 $\eta=(1+\alpha)/(1-\beta)$，且 $Q_s=(1+\alpha)Q$，可得：

$$F(Q_S^*/\eta) = \eta[(p-w+c_u)/(w-v+c_e)][1-F(Q_S^*)] \tag{7-25}$$

令 $Q_R^*=Q^*$，可得最优批发价格为：

$$w = v - c_e + \dfrac{c-v+c_e}{\dfrac{1}{\eta}F\left[\dfrac{1}{\eta}F^{-1}\left(\dfrac{p+c_u-c}{p+c_e+c_u-v}\right)\right] + \dfrac{c-v+c_e}{p+c_e+c_u-v}} \tag{7-26}$$

其中，$\eta=(1+\alpha)/(1-\beta)$ 可以被看作数量柔性契约的弹性度。

根据最优批发价格公式，考虑两种极端的情况：

(1) 如果弹性无限大 ($\eta=\infty, \alpha=\infty, \beta=1$)，则零售商的缺货损失为零（即 $c_u=0$），批发价格 $w=p$，零售商将因此而获利为零。

(2) 若弹性度最小 ($\eta=1, \alpha=0, \beta=0$)，则零售商为风险偏好，数量柔性契约也相应地转变为批发价格契约，其最优批发价格为 $w=c$，零售商因此将承担全部市场风险并获得全部收益，而供应商的利润为零。

上述两种情况都无法实现供应链协调，只有当 η 位于上述两种情况之间时，才能使 $w\in(c,p)$，通过契约参数 $\{\alpha,\beta,w\}$ 实现供应链的协调。

第三节　需求驱动型供应链协同仿生方法

一、需求驱动型供应链

需求驱动型供应链是供应链的一种类型,它在订单物流和准时物流的基础上发展形成,并集合了两者的优点。当有订单到达时,借助信息系统,供应链立即按事先确定的模式启动,环环相扣地进行物料的采购、生产、销售等环节的物流活动。事先确定的模式包括:供应链成员,成员间的分工合作内容,供应链各环节协同方式,物流设施的位置和处理量,运输路线,信息传递通道,各环节的应急预案等。在该模式下,供应链物流按照订单分析有序运行,按时按量将高质量的产品交付给消费者获取供应链收益。需求驱动型供应链的结构如图7-4所示。

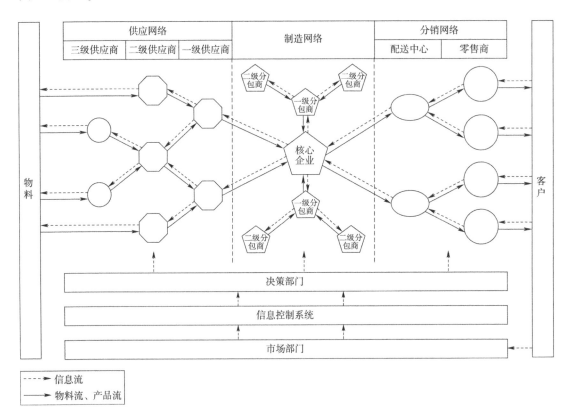

图7-4　需求驱动型供应链的结构

当市场对供应链产品产生需求时,供应链系统的市场部门立刻首先作出反应,收集到这些需求信息,并立即通过信息控制系统对需求信息进行分析、处理,形成决策支持信息,进入供应链决策部门,在供应链决策机制的作用下,作出供应链是否响应市场需求的决策和相关部署。一旦决策部门决定对市场需求作出积极响应,零部件和物料等的具体需求信息立即按照物料清单(Bill of Material,简称BOM)的要求从供应链末端向上游逐层迅速传递,在此过程中,供应链以上、中、下游的供应、生产、配送和分销为主线,以围绕主线各节点企业的供应商和外包服务提供商等为支线,形成纵横交错、复杂严密的供应链网络。

从本质上说,基于需求驱动原理的供应链运作模式是一种顺势拉动且各子系统之间交互作用密切的运作模式,本书尝试给出需求驱动型供应链的定义如下:需求驱动型供应链是由客户需求驱动的,在供应链各环节中实现更精准的可视性,并提供实时信息流转,以更优化、协同的供应链网络来提升市场竞争力,实现从订货到交货时间最短的系统。

二、需求驱动型供应链协同的仿生原理

(一)基因表达调控机制和需求驱动型供应链协同

需求驱动型供应链物流系统由市场需求驱动,通过集成供应链上各节点企业物流系统而形成,将其与生命系统进行比较可以发现,该系统具有类似生物基因表达调控系统的结构、驱动响应模式和运作过程。基因是生命遗传物质,基因通过表达及表达调控机制指导蛋白质按需合成,满足生物体各器官的生长需要。当基因接收到外界环境中的信号刺激时,它开始表达,反之,则不表达。与此相类似,当市场对供应链产品有需求时,则供应链启动响应机制,各部分协调运转;若无需求,则供应链各部分相对独立。现代分子生物学研究表明,基因表达过程中,表达信号通过传导产生刺激,引起相关物质和能量的次第传递、运输,同时发生一系列物理、化学变化,最终指导蛋白质的合成,体现了极高的协同运作效率。基因表达信号的传导和各种物质的运输和合成过程,是自然界高质、高效地进行需求驱动型系统多组织、多过程参与和合作的典范,启发了我们关于供应链物流仿生优化设计的研究思路。供应链物流以最低的运输成本和存储成本提供满足客户需求的服务水平,该过程类似于生物基因的表达调控,以最低的能量消耗在最短的时间内进行信号传导以及各种生化反应和能量物质的运输,以指导相应蛋白质的合成,满足生命需要。

如果将供应链成员看作散落于细胞核内外的遗传物质的活动场所,将市场需求信息在供应链各成员企业之间的传递和反馈看作基因表达信号的传导和反馈,将物质的存储和运输看作供应链中原材料、零部件、在制品和产成品在各成员企业间的存储和运输,将蛋白质合成看作是最终产品的生产过程,那么需求驱动型供应链的运作可以类比于生物基因的表达调控过程。仿生生物基因表达调控过程,进行供应链物流优化设计,建立集成需求驱动型供应链物流仿生结构模式、需求驱动——响应模式和运作模式的仿生设计框架,在高效的信息传递机制作用下,有效协调供应链各成员之间的关系,实现供应链高效协同运作。

(二)基因表达调控中的"功能-行为-结构"模式

生物的遗传信息以基因的形式储藏在细胞内的分子中。随着个体的发育,分子能有序地将其所承载的遗传信息,通过特定系统转变成蛋白质分子,执行各种生理生化功能,完成生命的全过程,这个从到蛋白质的过程称为"基因表达"(Gene Expression),对这个过程的调节就称为基因表达调控(Gene Regulation, Gene Control)。

生物基因由调节基因、操纵基因、结构基因和启动子组成,如图7-5所示,通过调节基因开启或关闭操纵基因,对结构基因的表达进行控制。结合现代分子生物学和分子遗传学等相关学科的研究成果,分析基因表达调控机制及其实现过程与组织结构基础,得到基因表达调控的"功能-行为-结构"(Function-Behavior-Structure,简称FBS)模式,见表7-1。

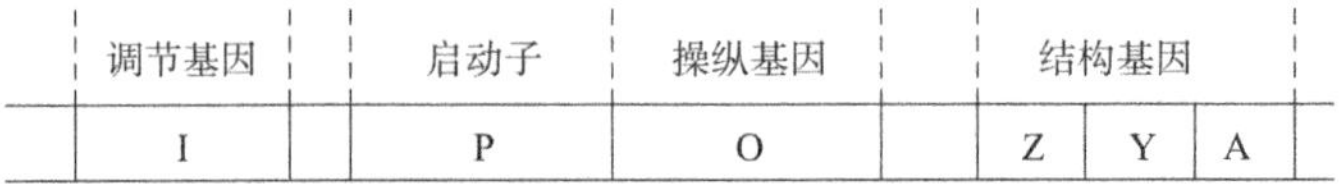

调节基因	启动子	操纵基因	结构基因		
I	P	O	Z	Y	A

图 7-5 基因结构

原核生物基因表达调控的模式 表 7-1

功能(Function)	行为(Behavior)	结构(Structure)
负控诱导	效应物(诱导物)与阻遏蛋白与结合,结构基因转录	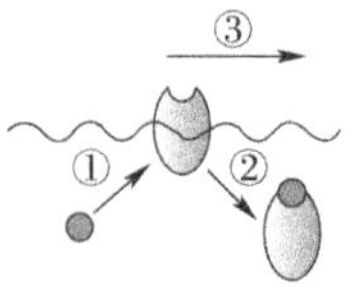 ①诱导因子结合到阻遏蛋白上; ②阻遏蛋白失去活性从操纵基因上脱落; ③启动子转录结构基因
正控诱导	效应物分子(诱导物)的存在使激活蛋白处于活性状态,提高转录强度	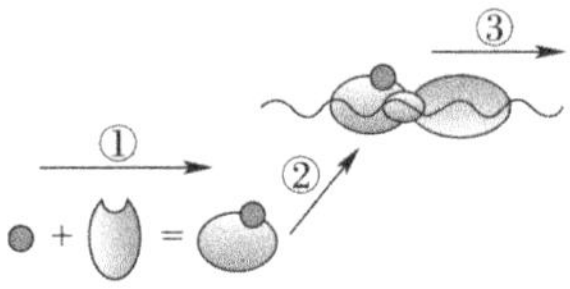 ①诱导因子结合到非活性激活蛋白上形成活性激活蛋白; ②活性激活蛋白结合到 RNA(Ribonucleic Acid,核糖核酸)聚合酶上; ③增强结构基因转录强度
负控阻遏	阻遏蛋白与效应物结合,结构基因停止转录	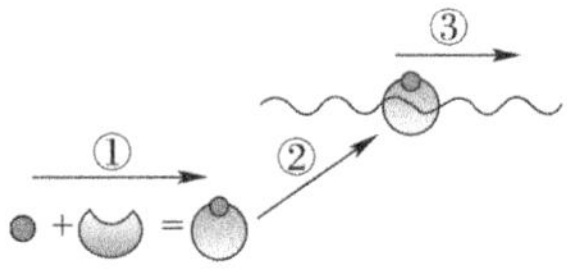 ①共阻遏蛋白结合到非活性阻遏蛋白上形成活性阻遏蛋白; ②活性阻遏蛋白结合到操纵基因上; ③结构基因停止转录
正控阻遏	效应物分子的存在使激活蛋白处于非活性状态,降低转录强度	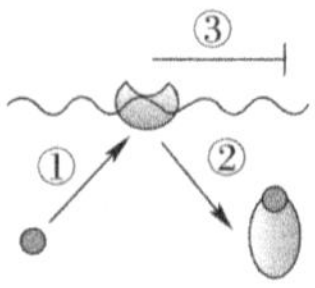 ①共阻遏蛋白结合到活性激活蛋白上形成非活性激活蛋白; ②非活性激活蛋白从操纵基因脱落; ③抑制结构基因转录强度

(三)需求驱动型供应链物流仿生设计基础

通过前期研究发现,需求驱动型供应链物流具有类似于基因表达调控过程的特征,其相似性表现在四个方面,如图 7-6 所示。

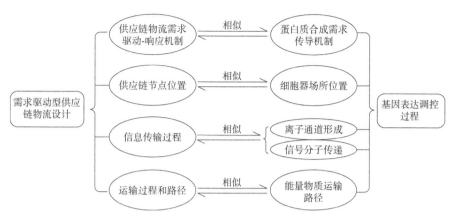

图 7-6　需求驱动型供应链物流与基因表达调控过程的相似性

(1) 需求驱动型供应链的协同运作始于需求驱动,即当市场对供应链产品有需求时,供应链开始运转;若无需求,则供应链各成员企业各自独立。类似于生物基因根据环境刺激的强度选择开始表达或者不表达,一旦基因表达开始,基因各部分及有关细胞器各部分立即形成动态组织、协同、有序地进行信号传导和能量物质运输,诱发一系列生化反应,合成不同类型的蛋白质参与生命过程。

(2) 供应链协同运作是由供应链上各节点及其相互之间的物质运输和信息传递组成的系统,该系统包括由各节点各自的运输、储存、搬运、包装、流通加工、配送、信息处理等基本功能组成的子系统,这类似于基因表达调控系统,由核糖体、细胞质、受体蛋白等节点及其相互之间信号传导和物质运输所组成,细胞器节点本身又作为大系统的一个子系统参与基因表达调控。

(3) 需求驱动型供应链中信息在各节点内部和节点之间的传递和反馈类似于基因表达调控系统中信号的传导和反馈。细胞间的通信与信号调控协调细胞的行为,诸如细胞生长、分裂、分化、凋亡以及其他各种生理功能。供应链各节点之间以及节点内部的信息交互类似于此。供应链通过各节点之间以及节点内部的信息交互协调需求驱动响应和物质运输等供应链行为。

(4) 供应链中的仓储物流过程类似于基因表达调控系统中蛋白质因子、氨基酸等大分子物质在基因表达调控系统中的储存和运输。

三、需求驱动型供应链协同仿生设计

通过对需求驱动型供应链物流与基因表达调控过程相似点进行分析,提出需求驱动型供应链物流仿生设计包括需求——驱动响应模式设计、物流设施选址设计、信息传输过程设计和运输路径设计。

(1) 仿蛋白质合成需求传导机制的供应链物流需求驱动-响应模式设计。在需求驱动型供应链中,当末端有订单需求信息时,启动供应链运作,通过信息传递和反馈机制激发供应链上各节点企业的采购、生产活动,以及企业之间和企业内部的物流等活动,这类似于基因表达调控系统中,当基因接收到外界环境的刺激信号后,基因的表达调控机制启动,生成调节蛋白,作用于操纵基因,达到加强或抑制结构基因表达的目的。

(2) 仿基因表达调控涉及细胞器场所位置的供应链物流设施位置设计。设施选址是物

流系统设计的重要问题之一。供应链物流系统的设施主要指物流系统中的节点,包括制造商、供应商、仓库、配送中心、零售商网点等。设施选址通常要考虑运输成本、设施成本、物流量、服务水平、发展潜力等综合因素。在这方面,历经了亿万年发展和进化的生物遗传变异过程为我们提供了自然界高质高效的可供借鉴的节点布局典范。生命体有着非常复杂的精密构造,生物基因的表达调控耗用最少的能量在最短的时间内达到正确响应环境需求正是与各种场所的位置布局密不可分,基因表达调控过程的场所相对位置为供应链物流设施选址(主要考虑配送中心和仓库选址)提供了借鉴,其仿生设计原理如图7-7所示。

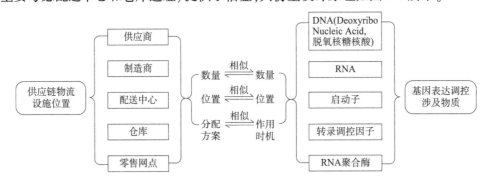

图7-7 供应链物流系统设施位置仿生设计原理

(3)仿细胞膜上离子通道形成及信号分子传递的供应链物流信息传输过程设计。作为基因表达产物的蛋白质通过分选和转运机制的作用到达细胞的特定部位,蛋白质的定向转运依赖于三种信号序列,即入核信号、引导肽和信号肽。不同类型的信号序列指导相应蛋白质进入不同细胞器。入核信号指导核蛋白的运输,引导肽指导线粒体、叶绿体和过氧化物酶体蛋白的运输,而信号肽则指导内膜系统的蛋白质运输。不同信号在传输过程中所体现出的对蛋白质的识别、分选、控制等功能对需求驱动型供应链信息的流动及其对物流的控制和管理功能的高效实现有重要启示。

(4)类三联子密码和各种代谢物、化合物运输过程的供应链物流路径设计。分子生物学相关研究表明,在基因表达调控过程中,三联子密码、各种代谢物和化合物的运输路径都遵循了路径最短、耗用能量物质最少的最优化原则,同时,在物质运输过程中各种细胞膜及膜泡、能量物质和门控物质等相互之间的协调、配合所体现出来的路径规划对供应链物流路径规划方法和具体路径的优化起到重要的借鉴作用。

案例分析

Third-party logistics: Designs to stay ahead

Third-party logistics providers (3PLs) create value when they, as specialists, can design a complex logistics space better than what shippers can cobble together. In challenging 2019 conditions—and even more so in the 2020 pandemic—ever-faster changes made the logistics space ever-more complex. Meanwhile, however, improving technology increasingly gives shippers the opportunity to construct powerful in-house solutions. Can 3PLs stay ahead?

The 3PL industry's dynamics reflect a virtuous loop of increased customer sophistication, intensifying competition, evolving technology, and resulting pricing pressure that forces incumbents to keep performing better, so it's not a matter of choice (Figure 7-8).

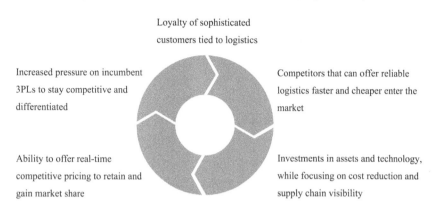

Figure 7-8 The 3PL industry faces a virtuous loop of continuous incumbent improvement

1. Competitive landscape: Asset ownership

All 3PLs saw declining or decelerating revenues in a rough 2019 marred by a variety of external factors from protests in Hong Kong to labor strikes in the US to rising storage and labor costs, to pushbacks from e-commerce leaders. Financial results for top 3PLs show that soft volumes led to profitability declines for asset-light companies such as C. H. Robinson and Landstar. On the other hand, asset-heavy companies such as XPO Logistics improved 2019 profitability through smart management of those assets.

Asset-light 3PLs essentially make their money as brokers, matching demand with available supply while adding services such as speed, flexibility, and visibility. To win, they must be very nimble. Given that a 3PL's greatest strength is its specialist's knowledge of the market, asset-heavy 3PLs double their bet on that knowledge by also owning those supply assets. To win, they generally need high levels of specialization or scale, but their higher capital expenditures entail greater profitability pressures and risks.

In a stable 2019—with increasingly transparent markets making more sales channels available to all—asset-heavy 3PLs did well. But as shippers seek to move away from cost-plus contracts to gain-sharing, and as 2020 promises downturns and market shifts, the situation becomes more difficult. Asset-heavy 3PLs, especially, must put greater emphasis on productivity and creativity.

If it is a 3PL—and characterizations differ—then Amazon was 2019's ultimate asset-heavy 3PL. Amazon's asset base spiked from $61.8 billion in 2018 to $97.8 billion in 2019, demonstrating how its e-commerce dominance is co-evolving with its physical presence. In addition to warehousing expansions, Amazon Air greatly expanded in 2019, through both fleet leasing and extension of partnerships with Cargojet and Sun Country Airlines.

Amazon appears to be using these assets to do more than merely continue to move away from dependence on UPS and FedEx. By the end of 2019, Amazon's third-party seller services revenues (consisting primarily of fulfillment and storage fees) reached $53.8 billion. That means Amazon has beaten most 3PLs in becoming one of the nation's largest asset-based shippers.

2. Shipper-3PL conflicts

Many shippers remain dissatisfied with the relevance of options and capabilities offered by their 3PLs. They express concern that 3PL capabilities often vary significantly by industry, geography, service type, and cost. As a senior executive of a diversified industrial conglomerate puts it, "Major frustration comes from the fact that people from the 3PLs who manage our book of business don't have the systematic knowledge of the business... and are not specific enough for us."

These concerns lead shippers to diversify their portfolio of 3PLs. Many Fortune 500 companies use dozens of 3PLs; for example, Procter & Gamble has 53, Nestle 42, Unilever 36, and GM 51. These large companies run 3PL sourcing events to continuously test cost and performance because they see the risk of switching among their fragmented vendor base as relatively low. Their 3PLs are seeking to show through investment and improved capabilities that a stronger commitment is in order.

Some large shippers use innovative technology to gain insights that help them manage logistics services in-house. As one global logistics lead puts it, "Nowadays, in-house and outsourced... can have almost equal access to technology, which discourages us from outsourcing." Sophisticated transportation management system (TMS) solutions-including improvements to warehouse management systems and links to enterprise resource planning systems—offer versatile capabilities, from point solutions for data management, pricing, network modelling, and route optimization to a cloud-based integrated platform with API linkages. For example, SAP Logistics Business Network partnered with Project44 and Uber Freight, and Oracle Logistics Cloud partnered with Loadsmart.

Thus, 3PLs have been revamping their digital capabilities, often through stronger collaboration with technology companies. For example, Transplace enhanced its in-house TMS by partnering with Noodle.ai, for the artificial intelligence to match demand signals with dynamic fleet movement; with Riskpulse, for reductions in operational variability; and with Descartes, for real-time shipment visibility. Other 3PLs using intelligent, integrated, and proprietary platforms to gain market share include C.H. Robinson's TMC with its in-house Navisphere and Redwood with Connect 2.0.

Signs of success are also emerging in the market for 3PL-technology company partnerships such as XPO-Blue Yonder (formerly JDA) and DHL-Oracle, in which both partners focus on their core competencies while combining their strengths for customers. "Our ClearChain technology suite is built on core applications in fleet management, powered by the Oracle TMS, and freight and warehouse management, powered by the Blue Yonder TMS and WMS," says Marc Althen, president of Penske Logistics.

3. Shipper-3PL collaboration

To avoid churn and shipper insourcing, successful 3PLs are fostering collaboration to deepen relationships. For example, consider the five-year relationship between CEVA and Ikea. The partnership began locally in the UK and Australia; in 2019, Ikea announced the opening of a New York e-commerce distribution center managed by CEVA. Similarly, a leading consumer packaged goods (CPG) manufacturer told us that it has found success in outsourcing supply chain elements to 3PLs across the board for planning, sourcing, co-packing, and delivering.

Such shippers are effectively buying talent and innovation from 3PLs. For example, the CPG manufacturer highlighted distinct innovative offerings such as track-and-trace of counterfeits; it appreciated retaining data ownership while staying agnostic to logistics applications. Other shippers have cited incremental improvements in creativity such as the campus model for 3PLs, where multiple shippers are served from the same group of facilities, or the availability of 3PL last-mile networks and extra cross-dock capacity that can quickly serve to help shippers with e-commerce surges.

When 3PLs work on bolstering their shipper relationships, shippers reap benefits. But both parties need to meticulously meet their part of the deal to see success. For shippers, this often includes aiming to become a shipper of choice, partnering to develop vital solutions for carrier integration, and choosing to outsource more planning functions to a trusted 3PL. Shippers and 3PLs that focus on a complementary partnership while continuously investing in their technology, capabilities, and customers will find more success.

4. Pandemic-tested, shipper approved

The COVID-19 pandemic tested 3PLs like never before. Many faced sudden stops or surges depending on the industries that they served. Most heavy manufacturing, the automotive industry, and important segments of basic chemicals came to a halt as factories closed and demand withered. The 3PLs serving the hospitality and restaurant industries mostly stopped cold. High-tech products such as microprocessors continued to fly across the globe, still needed as inputs to crucial computers, servers, and military products, but heavy premiums were paid. CPG and grocery demand surged as people hoarded and then shopped or took home delivery during shelter-at-home orders.

It was as if 2019 had been an upper-level college course, and the pandemic was the final exam: would 3PLs have the agility, market knowledge, and technological sophistication to respond? In general, they were able to pass the test, with the best 3PLs reporting they were able to redeploy some people and assets from the arrested to the surge-hit industries.

Even more impressively, they generally did so in a spirit of partnership with their collaborating shippers. Shippers reported a sense of solidarity with their 3PLs through the pandemic and reported that the 3PLs had a "we're in this together" attitude rather than invoking force majeure clauses. This was widespread enough to encourage the expectation that the industry can and will overcome the challenges outlined above.

5. How to maximize 3PL value

As we've seen, 3PLs must bolster resilience while shrewdly investing in technology, market-specific capabilities, and industry- or geography-based scale. Meanwhile, shippers must align their outsourcing strategy with their overall logistics priorities. For most shippers, insourcing capabilities is hard to build and scale, and return on capital can be relatively weak.

The best approach for a shipper to make a wise 3PL choice is to first answer some key questions:

(1) What is most important to your customers: low cost, delivery speed, or improved visibility?

(2) How important is control of logistics data, assets, and capabilities to your company?

(3) How and where will you compete on delivery and what levels of investment are you willing to make internally versus in concert with 3PLs?

Understanding these priorities will determine your future operating model blueprint, including establishing which systems, processes, and resources will improve your operations and satisfy your customers. This broadness of vision, thoroughness in approach, and genuine partnering with 3PLs for a co-developed solution will determine the real winners and losers.

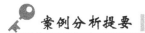

本案例介绍了随着科技的发展以及外部环境的变化如新冠肺炎疫情等影响的情况下,第三方物流企业如何保持良好的发展并提高市场的竞争力。首先介绍了第三方物流企业在市场上的竞争格局,通过分析第三方物流企业与托运人之间的矛盾关系与合作关系来阐述第三方物流企业应如何发展的问题,提出了不仅要提高第三方物流企业的技术水平,更要重视在新冠肺炎疫情等突发事件下第三方物流企业要与托运人保持着合作团结的精神来应对挑战。最后提出思考如何最大化第三方物流的价值。

1. 第三方物流企业应如何提升核心竞争力?
2. 在后疫情时代,第三方物流企业应如何更好应对此类突发事件?

ZARA's Secret to Eliminating the Bullwhip Effect in the Supply Chain

The well-known Spanish clothing brand ZARA is known for its rapid response in the fashion industry, and its successful and innovative model has become the industry benchmark. ZARA provides 12000 different product items every year for customers to choose from, and it only takes more than ten days from the design concept to the finished product.

The success of ZARA's operation model is due to the company's excellent full-process supply chain management in the apparel industry and the application of IT systems that support the rapid response to the supply chain. ZARA adopts a brand management model of "fast, small quantity, and multiple styles". While keeping the pace of fashion, it develops new styles through combination and quickly launches new products, and artificially causes "out of stock" to achieve rapid design, the goal of fast production, fast sale, fast update, and production updates in the specialty store twice a week.

The bullwhip effect is a phenomenon of demand variation amplification (variance amplification) in the supply chain. When the information flow is transmitted from the final client to the original supplier, the sharing of information cannot be effectively realized, causing the information to be distorted and amplified step by step. This has led to increased fluctuations in-demand information.

After briefly describing the success history of ZARA and what is the bullwhip effect, we naturally think of how ZARA responds to the bullwhip effect on the supply chain? ZARA hasbeen quite successful in dealing with the bullwhip effect on the supply chain. The following will focus on how it eliminates the bullwhip effect. Of course, ZARA's elimination of the bullwhip effect should benefit from its entire control model, but this article will discuss three main aspects: managing the entire supply chain, ordering small quantities and multiple times, and IT supporting business.

1. Manage the entire supply chain

ZARA has excellent full supply chain management: design, procurement, production, distribution, and terminal sales. From design into production to delivery of new clothes to specialty stores around the world, it only takes 15 days. ZARA does not rely on external partners for design, warehouse, distribution, and logistics. Instead, ZARA takes care of everything by itself, keeping the entire supply chain under full control. ZARA's supply chain management can quickly transfer information from shoppers to designers and production managers. Supply chain management can also carry out real-time tracking down every link between the flow of raw materials and products. The ultimate goal is to achieve as fast and direct communication as possible between the end customer and upstream operations such as design, procurement, production, and distribution.

ZARA's control over the supply chain enables it to set the flow rate of products and information so that the entire supply chain can operate in a fast and predictable rhythm. The precise rhythm starts in the retail store. All specialty store managers place orders twice a week, with Spain and Southern Europe closing at 3 pm on Wednesday and 6 pm on Saturday, and other regions at 3 pm on Tuesday and 6 pm on Friday. These deadlines are very strict.

The above describes the key points of ZARA's entire supply chain management. ZARA is relying on the precise and strict control and almost complete control of the entire supply chain management to maximize the circulation speed and efficiency of the entire supply chain, thereby greatly eliminating demand Forecast updates, limited supply, and shortage games, and other factors that produce the bullwhip effect can eliminate the bullwhip effect on the root of the supply chain.

2. Order a small amount multiple times

Let's take another look at ZARA's ordering model: ZARA stores order twice a week, and the store managers place orders based on existing sales and demand. This guarantees that each order quantity can meet the demand in the next few days, and the order quantity is not very large; moreover, if you order twice a week, you can also guarantee multiple times.

3. IT supports business

The scope of IT effective support involves collecting customer demand information, clothing information standardization, product information and inventory management, and distribution management, etc. The integration of IT supports into these businesses greatly enhances the timeliness and accuracy of business processing.

A customized handheld computer is used to support the connection between the store and the headquarters in A Coruña. The use of handheld computers has further promoted regular contact between store managers and relevant market specialists, usually once a week. Through this kind of handheld computer communication and telephone conversation, each specialty store transmits all kinds of information on the headquarters in La Coruña promptly, which includes hard data such as orders and sales trends, as well as customer feedback and responses to a new model. And other soft information. Although any company can use handheld computers to communicate, ZARA's flat organizational structure ensures that important communications will not be hindered by bureaucracy.

案例分析提要

ZARA 的 IT 支持系统不仅保证全程供应链管理的有效快速执行，也为少量多次订货提供保障，从而保证整个供应链上大大消除"牛鞭效应"，同时 IT 支持下的公司内部有效沟通，促使实时数据的持续流动也能缓解"牛鞭效应"。总之，ZARA 的全程供应链管理、少量多次订货、业务 IT 支持是 ZARA 消除供应链上"牛鞭效应"的制胜秘诀。

案例思考题

1. ZARA 消除"牛鞭效应"的途径有哪些？
2. 未来有哪些 IT 技术的发展可以应用到供应链管理中？

第八章　供应链绩效评价与流程优化

第一节　供应链绩效评价

进行有效的供应链管理,需要对供应链绩效进行评价。只有准确、客观地评价供应链绩效,才能发现供应链运作过程中存在的问题,从而对症下药,最终达到提升供应链竞争力的目的。在进行供应链绩评价之前,首先需要了解供应链绩效评价的概念以及供应链绩效评价的原则。

一、供应链绩效评价概述

供应链绩效评价作为供应链管理的重要一环,是企业针对性提升竞争优势的关键举措。它对前向的供应链建模与仿真,对后向的供应链构造、运行与优化均具有指导意义。通过供应链绩效评价,了解供应链之间的差距,进而提供优化方案,最终提升整体运作效率,建立供应链竞争优势。供应链绩效评价的核心在于评价指标体系的建立与评价方法的选择。对于评价方法的设计,学者不断地试图将一些新的方法引入绩效评价,包括供应链运作参考模型(Supply Chain Operations Reference,简称 SCOR)、平衡计分卡(Balanced Scorecard,简称 BSC)、主成分分析法(Principal Component Analysis,简称 PCA)、层次分析方法(Analytic Hierarchy Process,简称 AHP)、模糊综合评价法(Fuzzy Comprehension Evaluation,简称 FCE)、标杆法(Benchmarking)、数据包络分析(Data Envelopment Analysis,简称 DEA)等。

二、供应链绩效评价指标的选择

(一)指标体系构建的原则

供应链绩效评价指标的内容比现行企业评价指标更广泛,它不仅包括财务数据,还提出一些方法评定供应链的上游企业是否有能力及时满足下游企业或市场的需求。此外,还应该考查整个供应链的运营情况。在实际操作中,为了建立能有效评价供应链绩效的指标体系,应遵循以下原则:

(1)应突出重点,要对关键绩效指标进行重点分析;
(2)应采用能反映整个供应链业务流程的绩效指标体系;
(3)要能反映整个供应链的运营情况,而不是仅仅反映单个节点企业的运营情况;
(4)应尽可能采用实时分析与评价的方法,要把绩效度量范围扩大到能反映供应链实时运营的信息上去,因为这要比仅作事后分析要有价值得多;
(5)在衡量供应链绩效时,要采用能反映供应商、制造商以及用户之间关系的绩效评价指标,把评价的对象扩大到供应链上的相关企业;
(6)为供应链伙伴在平衡的机制上进行实际操作提供依据,实现各节点企业间近期利益和远期利益的统一。

(二)指标选取的过程

以下以平衡计分卡方法为例,介绍指标选取过程。供应链绩效评价的指标应与供应链战略目标一致。指标选取的第一步要确定评价对象的战略目标,接下来将战略目标分解,根据供应链的核心竞争力确定绩效评价指标。供应链的核心竞争力即组织竞争力,也就是供应链的成功因素,将这一成功因素与供应链的战略目标相结合,从而确定评价的关键指标,确定评价指标的过程需要多方面搜集资料,结合本行业及企业性质、发展方向,然后对确定的指标进行归类、分层,最后建立评价指标体系。该过程如图8-1所示。

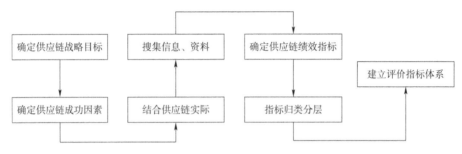

图8-1 平衡计分卡法评价指标选取流程

(三)评价指标设计——以智慧供应链绩效评价为例

供应链绩效评价指标有很多维度,除了可以从传统的流程评价、经济效益评价与运作能力评价等维度进行评价,还可具体分析要评价的供应链的战略与特征,设计有针对性的评价指标体系。

以智慧供应链为例,智慧供应链是将物联网技术与现代供应链管理理论融合的集成系统。智慧供应链的核心是通过搭建智能信息网络技术平台,使信息流、物流和资金流能够在供应链成员中高效率、高质量地无障碍流动,减少信息不对称对供应链运营的影响,确保供应链整体效率的提升。与传统供应链相比,智慧供应链对各企业的技术要求更高,具备的信息集成程度和整体协同性更高、可延展性更强、可视化特征更明显,这些特点最终将转化为智慧供应链的绩效。

智慧供应链绩效是对智能制造模式下供应链运行状况和运营成果的全面反映。智慧供应链管理力求供应链整体价值最大化,即通过对涉及的供应链各环节展开系统规划、组织、协调与控制,持续优化其运行状态,还包括从不同层次、不同角度、不同阶段对供应链各环节在不同时段的运行状况及管理成果的评估,同时也包括各环节之间内在关系以及与整体绩效之间联系的展示。因而,可以从战略层、战术层与营运层分别设计智慧供应链绩效评价指标体系,见表8-1。

三、供应链绩效评价方法——供应链运作参考模型

由于供应链战略不同,供应链系统的结构、性能不同,供应链绩效评价要素不同,因而供应链绩效评价方法也多种多样。如前所述,常见的供应链绩效评价方法有BSC、SCOR模型、AHP、Benchmarking、DEA等。作为一种标准化模型,由于SCOR模型具备较好的通用性,且能将供应链描述分析建模紧密联系,因而重点介绍SCOR模型。

智慧供应链绩效评价指标体系　　　　　　　　　　　　　　　表 8-1

一级指标	二级指标	三级指标
智慧供应链绩效	战略层	智慧供应链创造意识
		供应链协同水平
		上下游企业信息共享程度
		供应链整体柔性
	战术层	企业对客户需求的响应能力
		企业库存周转率
		企业生产柔性
		供应链成本
	运营层	企业对网络平台的利用率
		企业对物流智能技术的应用率
		企业对供应链信息系统的应用率

1996年11月，美国供应链协会开发了跨行业供应链管理模型——SCOR模型。SCOR模型是将业务流程重组、标杆管理以及最佳实践分析集成为多功能一体化的一种标准模型结构，包括供应链管理流程的一般定义、对应流程的绩效评价指标、供应链最佳实践的描述以及相关的供应链管理绩效特征，是一种实用的供应链描述与分析建模的工具，就像是乐高积木块，给出了所有可能的流程描述木块，管理者只需要经过供应链分析，选择相应的模块，即可搭建起所需的供应链模型。

1. SCOR模型的流程

SCOR模型把供应链运作流程界定为五个基本的流程：计划(Plan)、采购(Source)、生产(Make)、交货(Deliver)和退货(Return)，如图8-2所示。

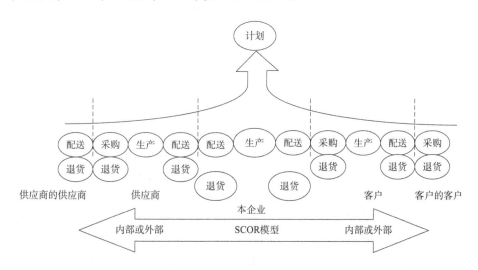

图 8-2　SCOR模型的基本流程

（1）计划。计划是指需求和供应的计划和管理，包括：平衡资源与需求，并为整个供应链建立计划，涉及退货及采购、生产、交货等执行流程；管理业务规则、供应链绩效、数据收集、存货、资本资产、运输、计划配置、法规的要求和执行以及供应链风险；保持供应链各部门计划与财务计划的一致。

（2）采购。采购包括：安排交货，产品的接受、核查和转运，向供应商付款；为按订单定制的产品确定和选择供应商；管理业务规则，评估供应商绩效并维护数据；管理库存、资本资产、购入的产品、供应商网络、进出口需求、供应商协议和供应链采购风险。

（3）生产。生产包括：安排生产活动，产品制造和测试，包装出货等（随着SCOR模型的绿色化，在生产阶段也包括了特别的废物处理流程）；按订单定制的产品的最终制造；管理规则、绩效、数据、在制品、设备和设施、运输、生产网络、生产法规的执行和供应链生产风险。

（4）交货。交货是指产品的订单、仓库、运输和安装管理。交货包括：从处理客户询价与报价到安排运输路线和选择运输工具的所有订单管理过程；从产品的接受和拣选到装载和发运的仓库管理；必要情况下，在客户现场进行收货、核查，并安装；开具发票；管理交货业务规则、绩效、信息、产成品库存、资本资产、运输、产品生命周期、进出口需求和供应链交货风险。

（5）退货。退货是指原材料的退回和产品退货。原材料退回包括：识别产品状况，处置产品，申请产品退货的许可，安排产品发运等。产品退货包括：产品退货的授权，安排退货接收，收货和转运等。此外，还包括管理退货业务规则、绩效、数据收集、退货库存、资本资产、运输、网络配置、法规的要求和执行以及供应链退货风险。

此外，在采购、生产和交货流程中设定了一个基本的内部结构，即模型集中考虑三种情况：按库存生产（Make-to-Stock）、按订单生产（Make-to-Order）和按订单定制（Build-to-Order）。而退货流程中共包括三种类型的退货，即不合格产品的退货，维护，维修及待检产品等非直接生产物料的退货和过剩产品的退货。

2. SCOR模型的层次

SCOR模型按流程定义可分为四个层次，见表8-2。第一层是流程定义层，第二层是流程配置层，第三层是流程元素层，这三层描述了供应链中通用的流程、子流程和活动。第四层是实施层，是对第三层的进一步分解，详细描述了工作流程的任务。这一层定义了企业为获得竞争优势，并适应变化的商业环境而进行的实践，通常依据企业组织的具体情况制订。因此SCOR模型并没有对其进行具体的定义。从第一层到第三层，SCOR模型的内容可以将企业竞争战略转换为能够实现特定竞争目标的供应链体系。

（1）第一层——流程定义层。SCOR模型的第一层描述了五个基本流程，计划、采购、生产、交货和退货。它定义了供应链运作参考模型的范围和内容，并明确了计划、采购、生产、交货和退货过程的类型，是企业确定供应链的性能和目标的基础。

（2）第二层——流程配置层。流程配置层需要描述出供应链的基本布局结构，并确定供应链流程与基础设施的协调交货和退货流程，配置企业的供应链流程一致程度。企业通过其特有的供应链配置，决定企业运营战略，因此第二层的配置必须以供应链战略为基础，选择相关的子流程（流程种类）。该选择将影响供应链第三层的设计，因为每个流程种类都需要不同的、详细的流程元素。在该层，根据流程类型，每一个SCOR模型流程都可从三个角度进行详细描述：

①计划流程。调整预期的资源以满足预期需求量的流程。计划流程平衡总需求和供给，并覆盖整个计划时期，通常是有规律地定期进行，影响供应链响应时间。

SCOR模型的四个层次 表8-2

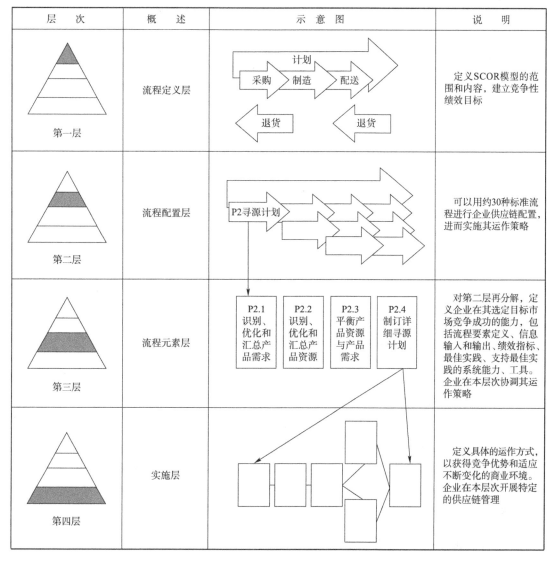

②执行流程。由于计划或实际的需求而引起的物质产品状态的改变,通常包括进度和先后顺序的排定、原材料及服务的转化以及产品向下一流程的移动。执行流程影响订单完成周期。

③支持流程。计划和执行过程所依赖的信息和内外联系的准备、维护和管理。

(3)第三层——流程元素层。该层针对第二层的每个流程,列出详细的流程元素信息,包括流程元素的定义、流程元素信息的输入和输出、流程性能指标等。该层为企业提供了改善供应链时要成功地规划和确定目标所需要的信息,包括不同绩效特征的具体评价指标、最佳实践及其适用条件等。企业主要在这一层上调节运营战略。

(4)第四层——实施层。这一层定义了企业获得竞争优势,并适应于变化的业务条件下的实施方案。这一层随企业的具体情况而有所不同,因此 SCOR 模型并没有对它进行具体的定义。

第二节　供应链业务流程重组

一、供应链管理下企业业务流程的主要特征

下面从企业内部业务的变化、制造商与供应商之间的业务关系的变化,以及信息处理技术平台的三个方面,讨论供应链管理给企业业务流程带来的变化。

1. 制造商与供应商之间业务流程的变化

电子商务与信息技术应用使许多过去必须通过人工处理的业务环节变得更加简便,有的环节甚至不再需要,从而引起业务流程的变化。在供应链管理模式下,成员企业间可以通过网络获得需求方生产进度的实时信息,从而可以主动地做好供应或出货工作。由于这种合作方式的出现,原来那些为处理订单而设置的部门、岗位和流程就可以重新设计。

2. 企业内部业务流程的变化

供应链管理的应用提高了企业管理信息化的程度。从国外成功经验看,实施供应链管理的企业一般都有良好的 IT 辅助管理基础。借助于先进的信息技术和供应链管理思想,企业内部的业务流程也发生了很大的变化。以生产部门和采购部门的业务流程关系为例,由于流程较长、流经部门较多,因而不免出现脱节、停顿、反复等现象,导致一项业务要花费较多的时间才能完成。在供应链管理下,有一定的信息技术作为支持,并行处理成为可能,因而使原有顺序工作的方式发生变化。

3. 支持业务流程的技术手段的变化

在供应链管理下,"横向一体化"管理思想改变了管理人员的思维方式,他们更倾向于与企业外部的资源建立配置联系,因此加强了企业间业务流程的紧密性;其次,供应链管理促进了信息技术在企业管理中的应用,使并行工作成为可能;再次,借助于强大的数据库和网络系统,供应链企业可以快速交换各类信息。因此,实施了供应链管理的企业,其对内和对外的信息处理技术都发生了巨大变化,这一变化直接促使企业业务流程不同程度地产生了变化。

二、供应链企业物流管理组织形式的变化

唐纳德·鲍尔索克斯等人基于物流管理功能的集成变化,总结出几种典型的组织结构模式。

1. 传统型物流管理组织结构

这种组织结构就是常说的按职能专业部门分工的组织形式,如图 8-3 所示。这样的部门划分意味着整个工作缺乏跨职能协调,从而导致重复和浪费,信息常被扭曲或延迟,权力界限和责任常常是模糊的。此时还未出现独立的物流管理功能,也没有独立的物流职能部门。

2. 简单功能集合的物流管理组织结构

之后,人们开始了对组织功能的合并和集成,但此时的功能集合只集中在少数核心业务上。大多数的部门并未改变,组织层次也没有大的改变,因此其功能整合的效果有限。这阶段组织机构形式如图 8-4 所示。

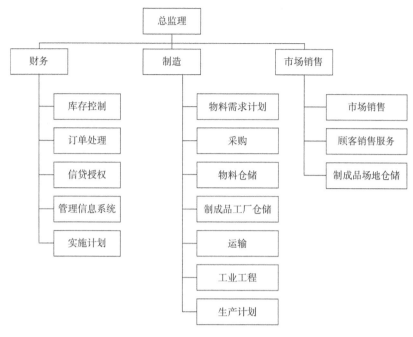

图 8-3　传统型物流管理组织结构

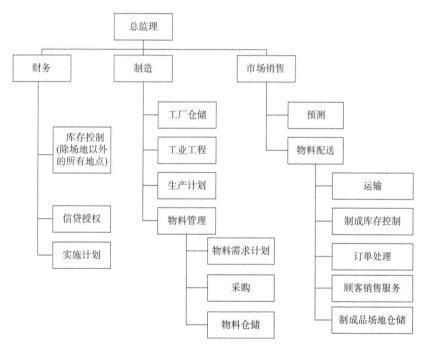

图 8-4　简单功能集合的物流管理组织结构

3. 物流功能独立的管理组织结构

20 世纪 60 年代末至 20 世纪 70 年代初,出现了物流管理功能独立的物流管理组织形式,如图 8-5 所示。此时,物资配送和物料管理的功能独立出来。

4. 一体化物流管理组织结构

20 世纪 80 年代初期,物流一体化组织的雏形出现了。这种组织结构试图在一个高层经理的领导下,统一所有的物流功能和运作,目的是对所有原材料和制成品的运输和存储进行战略管理,如图 8-6 所示。

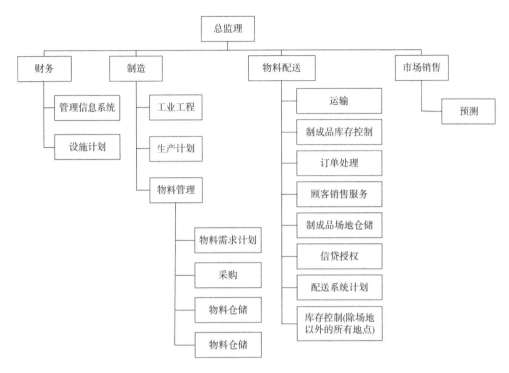

图 8-5　物流管理功能独立的物流管理组织结构

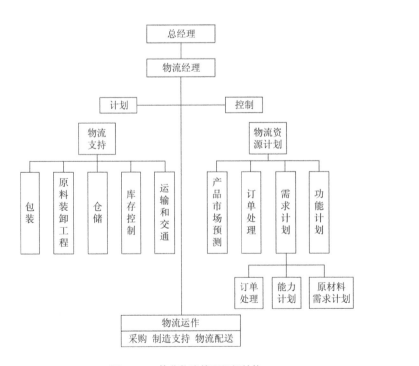

图 8-6　一体化物流管理组织结构

5.从功能一体化向过程重构转移

自从业务流程重组(Business Process Reengineering,简称BPR)提出后,适应供应链管理的组织结构变化逐渐从过去注重功能集合转向注重成流程重构上来。传统组织改变的只是集权和分权的权重或是顾客、地区或产品之间的配合,而未对基本工作流程进行任何重大的重新设计。在新的环境下,BPR势在必行。

三、供应链业务流程优化方法

(一)业务流程重组

BPR即业务流程重组,在20世纪90年代首次由美国麻省理工学院教授Michael Hammer和CSC Index管理顾问公司董事长James Champy提出。其定义是:"对业务流程进行根本性的再思考和彻底性的再设计,以便在成本、质量、服务和速度等衡量企业绩效的重要指标上取得显著性进展。"此外,还有其他学者提出了BPR的相关概念和定义,见表8-3。

BPR的相关概念和定义 表8-3

学者	概 念	定 义
Davenport	企业流程创新(Business Process Innovation,简称BPI)	通过使用信息技术和人力资源管理技术对企业的流程进行创造,极大地提高企业成本、实践、质量等指标
Marrow	企业流程再设(Business Process Redesign,简称BPR)	通过检查和简化企业关键核心流程中的活动和信息流,达到降低成本、提高质量和增大流畅性的目的
Kaplan	核心流程再设计(Core Process Redesign,简称CPR)	重新思考业务运营,以综合方式重新设计其工作流程、决策制定、组织和信息系统
Loewenthal	组织再造(Organization Re-engineering,简称OR)	通过重新构建组织结构,使其更加高效便捷,有利于竞争力的提升和组织绩效的提高
Grover	企业流程变化管理(Business Process Change Management,简称BPCM)	业务流程的改进和重新设计。通过改变管理、信息、技术、组织结构和员工激励,使公司能够实现例如反应速度、客户满意度、资金周转速度等方面的提升

BPR强调以业务流程为改造对象和中心,以关心客户的需求和满意度为目标,对现有的业务流程进行再思考和再设计,利用先进的制造技术、信息技术以及现代化管理手段,实现技术上的功能集成和管理上的职能集成,从而打破传统的职能型组织结构,建立起全新的过程型组织结构,最终实现企业经营在成本、质量、服务和速度等方面的巨大改善。可以从以下两个方面来理解BRP所包含的管理思想和基本内涵。

1.BPR的核心是面向顾客满意度的作业流程

作业流程是指这样一系列活动:进行一项或者多项投入,以创造出顾客所认同的有价值的产品。在传统劳动分工的影响下,作业流程被分割成各种简单的任务,经理们将精力集中于个别任务效率的提高上,而忽略了最终目标,即满足顾客的需求。而实施BPR,就是要有全局的思想,从整体上考虑企业的作业流程,追求全局最优,而不是个别最优。企业的作业流程可分为以下两种。

(1)核心流程。核心流程包括:①物流作业活动,包括识别顾客需求、满足这些需求、接受订单、评估产品、采购物料、制作加工、包装发运、结账产品包修等;②管理活动,包括计划、组织、用人、协调、监控、预算和汇报,以确保作业流程以最小成本及时准确地运行;③信息系统,它通过提供必要的信息技术以确保作业活动和管理活动的完成。

(2)支持流程。支持流程包括企业基本设施、人员、培训、技术开发、资金等,以支持和保证核心流程。

2. BPR 应遵循的原则和目的

业务流程再造的思想是一种着眼于长远和全局,突出发展与合作的变革理念,它不是对原有流程的全面否定,而是通过合理的优化与再造使原流程更加合理化、高效化和现代化,使物流的时间、空间范围更加拓展。企业业务流程再造是以现阶段需要优化的业务流程为对象,对其进行根本性的思考和分析,重新组合构成业务流程再造的各个因素,得到更具研究价值的效果。

(1)业务流程应遵循以下原则:

①以流程为导向。业务流程再造并非简单地设计出新的流程,其更大的研究价值是通过再造优化出新的流程从而使企业从职能导向型转变为流程导向型。这就说明,通过业务流程再造,不仅能使企业原有的组织结构、流程规划、人力资源制度等得到根本性变化,而且可使包括企业所有员工思维方式、运作方式和企业文化也发生变革。

②以顾客为导向。企业在评判业务流程是否有效时,应该站在客户的角度来考虑问题,但也就不可避免地同企业其他需要产生矛盾。企业应将满足顾客需求作为企业生存发展的核心,不断满足顾客需求、提供更高价值的服务才是企业发展强大的不竭动力。而价值是企业流程所创造的,只有不断改进为顾客创造价值的流程,才能使再造优化的新流程为企业的发展带来真正的意义。

③以信息技术为依托。信息及时、有效地传递对流程的运作起到了十分重要的作用,高效的信息化水平能保证信息的及时采集、加工和传递,对于提高信息传递的时效性起到了推动作用,不仅提高了企业业务流程的运行效率,而且还为企业应对外部带来的一系列变化提供了信息灵敏化保障。

(2)业务流程的主要目的。明确企业核心业务流程,通过实施业务流程再造,使企业明确创造最大经济效益的流程,并按照经过优化后的业务流程组织工作,该流程即为企业核心业务流程,核心业务流程的优劣直接决定了企业能否长期发展下去。简化原有业务流程,通过实施业务流程再造,使企业简化或者合并原有流程中非增值部分的流程,剔除重复出现的步骤,减少不必要的浪费。提高顾客满意度实施业务流程再造是为了使企业全体员工必须以顾客为中心,所有工作和服务都要满足顾客需求和核心,进而提高顾客满意度。

(二)业务流程优化方法——随机 Petri 网

目前,常用的业务流程优化方法见表8-4。

常用的业务流程优化方法　　　　　　表8-4

业务流程优化方法	主要内容
系统化改造法(SRM)	以现有流程为基础,通过对现有流程的消除浪费、简化、整合以及自动化(ESIA)等活动来完成重新设计的工作
全新设计法(BDM)	从流程所要取得的结果出发,从零开始设计新流程。其与系统化改造法的区别在于是从根本上重新设计流程

续上表

业务流程优化方法	主 要 内 容
IDEF 模型	是一种系统分析与设计方法,现在主要用于改善制造作业流程。IDEF 方法能够借助图形对庞大而复杂的系统进行清晰而严谨的描述
ASME 分析方法	将业务流程中的活动划分为六类,分别是增值活动、非增值活动、检查、耽搁、传递和储存
随机 Petri 网	是一种日趋完备的建模方法,其包含各种分析技术,如可达标识集、关联矩阵、马尔科夫链等。工作流模型的建立是 Petri 网的基础,通过这些分析技术可以了解到模型的许多重要性质,进一步可分析得到模型映射出的现实问题和规律

以下针对随机 Petri 网优化方法进行详细介绍。

1. 随机 Petri 网的概念

随机 Petri 网流程模型由库所(P)、变迁(T)、有向弧和托肯四部分组成。库所表示流程在某一时刻或者时间段呈现的状态,变迁表示改变库所某一状态的事件,有向弧表示流程工作的运动方向,托肯表示构成库所状态的元素。其中,每个库所用圆形节点表示;每个变迁用矩形节点表示;每条有向弧用箭头表示;每个托肯用黑点表示。

库所经过变迁发展为新的库所至再发生变迁的示意图如图 8-7 所示。

在 Petri 网研究初期,时间参数没有加入其中。考虑到 Petri 网对系统所有可能状态和模拟受时间参数影响,因此时间参数被引入其中。随机 Petri 网是在 Petri 网每个变迁

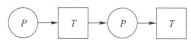

图 8-7 随机 Petri 网结构

的可实施与实施之间联系一个随机的延迟时间,给变迁相关联一个时间参数,因此能够进行时间性能评价。因为时间是小件快运主体共同关注的重要因素,因而选用随机 Petri 网对小件快运操作流程运作效率进行优化研究。

随机 Petri 网所建的流程模型的性能常采用其同构的马尔可夫链进行分析。同构马尔可夫链的获得方法是在求得随机 Petri 网的可达图后,将可达图每条弧上标注的变迁转换成其平均速率。其中,可达图是随机 Petri 网中可达标识集的集合。

2. 随机 Petri 网流程建模的步骤

(1) 明确活动和状态。确定操作流程中哪些环节是活动,哪些作业是状态,为第二步的库所、变迁的映射做准备。

(2) 库所、变迁的映射。根据第一步中确定的活动和状态,对其采用相应的映射。同时还要考虑在两个活动增加状态,即原先的流程图可以表达两个活动之间相互连接,而 Petri 模型必须增加在两个相连活动之间添加一个状态,即保证活动和活动之间有库所,因为 Petri 网中不存在库所连接库所、变迁连接变迁两种情况。

(3) 确认库所和变迁的关系。在确定了库所和变迁之后,就要考虑如何连接库所和变迁,即如何使用 Petri 网来表达现有流程中的环节之间逻辑关系。对不同的逻辑关系应采用不同的表达方法进行 Petri 网建模。

(4) Petri 网改进。对建立的流程模型进行检查和完善,查看其是否能够良好地反映一个流程的运行状况以及各环节之间的逻辑关系是否正确等,对其不断地进行修改,直到该模型能够完全反映现有流程的运行状态。

(5) 明确流程优化内容,建立优化后的 Petri 网模型。分析所建流程 Petri 网模型的结构

关系,运用关联矩阵重组寻找 Petri 网模型中的流程优化方向,根据一定规则对 Petri 网模型进行优化,建立优化后的 Petri 网模型。

(6)建立对应的随机 Petri 网模型。在建立的优化前后 Petri 网模型中引入时间参数,增加一个平均实时速率集,即可得到对应的随机 Petri 网模型。根据优化前后随机 Petri 网模型的同构马尔科夫链分析系统性能,验证优化效果。

3. 随机 Petri 网优化效果验证步骤

根据上述六个步骤建立随机 Petri 网模型,分析流程中存在的问题,并对其进行优化,建立优化后流程的随机 Petri 网模型,并结合理论和实践对其优化效果进行验证。

四、随机 Petri 网应用案例——道路客运小件快运流程优化

(一)道路客运小件快运作业内容与流程

1. 道路客运小件快运的作业内容

道路客运小件快运主要作业内容涉及快运小件的受理、安全检查、包装、分拣、暂存、装卸搬运以及投递等。

(1)快运小件的受理。快运小件的受理是快运小件服务的第一步工作内容。快运小件受理方式分为上门取货、站内收货和区段收货三种。绝大多数有快运小件业务的客运站采用站内收货方式。

(2)安全检查。安全检查是道路客运快运小件不可或缺的一个重要流程,是小件快运安全运输的重要保障,也是落实"三不进站,六不出站"的重要举措。首先,有快运小件业务的汽车客运站几乎都配置有与乘客行李共用行包安全检查设备或者专用的行包安全检查设备,但也存在少许车站并没有配置行包安全检查设备。其次,寄递实名制,客户收寄小件时需要初始身份证。车站相关工作人员需要对身份证和本人进行核对,并记录相关信息。最后,小件的查验。车站在接受小件快运申请时,需要查验小件是否符合禁止寄递、限制寄递的规定。

(3)包装。包装影响到快运过程中的小件安全。快运小件的包装受理方式分为车站包装、托运人包装以及托运人和车站联合包装三种。目前快运小件包装方式具有多样性特点。

(4)分拣。分拣是指将小件按照一定规律进行摆放、仓管,为小件仓储、发货和取货做准备。现在的小件分拣几乎都由人工完成,有搬运人员按照送达地点、小件匹配班车的发车时间等规律分开放置。

(5)暂存。小件暂存是快运小件运输前以及运输达到后未被收货人提取时的小件存放环节。常见的暂存方式有专用货架和地面堆放两种,两者在小件保管过程中各有优势。

(6)装卸搬运。装卸搬运是指其装车以及卸车过程中为完成整个流程而由搬运人员完成的活动,实现小件位置的改变。装卸搬运主要由人工完成,是道路客运小件快运整个流程中货损的主要来源之一。

(7)投递。投递是指相关人员将运至目的地的小件送至收件人的活动。常见方式有上门取件和送货上门两种,大多数车站要求收货人站内取货,少数车站具有托运部门提供小件上门投递服务。

2. 道路客运小件快运作业流程分析

道路客运小件快运操作流程是指为了满足客户需求而进行的从客户提出小件快运申请到收货人收货的整个过程。小件快运的流程主要包含小件快运收货流程和小件快运提货流程两个部分。

小件快运收货流程从客户提出货运申请开始,到小件由客车从车站发出结束,由客户、安检员、受理员、仓管员、出仓员、搬运人员和驾乘人员七个主体完成收货作业。首先,在车站小件快运受理处接受小件快运申请后,客户为经过安检的小件填写运单;然后,车站工作人员对运单信息进行核对后,由客户缴纳运费、打印发票;接着,小件由搬运人员搬至仓库,由仓管人员对其分拣至仓库特定位置,等待装车;最后,根据预配载计划,等到指定车辆到站,小件经过信息核对后由搬运人员装车,客车发出,小件运出。具体的道路客运小件快运收货流程如图 8-8 所示。

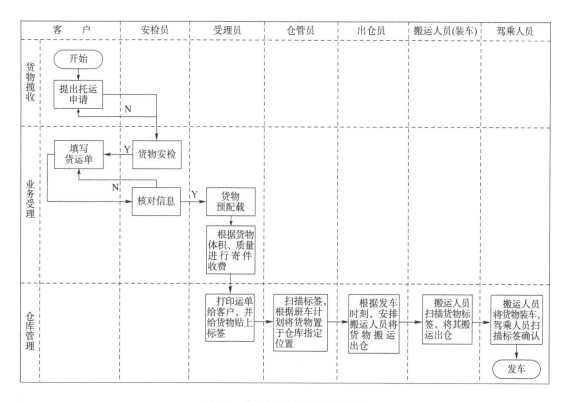

图 8-8 道路客运小件快运收货流程

小件快运提货流程从客车到达客运站开始,到客户提取货物结束,由驾乘人员、搬运人员、仓管员、收件人和提取岗五个主体完成提货作业。首先,客车到站目的地时,由搬运人员将查验过的小件搬运至车站特定位置,仓库对其进行仓管;然后,车站仓管人员对小件收件人发出提货通知;最后,客户到站检查货损,核对货物,完成提货,整个交易完成。具体的道路客运小件快运提货流程如图 8-9 所示。

(二) Petri 网建模

运用 Petri 网理论,对道路客运小件快运操作流程进行建模,如图 8-10 所示。其中,模型中各个库所和变迁的含义见表 8-5。

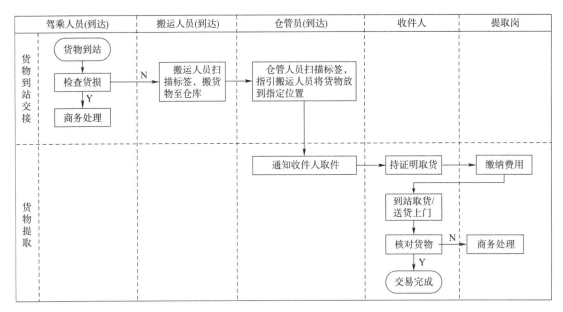

图 8-9　道路客运小件快运提货操作流程

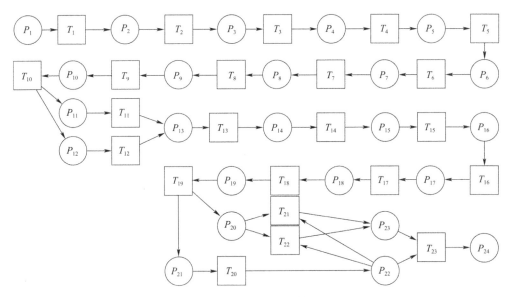

图 8-10　优化前 Petri 网模型

优化前 Petri 网模型中库所和变迁的含义　　　　　　　　　　表 8-5

库所	含　　义	变迁	含　　义
P_1	客户存在运输需求	T_1	提出货运申请,与安检员交接货物
P_2	安检员	T_2	安检货物
P_3	安检通过	T_3	客户填写货运单
P_4	货运单填写完成	T_4	核对货运单信息
P_5	货运单核对完成	T_5	对货物进行预配载
P_6	货物预配载完成	T_6	核算费用

续上表

库所	含义	变迁	含义
P_7	客户等待缴费	T_7	客户缴纳费用
P_8	缴费完成,等待制票	T_8	给客户打印运单,给货物贴上标签,移交货物给仓管员
P_9	仓管员(发出)	T_9	根据标签信息,将货物放于指定位置
P_{10}	出仓员	T_{10}	根据预配载计划,安排搬运人员
P_{11}	搬运人员(发出)	T_{11}	根据标签将货物搬运出仓进行装车
P_{12}	驾乘人员	T_{12}	扫描标签信息确认装车
P_{13}	全部信息核对完成,准备发车	T_{13}	发车
P_{14}	货物运输	T_{14}	到站
P_{15}	通知接货	T_{15}	接货
P_{16}	准备检验货损情况	T_{16}	检验货损
P_{17}	搬运人员(到达)	T_{17}	搬运货物至仓库
P_{18}	仓管人员(到达)	T_{18}	将货物放于指定位置
P_{19}	网络平台	T_{19}	给客户发送催领通知
P_{20}	货物仓管	T_{20}	缴纳费用
P_{21}	客户收到催领通知,准备收货	T_{21}	送货上门
P_{22}	客户缴清费用	T_{22}	到站取货
P_{23}	准备查验货物	T_{23}	验货
P_{24}	交易完成		

(三)Petri 网模型分析与优化

1. Petri 网模型分析

Petri 网模型中存在同步、并发、选择和冲突四种结构关系。同步是指某个变迁的出发需要多个库所状态的存在;并发是指某个变迁的触发可以使得多个库所获得状态;冲突是指库所的状态不能同时满足与之相邻所有变迁,只能满足其中一个;选择是指与库所相邻的任何一个变迁的触发都可以使该库所呈现特定的状态。

运用关联矩阵重组寻找道路客运小件快运操作流程 Petri 网模型中的同步与冲突关系,找出小件快运操作流程的瓶颈环节,即影响小件快运操作流程效率的问题所在,为流程优化提供依据和方向。经过对所建 Petri 网模型进行分析发现,图 8-11 中库所与变迁的同步关系见表 8-6,库所与变迁的冲突关系见表 8-7。

优化前 Petri 网模型中库所与变迁的同步关系　　　　表 8-6

库所	T_{10}	T_{19}
变迁	P_{11},P_{12}	P_{20},P_{21}

优化前 Petri 网模型中库所与变迁的冲突关系　　　　表 8-7

库所	P_{20}	P_{22}
变迁	T_{21},T_{22}	T_{18},T_{19}

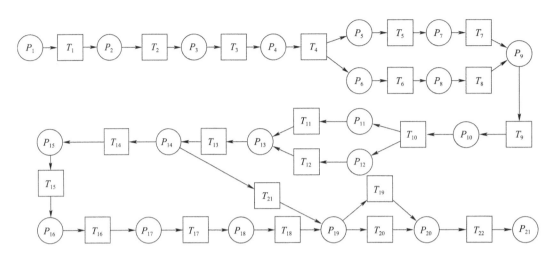

图 8-11 优化后 Petri 网模型

2. 流程优化

结合表 8-6 中的同步关系和表 8-7 中的冲突关系分析道路客运小件快运操作流程优化方向,并基于 Petri 网关联矩阵重组优化的合并、删除、差距缩小和保留规则对道路客运小件快运操作流程中的不合理环节进行优化。其中,优化规则见表 8-8。

关联矩阵重组优化规则 表 8-8

规则	含义
合并	当多个变迁之间存在冲突关系时,可通过其使得变迁之间的竞争关系消失,从而节省资源
删除	具有选择关系的流程环节可能存在空闲情况,为节省资源,去掉效益小的变迁,而保留相对较优的变迁
差距缩小	某个库所的状态条件为两条链条同时完成,为提高整个流程的运行效率,需要将两个链条所耗费时间的差距减到最小
保留	具有并发关系的变迁,但是其之间不存在资源被占用和闲置的情况,可以考虑保留

基于上述原则对道路客运小件快运操作流程进行优化,优化内容如下。

优化 1:使缴费流程和制单流程并行进行,即对 P_4 和 P_8 之间的流程进行修改,将串联结构改为并联结构,提高流程效率。

优化 2:在 T_{13} 处向到达车站发送预报,提前通知到达车站准备接货,提高到站办理效率。

优化 3:删除 T_{20},缩短 T_{21} 和 T_{22} 处的同步距离。

优化 4:通过实际调研得到的相关信息和数据计算选出其中较优,即解决 P_{20} 处以及 P_{22} 处的冲突,选择何种方式投递更优。

优化后的道路客运小件快运操作流程 Petri 网模型如图 8-11 所示。流程优化模型中的变迁、库所含义见表 8-9。

优化后 Petri 网模型中库所和变迁的含义 表 8-9

库所	含义	变迁	含义
P_1	客户存在运输需求	T_1	提出货运申请,与安检员交接货物
P_2	安检员	T_2	安检货物

续上表

库所	含义	变迁	含义
P_3	安检通过	T_3	客户填写货运单
P_4	货运单填写完成	T_4	核算费用
P_5	受理员	T_5	核对货运单
P_6	客户等待缴费	T_6	客户缴纳费用
P_7	货运单核对完成	T_7	对货物进行预配载
P_8	缴费完成,等待制票	T_8	给客户打印运单,给货物贴上标签,移交货物给仓管员
P_9	仓管员(发出)	T_9	根据标签信息,将货物放于指定位置
P_{10}	出仓员	T_{10}	根据预配载计划,安排搬运人员
P_{11}	搬运人员(发出)	T_{11}	根据标签将货物搬运出仓进行装车
P_{12}	驾乘人员	T_{12}	扫描标签信息确认装车
P_{13}	全部信息核对完成,准备发车	T_{13}	运输
P_{14}	准备到站预告	T_{14}	车站接到到货预告
P_{15}	准备检验货损情况	T_{15}	车辆到站,检验货损
P_{16}	搬运人员(到达)	T_{16}	搬运货物至仓库
P_{17}	仓管人员(到达)	T_{17}	将货物放于指定位置
P_{18}	网络平台	T_{18}	向客户发送催领通知
P_{19}	货物仓管	T_{19}	到站取货
P_{20}	准备查验货物	T_{20}	送货上门
P_{21}	交易完成	T_{21}	客户收到到货预告,准备手续接货
		T_{22}	验货

3. 流程优化效果验证

优化前有24个库所、23个变迁;优化后有22个库所、22个变迁。相比优化前,优化后库所和变迁数目均有减少,表示完成道路客运小件快运操作流程有所简化,因此流程占用的时间亦有所缩减,成本有所降低,有利于提高道路小件快运的效益。

从模型的关联矩阵而言,模型优化前后"同步"关系没有减少,但不存在资源被占用和闲置情况,不会降低道路客运小件快运整个操作流程的效率;模型优化后根据实际调研选择优选途径,即在上门送货和到站取货两者之间选择效率高的途径,"冲突"关系消失。

Semir Supply Chain

Semir Group was founded on December 18, 1996. It is a non-regional group featuring a virtual business model and a series of casual apparel as its leading industry. The group company has six centers, including marketing planning, production design, human resources, financial management, administrative management, and marketing management, four wholly-owned companies, ten branches, and two casual wear "seminar" and children's wear "Bala Bala", a well-known clothing brand.

Since 2002, it has been actively cooperating with famous French design companies, Ogilvy & Mather Advertising and UFIDA, which has enabled the group's core competitiveness and overall strength to be rapidly improved. Semir manages the brand with strategic and sustainable development thinking, strengthens the virtual model, improves the marketing system, improves the research and development efforts, enhances the brand image, innovates, cultivates and develops the core competitiveness of the enterprise in time, and continuously creates the core competitiveness of the company with the brand effect. The value-added capabilities brought to promote the development of the enterprise.

1. ERP system assists six major functions

Semir ERP system is a relatively large information system. It not only manages the core software of the enterprise but also has a management system that extends to the supply chain; it manages the main value chain with logistics and capital flow as the object and manages the supporting value chain. Namely the management of human resources, equipment resources, financing, etc., as well as support for the decision-making value chain.

The establishment of the ERP system is the main platform for the improvement of Semir's enterprise information management. It can be said that Semir's ERP system has played a vital role in accelerating the realization of enterprise development goals from six major functions.

(1) The strategic management system function that supports the overall development of the enterprise. The goal of the system is to establish a strategic management system that is compatible with the overall development strategy of the enterprise in a changing market environment. Specifically, Semir wants to accelerate the realization of a strategic information system connecting the Intranet and the Internet; improve the decision support service system to provide decision-makers with all-round information support for the enterprise; improve the human resource development and management system, to be both market-oriented and market-oriented. Focus on training existing personnel within the company.

(2) Realize the functions of global marketing strategy and integrated marketing. This is an extension of the marketing strategy. The goal cited by Semir is to achieve information integration and management integration in market planning, advertising strategy, price strategy, service, sales, distribution, forecasting, etc., to smoothly implement the business policy based on "customer satisfaction forever"; establish and improve corporate business Risk early warning mechanism and risk management system; conduct regular marketing, product development, and production integration evaluation work; optimize the enterprise's logistics system to realize integrated sales chain management.

(3) It is to improve the enterprise cost management mechanism and establish a total cost management system.

(4) Apply new technology development and design management mode.

(5) Establish an agile logistics management system. Semir established an agile logistics

management system (Agile Logistics), mainly to solve the bottleneck restricting the launch of new products-poor supply flexibility, shorten the production preparation cycle, increase the timely exchange of technology and production information with external collaboration units, improve on-site management methods, and shorten the supply cycle of key materials.

(6) Implement lean production methods.

2. ERP system promotes three major transformations

Semir is the overall strategic goal of transforming into an international and modern enterprise. In terms of informatization development strategy, Semir strives to achieve three aspects of transformation:

(1) The first aspect: the transformation from the integration of internal resources of the enterprise to the integration of social resources, the establishment of a strong supply chain management system, and the establishment of an information management system that meets the company's listing requirements.

(2) The second aspect: the transformation from the management of standardization organizations to the management of knowledge-based organizations.

(3) Shift from a predictive business model to a smart business model.

案例分析提要

面对市场竞争日益加剧和温州休闲服企业发展的内在要求,森马兴起了一场管理变革和管理创新,主要体现在以下几个方面:一是经营思想观念的创新;二是计划手段的创新;三是管理技术和营销服务的创新;四是市场运作体系的创新。森马将着重调整产业链结构,将虚拟生产本土化,进行服装产业链的本地垂直整合,构建成"大物流、大管理"的新型化发展格局。

案例思考题

1. 森马ERP系统对企业的影响有哪些?
2. 传统ERP系统与森马ERP系统有哪些不同?

第九章　供应链突发事件管理

第一节　供应链突发事件的内涵

一、供应链突发事件

根据《中华人民共和国突发事件应对法》，突发事件具有突发性，它的出现可能会对社会造成严重的危害。突发事件具有引发突然性、目的明确性、瞬间聚众性、行为破坏性和状态失衡性等特点。

供应链突发事件是指发生在供应链企业内部或者与供应链企业相关的意外事故。供应链突发事件是系统内因和外因共同作用的结果。供应链突发事件的危害通常包括供应链平衡状态被打破、成本激增、市场份额降低、利润减少，最终导致供应链网络价值链体系紊乱、崩溃，甚至使整个供应链网络解体。供应链突发事件作为突发事件的一种，具有以下特点：

(1) 突然性。供应链突发事件的暴发存在一定的概率，且暴发时扩张的速度、方向等规律难以捕捉。一般来说，供应链突发事件都是供应链内外偶发因素长时间积累导致的结果，但暴发时却是短暂、突然的。

(2) 复杂性。供应链突发事件从发生到传播、扩散直至消退，具体的阶段难以区分，而且存在许多致因要素，不同致因要素导致的结果不尽相同，因而分析和解决供应链突发事件的难度很大。

(3) 破坏性。供应链突发事件通常会导致链上的企业业务中断，更严重的会使整条供应链崩溃，影响与之相关的其他供应链。

(4) 两面性。供应链突发事件给企业带来生存威胁，增加维护成本，削减利润，这是其消极影响。但是机遇与挑战并存，如果企业能够建立有效的预警机制和应对机制，那么就能先于竞争对手摆脱突发事件的影响，增强其竞争力，这是突发事件的积极影响。

二、突发事件对供应链的影响

从产品供应和需求的角度来考虑，突发事件可能会对供应链产生两大影响：与产品供应相关的影响和与产品需求相关的影响，如图9-1所示。

1. 与产品供应相关的影响

从图9-1可知，与产品供应相关的影响指突发事件对产品在到达消费者手中之前产生的影响，包括原材料供应、零部件供应、产品生产和运输、产品销售、信息传递等。例如2008年四川汶川大地震，四川长虹本部所在地绵阳受到波及，该公司在地震发生后暂停生产，尽管公司及时安排了四川以外地区的工厂加班加点生产，尽力满足市场需求，但地震仍给企业的生产经营产生了一定的影响，给公司造成的直接经济损失约1.49亿元。2020年，受新冠肺炎疫情影响,原材料生产受阻,很多制造企业生产线停滞,物流企业的正常经营活动也无法正常进行,致使供应链上其他企业的经营活动也受到巨大影响。

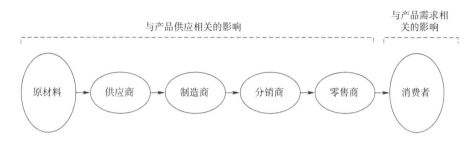

图 9-1 突发事件对供应链影响

2. 与产品需求相关的影响

与产品需求相关的影响指突发事件造成消费者对产品需求的扰动,甚至可能造成需求完全消失。突发事件既可能导致产品需求的降低,也可能导致产品需求的增加。比如,2020年突发的新冠肺炎疫情给产品需求带来了极大的影响,在供应链出口方面,随着疫情的蔓延,全球各国采取了不同程度的停工和隔离方案,全球消费需求大幅萎缩。2020年第一季度,我国对美国、欧盟、日本等传统市场出口分别下降23.6%、14.2%、14.1%,我国具有出口优势的电子产品、汽车零部件、家电等行业整体出口下滑,2020年第一季度服装、鞋靴、家具等七大类劳动密集型产品出口降幅达15.3%。但同时因为疫情的影响,各国对医疗产品的需求有所增加。2020年第一季度,在我国出口整体下降11.4%的情况下,医疗器械出口增速仍高出整体10.2个百分点。

从系统稳定性的角度分析突发事件的影响,供应链突发事件可能造成可控或不可控的供应链扰动,甚至造成系统失稳崩溃。

(1)造成可控的供应链扰动。可控的供应链扰动指突发事件对供应链产生的扰动在可控的范围内,供应链仍能按照原有状态平稳运行,保持稳定运作,如图9-2所示。

(2)造成不可控的供应链扰动。不可控的供应链扰动指由于供应链企业及人的局限性,对突发事件造成的供应链扰动不能有效控制,但供应链最终仍能在新的状态中持续稳定运行,如图9-3所示。

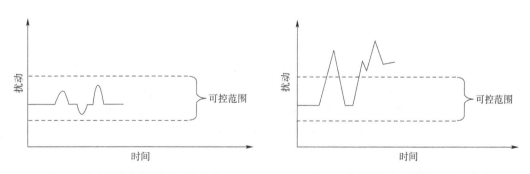

图9-2 突发事件造成供应链可控扰动　　　　图9-3 突发事件造成供应链不可控扰动

(3)造成供应链崩溃。供应链崩溃是指突发事件的影响太大,或由于供应链对突发事件的处理不当,导致供应链解体,如图9-4所示。

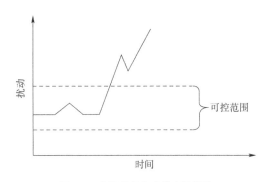

图9-4 突发事件造成供应链崩溃

第二节 供应链突发事件分类及演化

一、供应链突发事件的分类

为了更好地分析供应链突发事件,了解其分类及演化过程是必要的。供应链突发事件的种类繁多,可以按来源、发展阶段、影响的正负面效应、影响范围和是否可防可控等方面进行分类,如图9-5所示。

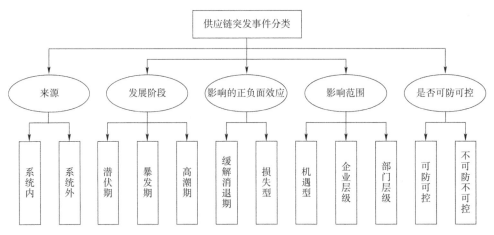

图9-5 供应链突发事件分类

1. 按照突发事件的来源分类

从供应链系统的角度,按照突发事件的来源不同,可以分为供应链系统外的突发事件和供应链系统内的突发事件。供应链系统外的突发事件可分为自然灾害、恐怖袭击、政治不稳定性、金融危机和声誉诽谤等。供应链系统内的突发事件可分为与信息相关的突发事件、与资金相关的突发事件、与人力资源相关的突发事件、与产品相关的突发事件、与设备及设施相关的突发事件等。

2. 按照突发事件的发展阶段分类

对供应链来说,一个完整的突发事件一般包括四个阶段,即潜伏期、暴发期、高潮期与缓解消退期。潜伏期属于突发事件的起始阶段。在这一阶段,突发事件处于量变积累的过程。暴发期发生时间最短,此阶段主要表现为事件的急速发展和严峻态势的出现。在强度上事态逐渐升级,由不为人所知达到引起公众广泛的注意,事态越来越严重,并不断干扰供应链正常的经营活动。突发事件暴发后,不断地给供应链造成冲击,这种冲击不断地加深和积累,直至达到最高点。这时,突发事件就进入高潮期。在突发事件的高潮期,突发事件所具有的突发性、复杂性、持续性、可控性和机遇性等性质表现得非常明显。缓解消退期是指突发事件对供应链造成的影响达到最高点后,不再继续造成明显影响。该阶段突发事件的影响逐渐减小,直至消退。

3. 按照突发事件影响的正负面效应分类

从突发事件对供应链的影响看,突发事件并不一定意味着负面的影响和损失,有时,突发事件也可为供应链创造发展机遇和增长空间。因此,仅从突发事件对供应链造成的直接影响来看,供应链突发事件可分为损失型和机遇型。

4. 按照突发事件的影响范围分类

按照突发事件的影响范围不同,供应链突发事件可分为企业层级和部门层级的突发事件。企业层级的突发事件又可分为供应企业的突发事件、生产企业的突发事件、销售企业的突发事件等。部门层级的突发事件又可分为生产部突发事件、研发部突发事件、信息部突发事件、采购部突发事件、物流部突发事件、财务部突发事件和销售部突发事件等。

5. 按照突发事件是否可防可控分类

按照供应链对突发事件是否可防可控分类,供应链突发事件可分为可防可控类和不可防不可控类突发事件。相对于由非人为因素引起的突发事件而言,人为因素引起的突发事件一般具有可预测性,因而在一定程度上,它们也是可预防、可控制的。不可防不可控类突发事件主要指自然灾害突发事件,如地震、飓风、火山爆发等,这类事件在发生之前,几乎没有明显征兆,所以,对于这类突发事件,供应链上的企业几乎没有时间,也没有机会去预测和控制。

二、供应链突发事件的致因要素

首先,供应链突发事件发生的本质原因在于人员、物料和环境三者存在缺陷或弊端。其中,人员缺陷一般包括人员的生理缺陷和人员的意识缺陷;物料缺陷一般包括物料本身的缺陷和物料自身状态的缺陷;环境缺陷一般包括自然环境和社会经济环境方面的缺陷。其次,供应链突发事件发生的直接原因是由人员、物料以及环境中存在的不安全因素所组成。其中人员、物料不安全因素分别指人员的不安全行为、物料的不安全状态,环境的不安全因素主要指自然环境和社会经济环境的负面影响等。最后,供应链突发事件发生的间接原因通常是由于日常管理措施不足所造成,主要包括工作人员的管理不到位、物料的日常管理不到位以及环境管理措施不到位等方面,如图9-6所示。

1. 人的因素

(1)违规操作。违规操作是指在企业运营中,不按照具体规章制度和企业运营生产流程进行操作而导致的供应链失效或者中断。例如,个别运输企业未能按照规定的运输条件和包装方法管理运输货物从而导致的货物损毁或者变质,致使供应链中断。

(2)技术缺陷。技术缺陷是指供应链运行中因为自身的技术水平不足或者缺陷而导致的供应链失效或者中断。例如,在供应链运行中,操作人员生产技术、运输技术、包装技术的不足会影响供应链的每一个环节。

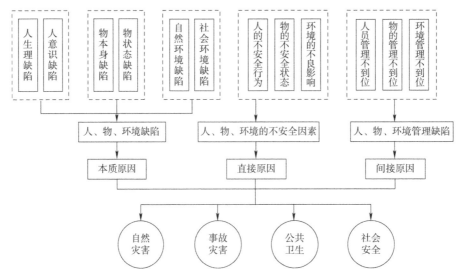

图 9-6 供应链突发事件发生的原因

(3) 服务中断。服务中断是指企业由于自身因素或者外界因素的影响从而使得企业的物流、生产、销售、金融等服务的中断。例如,地震之后,震区及附近的企业会出现房屋坍塌、设备损毁、人员伤亡等原因失去正常生产和销售的能力。

(4) 决策失误。决策失误是指由于企业管理层在制定发展战略、预测、决策等的失误所造成的供应链中断。例如,著名的玩具生产企业——何俊集团,因为决策失误,向天成矿业注入过量资金,从而导致自身资金链中断而倒闭。

2. 物的因素

(1) 产品质量问题。产品质量问题主要指由于供应链中产品的质量缺陷而导致发生突发事件。

(2) 意外事故。意外事故是指供应链中某个节点由物的原因而发生灾难性事故,导致供应链断裂。

(3) 设备故障。设备故障是指由于生产活动中设备出现老化、功能性破坏等问题而导致发生供应链运行中断。

(4) 原料短缺。原料短缺是指供应链节点企业能够正常运营所必要的原料、能源和其他物资的匮乏导致发生突发事件。原料短缺的原因往往是资源的匮乏和争夺稀缺资源的激烈竞争。

3. 外界环境因素

(1) 宏观环境。

①自然灾害。自然灾害是指自然环境的突然变化对人类生活环境和人类生命安全产生巨大影响的突发事件。

②经济波动。经济波动主要指的是对经济平稳前进的环境产生威胁的事件,一般来说包括经济危机和金融风暴等事件。

③政策法规。政策法规导致的突发事件主要是因为新政策和新法规的颁布对供应链的运作环境产生了影响,从而出现供应链运营障碍等问题。

④社会安全。社会安全事件是指危及社会安全的紧急事件,主要表现形式包括游行示

威、罢工、社会骚乱等。

（2）微观环境。

①信息扭曲。信息扭曲会同时发生在外部和内部环境中。外部环境中的信息扭曲是指不真实的信息冲击了供应链的正常运作；而内部环境中的信息扭曲则是指信息预测失误和信息传递过程中出现错误。

②信誉危机。信誉危机主要指的是因企业的信誉遭受损害而对供应链的运作产生危害的突发事件。企业信誉受到损害时，往往会造成企业产品或者服务的销售量锐减、生产减少、库存积压，进而通过供应链的扩散作用，整条供应链崩溃乃至断裂。

③文化冲突。文化冲突主要包括两方面。一方面是指企业的文化是否能被消费者所接受，一旦企业的文化与销售地的文化产生冲突，就会造成企业在该市场的销售减少，市场份额锐减；另一方面是指企业内部的文化是否融合，如果企业内部文化存在鲜明的差异，就会使消费者对品牌失去信心，从而造成客户群体的流失。

根据上述对供应链突发事件致因要素的分类研究，可以建立供应链突发事件致因要素指标体系，如图9-7所示。

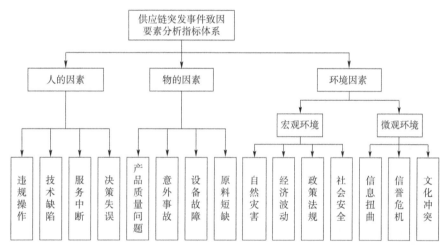

图9-7 供应链突发事件致因要素指标体系

三、供应链突发事件演化

供应链突发事件的演化过程一般包括发生、发展、演变和终结四个阶段，如图9-8所示。

1. 发生阶段

供应链突发事件的发生是由某一种风险因素由量变到质变的变化过程所导致的，当这种量变逐渐积累，超过供应链系统所能承受的阈值时，就会打破原有的稳定性，从而造成突发事件。供应链突发事件发生机理三要素包括供应链突发事件因子、供应链突发事件与突发事件损失。三者的关系如图9-9所示。

2. 发展阶段

供应链突发事件的发展过程指在一定事件范围内，突发事件在空间和烈度上的改变。根据事件特点和延续时间长短不同，可以将发展阶段分为短暂发展阶段、持续发展阶段和中断发展阶段三种类型。

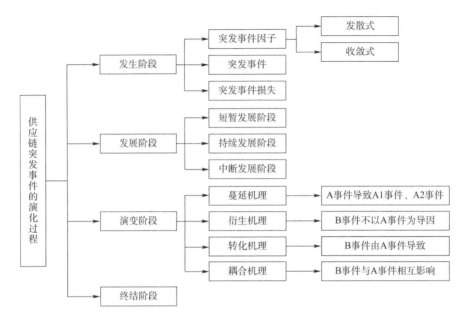

图 9-8　供应链突发事件的演化过程

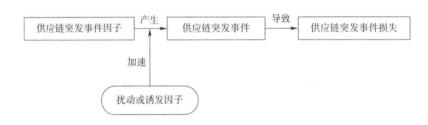

图 9-9　供应链突发事件三要素关系图

短暂发展阶段,延续的时间区间较短,在空间和烈度上改变巨大。这类突发事件的典型例子就是地震,地震发生时非常迅速,来不及反应。持续发展阶段,持续时间较长,扩张和演变的过程明显,在空间和烈度上不断扩大和增强,这类突发事件的典型例子就是火灾。火灾发生后,火势在一段时间内会不断增强,并且在空间上会大幅扩散。中断发展阶段,持续时间较长,扩张和演变的过程明显,在空间和烈度上不断扩大和增强,但是会有间断。这类突发事件的典型例子是雪灾,大雪不会持续不断地下,会有间隔。

3. 演变阶段

供应链突发事件的演变阶段是指一件突发事件的发生会造成若干件次生事件的发生。即当供应链突发事件发生时,突发事件在其内部、外部的各种因素作用下将会不断发生不同的演变,致使突发事件朝不同的方向运动或者发展,这就很有可能会引起一些次生灾害或是衍生事故。通常将供应链突发事件的发展演变机理细分为蔓延机理、衍生机理、转化机理、耦合机理四种。

(1) 蔓延机理。一般来说,供应链突发事件蔓延可以称作突发事件传播,是指一个突发事件的发生会引起更多类似突发事件的传播发生。突发事件的蔓延机理既指空间上的连续扩大,同时也指时间的传递或是时间的延长,例如,由于恶劣天气,某架航班出现时间延误,很可能导致后续的航班都出现延误,这体现了供应链突发事件蔓延机理的时间传递性。总而言之,蔓延机理更多是指一种突发事件造成的事态持续扩大,一般刚开始发生的突发事件不会随着后续突发事件的发生而完全消失,而是同时存在,并互相影响、作用。

(2)衍生机理。供应链突发事件的衍生机理指当一个突发事件发生后,由于采用了过激、有害或者是不当的紧急应对处理措施,导致其他不同类型更为严重的供应链突发事件相继发生。

(3)转化机理。供应链突发事件的转化机理意味着当一个突发事件发生后,在自身致因要素或是外部环境致因要素的作用下,突发事件转化为不同类型的新突发事件。

(4)耦合机理。供应链突发事件之间彼此相互影响、作用,事件之间通过物质、能量以及信息交换产生协同放大效应,因而对供应链的危害程度远大于单个事件相互叠加对供应链产生的影响,这就是供应链突发事件耦合。例如,2015年8月天津港滨海新区发生重大爆炸事故,经过调查发现,是由于硝化棉产品包装的密封性差、包装容易破损,并在一定的高温条件耦合作用下产生大量热量,发生自燃火灾事件,引发周围大量具有爆炸性质的硝酸铵,发生了重大爆炸事故。这次事故中,爆炸和火灾共同存在并共同作用、相互影响,使得事态进一步扩大。

4. 终结阶段

供应链突发事件的终结阶段不是一个点,而是一段过程。供应链突发事件终结阶段的特征是突发事件在空间和烈度上不再扩大,不再引发新的次生事件,这一阶段的终点是突发事件对受体的破坏力消失。终结阶段是实施应急管理措施和手段的重要时期。

第三节 供应链多突发事件耦合

一、供应链突发事件耦合的含义

耦合是指两个或两个以上系统之间通过各种相互作用、彼此影响以至联合起来的现象。多突发事件耦合包含多致因突发事件耦合与先发事件-次生事件耦合(以下简称先发次生事件耦合)。这两种类型的耦合机理有本质区别。对于多致因类型,不同突发事件同时作用于供应链;对于次生事件类型,先发事件在干扰供应链的同时,又衍生出若干次生事件,同时作用于供应链。因此,先发与次生事件会在供应链演化的不同阶段由于时滞而导致不同结果。对于多致因类型,应厘清突发事件的致因类型,再分析各致因突发事件对供应链运作造成的不同影响;对于次生事件耦合,应先确定先发事件可能衍生的次生事件以及演化路径,分析先发事件与次生事件的时滞耦合特性,最后剖析其耦合机理。

目前,对于突发事件的研究多限于单一类型突发事件,如研究市场需求、供给波动或运输中断等对供应链造成的影响。对于多种供应链突发事件耦合效应的研究较少,且已有研究多从因果关系出发,定性分析突发事件之间的相关性。但现实环境更为复杂,存在供应链同时遭受多种突发事件,或受突发事件及其次生事件同时影响的情况,此时宏观呈现的是突发事件的耦合效应。因此,如何描述多供应链突发事件的耦合特征,科学分析和准确掌握突发事件的耦合规律,是复杂环境下供应链突发事件管理领域亟待解决的基础性问题,研究此问题将有助于供应链成员更有效地应对复杂供应链突发事件。

二、供应链多突发事件耦合模式

下面主要针对先发次生事件耦合,分析其机理与演化过程。基于耦合特性分析,借助 GERTs 随机网络模型,提炼出供应链多突发事件耦合模式,包括独力耦合、共力耦合、互力耦合、驱力耦合和减力耦合五种,如图 9-10 所示。

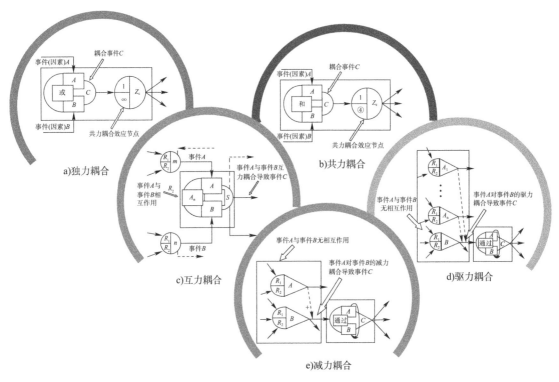

图 9-10 供应链多突发事件耦合模式

在供应链多突发事件演变过程中,如果事件(因素)A(以下简称事件 A)和事件(因素)B(以下简称事件 B)的同时作用导致事件(因素)C(以下简称事件 C)的发生,则称事件 C 是事件 A 和事件 B 的耦合事件,事件 A 和事件 B 称为耦元。在供应链多通道突发事件耦合中,只有将各耦元之间通过一定的关系联系起来才能够导致供应链突发事件耦合。

1. 供应链突发事件独力耦合

在独力耦合中,事件 A 与 B 之间无相互作用,分别针对不同突发事件各自发挥独自的作用,且参与耦合的所有事件都要达到自己的阈值才能产生耦合,只要缺少任何一个事件都不会造成耦合事件 C,这种耦合方式称为独力耦合。独力耦合节点的随机网络逻辑结构如图 9-11 所示。

由图 9-11 可知,事件 A 和事件 B 都是导致事件 C 发生的关键因素,并且事件 A 与事件 B 之间无相互作用,当事件 A 和事件 B 都达到一定耦合阈值时,则耦合事件 C 才会发生,进而产生独力耦合效应。其中耦合效应节点 $u = Z_c$,由于前驱事件的箭线为 1 条,且只出现 1 次,故节点 $n_1 = 1, n_2 = \infty$。

设事件 $A_i(i=1,2,3,\cdots,n)$ 是事件 C 的独力耦合诱导因素变量,$u(A_i)$ 为事件 A_i 对突发事件 C 的功效,ε_i 为事件 A_i 对突发事件 C 作用的功效阈值,则事件 A_i 对耦合事件 C 的实际功效为：

$$U(C) = T(\bigcup_{i=1}^{n} A_i) = \begin{cases} 0 & u(A_i) \leq \varepsilon_i \\ \min[u(A_i)] & u(A_i) \geq \varepsilon_i \end{cases} \quad (9-1)$$

式中：$U(C)$——事件 A_i 对耦合事件 C 的实际功效；

T——独力耦合算子。

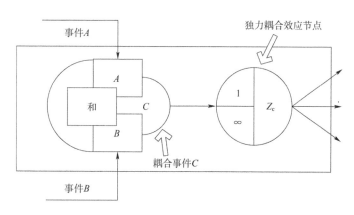

图 9-11 独力耦合节点随机网络逻辑结构

2. 供应链突发事件共力耦合

在共力耦合中，事件 A 和事件 B 间无相互作用，且事件 A 或事件 B 都可能导致事件 C 的发生，但事件 A 和事件 B 共同作用使得事件 C 的后果远大于事件 A 和事件 B 单独作用的后果的加和，即产生"1+1＞2"的效果。若缺少某个诱导事件，就会失去这种增效作用，对突发事件的耦合会减弱，这种耦合方式称为共力耦合。如由地震和降雨共力耦合导致山体滑坡。共力耦合节点的随机网络逻辑结构如图 9-12 所示。

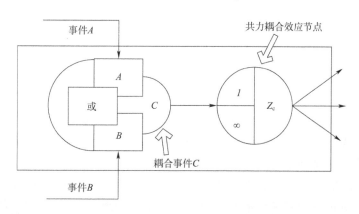

图 9-12 共力耦合节点的随机网络逻辑结构

由图 9-12 可知，事件 A 和事件 B 之间并无相互作用，只要有其中某一事件达到其耦合阈值，则可导致耦合事件 C 的发生，若两事件或多通道事件都达到耦合阈值，则将会对耦合事件 C 达到一定的增效效果，使得耦合事件 C 的功效远大于各诱导事件总和。

设事件 $A_i(i=1,2,3,\cdots,n)$ 是事件 C 的共力耦合诱导因素变量，事件 A_i 对耦合事件 C 的作用功效为 $u(A_i)$，则事件 A_i 对耦合事件 C 的实际功效为：

$$U(C) = T(\bigcup_{i=1}^{n} A_i) = \begin{cases} 0 & \sum_{i=1}^{n} u(A_i) < \varepsilon_0 \\ \sum_{i=1}^{n} u(A_i) & \sum_{i=1}^{n} u(A_i) \geqslant \varepsilon_0, A_i < a_i \\ \sum_{i=1}^{n} u(A_i) + \omega \prod_{i=1}^{n} u(A_i) & \sum_{i=1}^{n} u(A_i) \geqslant \varepsilon_0, A_i \geqslant a_i \end{cases} \quad (9\text{-}2)$$

式中：ω——耦合参数，表示产生增效作用时，突发事件演化随机网络中事件 A_i 之间耦合数量关系；

ε_0——耦合事件 C 起作用的阈值；

a_i——事件 A_i 产生协同型增效作用的阈值，$A_i \geqslant a_i$。

3. 供应链突发事件互力耦合

在互力耦合中，事件 A 和事件 B 不仅相互作用，并需各自达到一定程度阈值后使得事件 C 发生，则事件 A 和事件 B 这种耦合方式称为互力耦合。如由于海洋环流和大气环流之间互力耦合导致了厄尔尼诺现象。互力耦合节点的随机网络逻辑结构如图 9-13 所示。

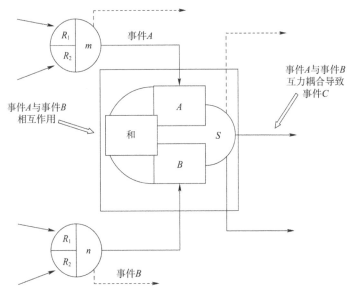

图 9-13 互力耦合节点的随机网络逻辑结构

由图 9-13 可知，互力耦合首先是事件 A 和事件 B 间相互作用，产生新的耦合诱导因素 S，且事件 A 和事件 B 都要达到一定的耦合阈值时，才能够导致耦合事件 C 的发生。互力耦合最主要的关键点是事件 A 和事件 B 之间的相互作用，这两个事件之间的相互作用关系是非常复杂的。其中 m、n 分别表示事件 A 与事件 B 的耦合效应节点，R_1、R_2 表示事件节点首次实现和多次实现的控制参数，A_n 表示事件 A 与事件 B 的相互作用。

设事件 $A_i(i=1,2,3,\cdots,n)$ 和事件 $B_j(j=1,2,3,\cdots,n)$ 是事件 C 的互力耦合诱导因素变量，$u_i(A_i)$ 和 $u_j(B_j)$ 分别是事件 A_i 和事件 B_j 的作用功效，则事件 A_i 和事件 B_j 对新因素 S 的实际功效为：

$$G(A_i, B_j) = \min[u_i(A_i), u_j(B_j)] \quad (9\text{-}3)$$

设导致事件 C 耦合的实际功效为 $U(C)$，让事件 C 起作用的阈值为 G_0，则有：

$$U(C)=T(A_i,B_j)=\begin{cases}0 & G(A_i,B_j)<G_0\\ \omega_{ij}h[G(A_i,B_j)] & G(A_i,B_j)\geqslant G_0\end{cases} \quad (9\text{-}4)$$

式中： T——互力耦合算子；

ω_{ij}——事件 A_i 和事件 B_j 的互力耦合强度系数；

$h[G(A_i,B_j)]$——$G(A_i,B_j)$ 产生作用功效的函数。

4. 供应链突发事件驱力耦合机理

在驱力耦合中，事件 B 是耦合事件 C 的诱导因素，事件 $A_i(i=1,2,3,\cdots,n)$ 是事件 B 的前驱因素但不是耦合事件 C 的诱导因素，即事件 $A_i(i=1,2,3,\cdots,n)$ 作用于事件 B，事件 B 进而对事件 C 产生影响，则称事件 C 是事件 $A_i(i=1,2,3,\cdots,n)$ 对事件 B 的驱力耦合。如在森林火灾中，风加强火势，火势大导致森林大面积受灾。驱力耦合节点的随机网络逻辑结构如图9-14所示。

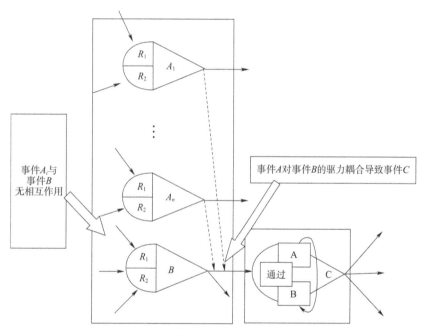

图9-14　驱力耦合节点的随机网络逻辑结构

图9-14，可以清楚地反映事件之间的关系，耦合事件 C 是由事件 B 所导致的，事件 B 受到事件 $A_1,A_2,\cdots,A_n$ 的影响，故事件 C 是由事件 $A_i(i=1,2,3,\cdots,n)$ 和事件 B 驱力耦合的结果。根据物理学中加速度模型 $S=v_0t+\dfrac{1}{2}at^2$，该模型在驱力耦合中具有一定的相似作用，故借用加速物理模型构建驱力耦合测度模型。其中，R_1 与 R_2 表示事件节点首次实现和多次实现的控制参数，"通过"表示事件 B 的发生由事件 A 驱动。

设事件 B 是耦合事件 C 的诱导因素，事件 $A_i(i=1,2,3,\cdots,n)$ 是事件 B 的驱动因素，称 T 为驱力耦合算子，则有：

$$U(C=A\to B)=c_0+\frac{1}{2}\omega_1 u^2(A_1)+\frac{1}{2}\omega_2 u^2(A_2)+\cdots\cdots+\frac{1}{2}\omega_n u^2(A_n)=T(A\to B) \quad (9\text{-}5)$$

对公式(9-5)进行简化，得：

$$U(C=A\rightarrow B)=T(A\rightarrow B)=c_0+\frac{n}{2}\sum_{i=1}^{n}\omega_i u^2(A_i) \tag{9-6}$$

式中：$U(C=A\rightarrow B)$、c_0——发生驱力耦合时、未发生耦合时事件 C 的实际功效；

ω_i——相应驱动因素 A_i 的驱力加速系数；

$u^2(A_i)$——驱动因素事件 $A_i(i=1,2,3,\cdots,n)$ 的功效。

5. 供应链突发事件减力耦合机理

在减力耦合中，事件 B 是耦合事件 C 的诱导因素，事件 B 具有抑制耦合事件 C 的作用，事件 A 不是耦合事件 C 的诱导因素，但事件 A 通过对事件 B 的影响，达到一定的阈值能够消除事件 B 对耦合事件 C 的抑制作用，进而导致耦合事件 C 的发生，称事件 C 是事件 A 和事件 B 的减力耦合。如洪涝灾害中，堤坝具有防灾的作用，但由于暴雨的原因，导致堤坝的决堤进而导致洪涝灾害。减力耦合节点的随机网络逻辑结构如图 9-15 所示。

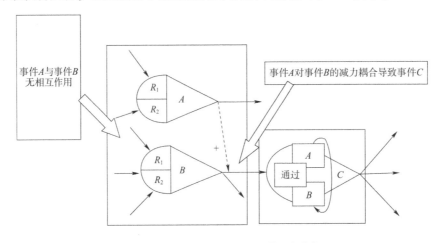

图 9-15　减力耦合节点的随机网络逻辑结构

由图 9-15 可知，减力耦合主要还是事件 A 对事件 B 的作用，但这一作用主要是消除事件 B 对产生耦合事件 C 的抑制作用，并不是事件 A 和事件 B 之间的相互作用，即事件 A 间接性地导致了耦合事件 C 的发生。

设事件 $A_i(i=1,2,3,\cdots,n)$ 对事件 B 的作用功效为 $u(A_i)$，事件 B 对事件 C 的抑制作用功效为 $u(B_i)$，令事件 B 让耦合事件 C 不发生的阈值为 $c_0=u(B)-\sum_{i=1}^{n}u(A_i)$，则有：

$$U(C)=T(C=B-A)=\begin{cases}u(B)-\sum_{i=1}^{n}u(A_i)\geq c_0,\text{或}\sum_{i=1}^{n}A_i<\varepsilon_0\\ u(B)-\sum_{i=1}^{n}u(A_i)<c_0,\text{且}\sum_{i=1}^{n}A_i\geq\varepsilon_0\end{cases} \tag{9-7}$$

式中：$U(C)$——耦合事件 C 的实际功效；

T——减力耦合算子；

ε_0——事件 A_i 能够消除事件 B 抑制作用之和的阈值。

综上可知，突发事件耦合主要可分为以上五种类型，即独力耦合、共力耦合、互力耦合、驱力耦合和减力耦合。突发事件的耦合主要还是由于诱导因素达到一定的耦合阈值，且诱导因素之间通过相互作用或间接性的相互作用导致的。

三、基于系统动力学的 Anylogic 仿真

1. 系统动力学方法

系统动力学(SD)是一门分析研究信息反馈系统的学科,它认为,系统的基本结构单元是反馈回路,反馈回路是耦合系统的状态、速率与信息的回路。系统动力学的基本方法包括因果关系图、流图、方程和仿真平台。其中,因果关系图描述系统要素间的逻辑关系,流图描述系统要素的性质和整体框架,方程将系统要素之间的局部关系量化。在系统动力学模型中,主要有三种方程:水平方程、速率方程、辅助方程。利用仿真平台,可根据研究目的的不同,设计不同的方案对系统进行仿真。

2. 不同致因要素下供应链突发事件 SD 结构模型

利用系统动力学流图建立供应链突发事件致因要素 SD 结构模型,分别对人的因素引起的突发事件、物的因素引起的突发事件和环境因素引起的突发事件进行分析。

(1) 人因模型。由人的因素引起的供应链突发事件 SD 结构模型如图 9-16 所示。

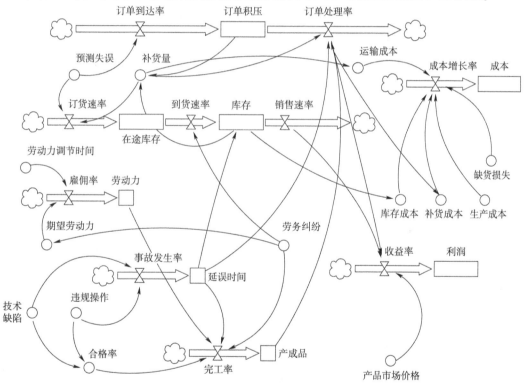

图 9-16　由人的因素引起的供应链突发事件 SD 结构模型

管理者预测失误会使订单到达率和订货速率受到影响。这主要体现在对订单的影响,对市场过高的预测将导致订单大量涌入,增大订单积压;而过低的预测则使正常订单减少,降低企业生产效率。由于预测失误使订货速率过高,会产生大量订货需求,使库存产生不必要的增加,增加库存和运输成本;订货速率过低则会使缺货损失增加。当由预测失误引起的订单积压和库存量超出正常范围波动,将给企业供应链带来巨大挑战。对于此类突发事件,只要及时、准确地获取市场信息并通过有经验的管理者作出正确判断,就可以在很大限度上予以避免。

员工在生产加工和流通过程中的违规操作不仅会使事故发生率提高,同时还会因人为事故导致停工时间延长,生产受到阻碍,而运输过程中的停工时间延长又会导致发货延迟,致使库存无法满足生产需求而使损失进一步加大;违规操作生产出的产品合格率大大降低,无法履行订单要求,致使供应链订单积压,利润减少,严重情况下导致市场份额持续降低,最终入不敷出导致供应链破裂。

此外,还可能由于劳务纠纷等原因影响雇佣率使劳动生产率降低,同方向作用于产品完工率,使完工产品减少而订单履行率下降,增加了订单积压,从而增大了成本、减少了利润。

由人的因素引起的突发事件会使供应链正常运作受到影响,这类事件发生频次高、影响大,而纵观各类人为因素,不管其对供应链哪个环节产生影响,其作用特点相对单一,即具有可预防性。不管是预测失误、技术缺陷、违规操作还是服务中断,都可通过预防性措施将其发生率大大降低甚至完全避免。例如技术缺陷很容易被发现,及时改进技术虽然需要一定周期,但仍可在危机产生初期尚未造成倾覆性影响时进行干预;加强生产管理,强化岗前培训和定期培训可在一定程度上降低违规操作现象的发生。因此,完善供应链设计和管理,做好预防和应急措施将会避免很多人因要素突发事件造成的损失。

(2)物因模型。由物的因素引起的供应链突发事件 SD 结构模型如图 9-17 所示。

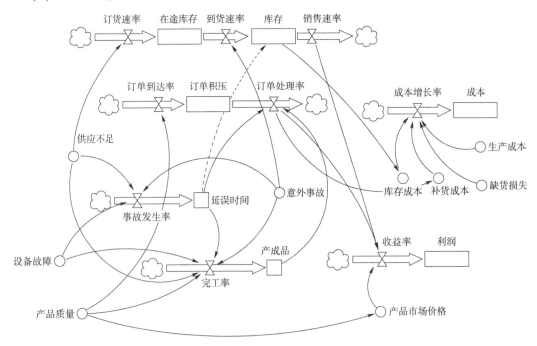

图 9-17　由物的因素引起的供应链突发事件 SD 结构模型

由物的因素引起的供应链突发事件主要诱因是原料供应不足而导致生产停滞,或花费高昂的成本去竞争稀缺的原材料或寻找其他替代原料。如不能及时获取原材料,将使生产无法进行,导致订单积压和巨大的缺货损失,使供应链利润下降,甚至出现生产难以为继而被迫停产的情况。

原材料本身的缺陷导致产品出现质量问题,如三鹿奶粉中违规添加三聚氰胺致使正常加工的奶粉变成危害人身安全的问题产品,导致消费需求下降、市场份额被其他企业占领、企业信誉严重受损,最终三鹿品牌彻底退出市场。对待此类问题,应在供应链每一环节严格把关,不能只做好自己的分内事就认为万无一失了,检验产品的合格性应从源头做起,应考虑到供应链作为一个整体生产流通的各个环节,提升企业责任人的职业素养,加强监管,这样此类突发事件才能得到有效预防和控制。

供应链运行中的意外事故、设备故障等难以预测,突发性较强,但此类突发事件并非难以预防,如在运输车辆中配备先进的导航定位系统使运输货物实时处于监控状态下,出现交通意外也能及时展开救援,并联系甲方及时补货;定期对设备进行检查维护,及时发现故障并加以排除。因此,通过各类措施进行有效的预防,可使供应链运行尽快恢复正常,降低突发事件造成的损失。

(3)环境因素模型。由环境因素引起的供应链突发事件SD结构模型如图9-18所示。

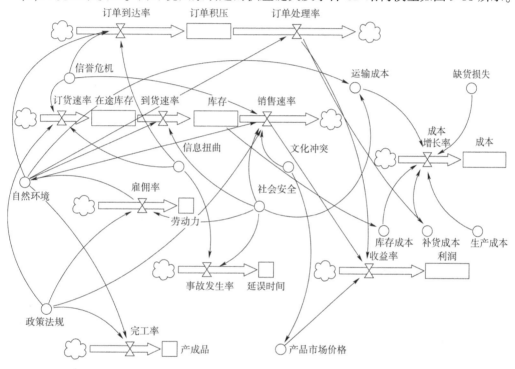

图9-18 由环境因素引起的供应链突发事件SD结构模型

环境因素引起的供应链突发事件SD结构模型包括了内外部环境改变导致的供应链突发事件,如信息扭曲、自然环境变化、社会安全事件等对供应链产生的突然影响。

信息扭曲主要在供应链的信息流从末端向源端传递的过程中,供应链内部信息扭曲会导致事故发生率上升、生产周期延长,致使订单积压、成本随之升高、利润下降;供应链外部信息扭曲会引起决策者预测失误,从而导致订单到达率和订货速率与实际市场需求及供应链生产能力严重脱节,超过供应链负荷,对其造成严重破坏。针对此类突发事件,应建立畅通的信息沟通渠道,及时纠正信息偏差,挽回突发事件造成的损失。

自然环境变化引起的突发事件主要包括气候地质灾害和动植物疫病等自然灾害。地震、雪灾、飓风等自然灾害往往难以预测且对供应链造成极大破坏,其衍生作用使交通瘫痪,导致运输中断;光缆受到损坏,导致信息传输中断;厂房被毁、设备无法正常运行,导致生产中断。管理者难以根据当前环境进行决策,使订单大量积压,库存波动超出正常范围,最终导致成本上升、利润下降。自然灾害也使受灾地区雇佣率下降而难以满足生产需要,由此给生产企业带来严重的影响。此类突发事件虽然破坏性强,但是发生频次较低,应对供应链制订详细的应急预案,一旦灾害来临,立即启动应急预案,有助于减少损失,尽快恢复供应链的正常运行。

战争、恐怖袭击等社会环境的改变使供应链缺乏安全的生产环境,生产设备的损坏、工作人员的大量流失将直接导致供应链无法正常运行,可将供应链的供应和需求分散到不同的国家或地区以减少社会安全事件对其影响,及时恢复生产销售。但企业要考虑后备供应商和开发不同市场所需成本较高,因此在投资建厂时不仅要考虑生产成本,还要调研当地的社会环境与安全条件。

案例分析

Case study of automotive industry supply chain management under COVID-19

Impact of the pandemic on the automotive industry supply chain: the pace of spare parts production and vehicle sales were disrupted, and the butterfly effect of the epidemic will gradually appear and spread across the global supply chain.

The impact of the epidemic on the supply chain of the automobile industry are as follows:

(1) Sales stagnant for a short time and market demand disrupted;

(2) OEMs face difficulties in work resumption, and it will take time for production capacity to recover;

(3) Disruption to spare parts suppliers poses several risks;

(4) Logistics interruptions deepen the risk of spare parts supply disruption;

(5) The impact has spread to the global automotive industry supply chain and could create supply substitution risk.

The impact of this outbreak on the global automotive supply chain are listed in Table 9-1.

Some auto companies affected by the COVID-19　　　　Table 9-1

Some global auto companies	Supply chain impact
Hyundai Motor	Hubei Youjin Electric Equipment Co., Ltd. stoppedproduction, and the inventory of automobile wiring harness was exhausted, resulting in the shutdown of several factories in South Korea for one week
Ssangyong Motor	The Shandong plant of German Lenny chemical stopped production and the inventory of the assembly circuit was exhausted, resulting in the closure of the South Korean Pingze plant for one week
Reynolds	Due to supply disruption in China, it's South Korean subsidiary, Renault Samsung, stopped production in Busan for four days from February 11
Nissan	The logistics situation is chaotic, and it is difficult to purchase parts from China. As a result, the Fukuoka factory in Japan has stopped production, and the production line of exported automobiles has stopped, and there is no recovery date for the time being

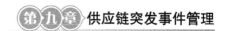

Continued

Some global auto companies	Supply chain impact
PSA Peugeot Citroen Group	Zhejiang Huida machinery stopped production, and the steering gear case could not be delivered, resulting in a two-week shutdown of the African factory
FCA	A plant in Europe will be temporarily shut down due to a supply chain outage in China
Webmaster	The world's largest factory, headquartered in Wuhan, has no time to resume work, affecting the production of skylights and electric heaters
Valeo	Wuhan's lamp factory, front-end module factory, and China R&D center have been completely shut down, and the resumption time is yet to be determined
Bosch	Bosch's Huayu steering system plant in Wuhan is in a state of shutdown. As the company relies heavily on the Chinese market, Bosch has issued an early warning that there is a risk of supply chain rupture

Suggested short-term response: OEMs to play the role of "chain masters" to strengthen visibility and coordination of upstream and downstream enterprises, resolve supply chain uncertainties, and cooperate to overcome difficulties.

1. Coordinate upstream and downstream enterprises to ensure clear information throughout supply chains

OEMs should cooperate with spare parts suppliers and dealers to open up information channels in the value chain and improve the transparency of supply and demand data. Timely and clear information on-demand changes, production restrictions, and spare parts supply restrictions can help upstream and downstream enterprises accurately adjust production, reducing the risk of supply and demand mismatches and short-term fluctuations being amplified by information asymmetry.

2. Give dealers a bigger say and understand market needs

OEMs should adjust their dealer strategies, objectives, and business policies, as well as give the dealer a bigger voice and more influence in-vehicle ordering and pickup to better understand front-end market demand through orders placed by dealers and make targeted adjustments based on real demand. This can also help dealers overcome difficulties, promote deep cooperation with OEMs, and enable more and better coordination of production and marketing plan adjustments.

3. Conduct multi-scenario supply and demand simulations, and adjust production and marketing plans

OEMs should reexamine front-end market demand and inventory, production capacity and upstream spare parts supply plans and restrictions, analyze market demand fluctuations, upstream spare parts supply plans, and production capacity recovery plans. The resulting information can be used to simulate multiple production and marketing scenarios, as well as develop plans to prioritize required and producible models for their most important markets.

4. Flexibly adjust production arrangements and achieve a controlled work resumption as soon as possible

Control iskey to the resumption of OEMs' operations. Given the challenge of resuming all areas of operation, OEMs should strengthen epidemic prevention and health and safety management, and gradually resume production by adjusting production plans and capacity, their pace of production, and production line arrangements based on safety management requirements and the return of workers. They should focus on how to further enlarge the space available for production to provide flexible support for changes in output and marketing plans.

5. Quickly review and identify supply disruption risks, and launch supply chain backup and contingency plans

OEMs should work with their core first-tier spare parts suppliers to comprehensively investigate and evaluate upstream suppliers' short-term supply capability, identify risks, and launch supply chain backup and contingency plans. In particular, OEMs need to rapidly confirm and finalize supply plans for key spare parts that come from the same production lines. They should also monitor quality to ensure the safety and quality of short-term spare parts supplies.

6. Monitor long-term supply risks and support upstream suppliers

OEMs should assess the financial health of upstream suppliers, monitor long-term supply risks, and support important links of the supply chain when necessary. This can include assisting with the application of force majeure to deal with default risks, shortening payment periods, or providing financial support to ensure they can overcome difficulties together. Meanwhile, the suspension of production by some upstream suppliers of key spare parts could have a delayed impact on OEMs. They should screen key spare parts, trace upstream suppliers and check production plans, identify high-risk suppliers, as well as formulate and begin plans to replace suppliers where appropriate.

7. Cooperate with logistics partners to ensure uninterrupted supply

Although automotive logistics has been relatively less affected by the epidemic than production, procurement, and supply, OEMs still need to assess the stability and safety of their logistics networks and formulate responses to short-term capacity limitations and delays. At the same time, OEMs need to work closely with 3PL to focus on allocating transport capacity and logistics resources, while identifying major risks in spare parts supply logistics and improving 3PL's coverage of spare parts supply. For imported spare parts, OEMs should heed risks in international transportation and customs clearance efficiency, making timely adjustments to transportation routes and customs clearance processes to ensure production is not affected by logistics interruptions.

Long-term response strategy: Establish a tenacious, flexible supply chain through capability orientation, technological empowerment, and cooperation.

1. Establish a capability-oriented, strategic supply network

There is already competition across the automotive industry chain. The core value of a supply chain lies in its completion of product delivery and optimization of cost efficiency, and supply chain flexibility, agility, and tenacity are key to future industry competition. Therefore, automotive enterprises need to develop strategy-oriented network layouts to enable dynamic, flexible configurations in response to changes in external markets, customer needs, and the industry ecosystem, achieving the optimal allocation of supply capabilities and industrial chain resources. By improving supply quality, providing superior customer services, and enhancing supply continuity at the lowest possible cost, enterprises can build secure yet flexible supply capabilities.

In-network layout, enterprises need to break through the traditional model of product delivery as the core, manufacturing as the axis, and function-oriented. Instead, they should go beyond the traditional boundaries and change elements of network layout from physical node to capacity oriented. Specifically speaking, the future network layout is not the physical node layout of the supply chain in the traditional sense, but re-decomposes and combines the entire automotive supply chain from a capability perspective. The physical node is only the carrier of a series of capabilities, and the node layout is the physical manifestation of the capability layout, but capability changes are different from node changes. Under this strategy, the configuration of network capabilities is the core of the network layout planning. Enterprises need to sort out all resource capabilities required for end-to-end delivery, realize the modular combination and allocation of capabilities, and pay attention to the definition and establishment of pivotal capabilities, so as to reconfigure network capabilities.

2. Establish backup capability and strengthen risk management

The nature of risk is difficult to predict. Traditional risk management is event-driven and involves summarizing all potential risks in exhaustive detail to formulate countermeasures for the most likely eventualities. This requires heavy investment and makes it difficult for enterprises to effectively respond to low-probability, black swan events such as the COVID-19 outbreak. Therefore, in a capability-oriented supply network layout, establishing a backup supply chain is an effective way for enterprises to improve their risk resistance.

The core concept is putting one or more auxiliary supply chain networks in place underneath an existing master supply network, which can help enterprisessmoothly weather a crisis. In one example, an enterprise-level internet equipment supplier established assembly nodes in different regions that in combination matched its core assembly capacity. In the event of a major crisis such as an earthquake, tsunami, or other force majeure event that is difficult to predict based on traditional probability analysis, each node has considerable assembly capacity and can immediately start cross-regional emergency supply to avoid supply disruption. Another example is a Japanese automotive enterprise that standardized and redeployed spare parts supply after the 2011 earthquake, giving multiple supply nodes equivalent spare parts production capacity to enhance its overall supply chain risk resistance.

At the same time, OEMs and core first-tier suppliers should use digital tools to manage upstream supplier risks, ensuring their timely control and analysis, and improving the responsiveness and professionalism of risk management.

3. Promote smart manufacturing and improve supply chain flexibility

Businesses should actively promote Industry 4.0 to achieve smart manufacturing and enhance the flexibility of their production and supply, especially in R&D and spare parts standardization. To better deal with hidden supply risks, they can at the same time optimize overall processes to achieve flexible production and supply chains. For example, a US luxury car brand with a workshop in China can support flexible production of seven types of cars using Industry 4.0, enabling quick switches in production. Moreover, the brand's factories in other countries including Argentina, Poland, Thailand, and Brazil, have also transformed towards unified templates, designs, production processes, and technology. If any serious problems occur in one region, factories in other regions can provide quick support.

4. Increase upstream and downstream supply chain coordination, promote mutually beneficial, long-term development, and establish an ecosystem of automotive industry resources

At the operating level, OEMs, upstream and downstream enterprises need to cooperate more in R&D, planning, and supply chain operation, especially on how to establish upstream and downstream information sharing using digital tools to enhance visibility and multi-party collaboration.

Strategically, OEMs need to re-consider how they cooperate and strategize with upstream and downstream businesses, rebuilding mutually beneficial cooperative relationships, and creating trust, with dealers and suppliers. Meanwhile, OEMs should proactively build ecosystems of automotive industry resources to strengthen coordination and establish industry alliances. Compared with company-based supply chain management, this enables businesses to shoulder risks together in a crisis by sharing resources, including supplies and funding, which can make a huge contribution to the recovery of an individual enterprise's supply chain. After a fire in one of its supplier's factories in 1997, a Japanese automaker faced a 98 percent shortage of brake fluid valves and an estimated two-week production halt. The company promptly called on other suppliers. Although these suppliers had never produced the required spare parts before, more than 200 of them were able to manufacture enough brake fluid valves that met the automaker's requirements in just one week through close coordination and rapid R&D. The Japanese automaker was able to do this because it cooperated with a supplier alliance, creating a culture of mutual assistance—"when difficulties arise with one party, aid will come from multiple sources". It was able to weather this supply chain storm and maintain a highly flexible, rapid response capability even though in normal conditions it used an exclusive supplier.

案例分析提要

本案例介绍了新冠肺炎疫情下汽车行业供应链的规划与应对措施。通过分析新冠肺炎疫情对整个汽车产业链的全面影响,从短期供应链应对措施以及长期供应链体系建设两大方面来应对汽车行业供应链风险问题,提出了整车企业发挥"链主"作用,加强上下游可视和协同的短期措施以及按能力向导、技术赋能、协同共赢打造"刚柔并济"供应链的长期策略。虽然新冠肺炎疫情给整个汽车行业带来了巨大的冲击,但通过该管理手段,能够在一定程度上帮助汽车行业走出低谷,打赢这场没有硝烟的战争。

案例思考题

1. 应如何针对汽车行业供应链突发事件进行快速应对?
2. 新冠肺炎疫情下,如何建立一个高效的供应链协同系统,将"危机"转化为"机遇"?

参 考 文 献

[1] 马士华,林勇.供应链管理[M].6版.北京:机械工业出版社,2020.
[2] 宋志兰,冉文学.物流工程[M].武汉:华中科技大学出版社,2016.
[3] 冯耕中,刘伟华.物流与供应链管理[M].2版.北京:中国人民大学出版社,2014.
[4] 汤齐.物流工程[M].北京:电子工业大学出版社,2016.
[5] 戴彤焱.物流工程[M].北京:机械工业出版社,2016.
[6] 夏春玉.物流与供应链管理[M].大连:东北财经大学出版社,2020.
[7] 范碧霞,饶欣.物流与供应链管理[M].上海:上海财经大学出版社,2016.
[8] 毛海军.物流系统规划与设计[M].2版.南京:东南大学出版社,2017.
[9] 张莉莉,姚海波,熊爽.现代物流学[M].北京:北京理工大学出版社,2020.
[10] 王红艳.现代物流基础[M].北京:北京理工大学出版社,2020.
[11] 赵泉午,杨茜.考虑CO_2排放量的城市专业物流中心选址研究[J].中国管理科学,2014,22(07):124-130.
[12] 朱耀勤,王斌国,姜文琼.物流系统规划与设计[M].2版.北京:北京理工大学出版社,2017.
[13] 贺东风.物流系统规划与设计[M].北京:中国物资出版社,2006.
[14] 施国洪.物流系统规划与设计[M].重庆:重庆大学出版社,2009.
[15] 孙军.应急物流能力优化研究:以地震灾害为例[M].北京:科学出版社,2015.
[16] 王妍妍,孙佰清.多受灾点应急物资动态多阶段分配模型研究[J].中国管理科学,2019,27(10):138-147.
[17] Ferrer J M, Martin-Campo F J, Ortuno M T, et al. Multi-criteria Optimization for Last Mile Distribution of Disaster Relief Aid: Test Cases and Applications[J]. European Journal of Operational Research, 2018, 269(2): 501-515.
[18] 王海军,杜丽敬,胡蝶,等.不确定条件下的应急物资配送选址-路径问题[J].系统管理学报,2015,24(06):828-834.
[19] 王长琼.绿色物流[M].北京:化学工业出版社,2011.
[20] 章竟,汝宜红.绿色物流[M].2版.北京:北京交通大学出版社,2018.
[21] 杨立钒,杨坚争.电子商务基础与应用[M].11版.西安:西安电子科技大学出版社,2019.
[22] 方磊.电子商务物流管理[M].2版.北京:清华大学出版社,2017.
[23] 李学工.冷链物流管理[M].北京:清华大学出版社,2017.
[24] 谢如鹤,刘广海.冷链物流[M].武汉:华中科技大学出版社,2017.
[25] 燕鹏飞.智能物流[M].北京:人民邮电出版社,2017.
[26] 赵泉午,卜祥智.现代物流管理[M].北京:清华大学出版社,2018.
[27] 张宇.智慧物流与供应链[M].北京:电子工业出版社,2016.
[28] 田源.逆向物流管理[M].北京:机械工业出版社,2020.
[29] 李联卫.物流案例精选与评析[M].北京:化学工业出版社,2019.

[30] 朱新球.应对突发事件的弹性供应链研究[D].武汉:武汉理工大学,2011.

[31] 孙琦,季建华.基于快速恢复的供应链突发事件演化过程分析[J].软科学,2012,26(11):58-62.

[32] 樊雪梅,张国权,王洪鑫.供应链管理[M].北京:科学出版社,2016.

[33] 施先亮,王耀球.供应链管理[M].北京:机械工业出版社,2010.

[34] 施丽华,黄新祥,汤世强.供应链管理[M].北京:清华大学出版社,2014.

[35] 李耀华.供应链管理[M].北京:清华大学出版社,2013.

[36] 徐磊,彭金栓.供应链突发事件产生与扩散机理研究[M].长春:吉林人民出版社,2016.

[37] 盛方正,季建华,徐行之.基于极值理论和自组织临界特性的供应链突发事件协调[J].系统工程理论与实践,2009,29(4):67-74.

[38] 朱传波,季建华.供应突发事件下的供应链应急管理研究[M].上海:上海交通大学出版社,2018.

[39] T. Wu, J. Blackhurst, P. O'grady. Methodology for supply chain disruption analysis[J]. International Journal of Production Research,2007,45(7):1670-1680.

[40] Kearney, the 31st CSCMP'S Annual State of Logistics Report: Resilience tested[R]. June, 22, 2020.